普通高等职业教育“教学做”一体化教材

新编21世纪高等职业教育精品教材·人力资源管理系列

主　编　李宝莹

副主编　石玉峰　李晓婷　王巧莲

绩效管理实务

中国人民大学出版社

·北京·

图书在版编目（CIP）数据

绩效管理实务 / 李宝莹主编. --北京：中国人民大学出版社，2022.5
新编21世纪高等职业教育精品教材. 人力资源管理系列
ISBN 978-7-300-30473-1

Ⅰ.①绩… Ⅱ.①李… Ⅲ.①企业绩效-企业管理-高等职业教育-教材 Ⅳ.①F272.5

中国版本图书馆CIP数据核字（2022）第050026号

普通高等职业教育“教学做”一体化教材
新编21世纪高等职业教育精品教材·人力资源管理系列
绩效管理实务
主　编　李宝莹
副主编　石玉峰　李晓婷　王巧莲
Jixiao Guanli Shiwu

出版发行　中国人民大学出版社
社　　址　北京中关村大街31号　　邮政编码　100080
电　　话　010－62511242（总编室）　010－62511770（质管部）
　　　　　010－82501766（邮购部）　010－62514148（门市部）
　　　　　010－62515195（发行公司）　010－62515275（盗版举报）
网　　址　http://www.crup.com.cn
经　　销　新华书店
印　　刷　天津鑫丰华印务有限公司
开　　本　787 mm×1092 mm　1/16　　版　　次　2022年5月第1版
印　　张　13.5　　印　　次　2024年7月第2次印刷
字　　数　315 000　　定　　价　38.00元

前　言

本书基于绩效管理理论和方法的应用，站在企业绩效管理工作的前沿，强调绩效管理的基本操作技能及其训练，从而达到培养绩效管理的实用型人才的目标。

本教材积极发挥教材培根铸魂的重要作用，做到知识传授与品德修养相互促进的高度统一。教材以习近平新时代中国特色社会主义思想为指导，全面融入党的二十大精神，在进行相关知识阐释的过程中，始终把提高学生的思想道德素质与专业素养融为一体，培养学生诚实守信、爱岗敬业等优秀品质。

本书打破了传统教材的编写体例，坚持适时、适当、够用的知识传授原则，采用以培养学生能力为目的的项目式教学方法，在教学项目完成的过程中训练学生的实际操作能力、创新能力和自学能力。本书共有七个教学项目，包括绩效管理制度、绩效管理流程设计与绩效计划、绩效考核指标体系的设计、绩效考核指标体系的权重和赋分、绩效考核方法、绩效反馈和绩效考核结果应用，涵盖了作为一名在企业从事基础绩效管理工作的人力资源管理工作者所应该掌握的基本知识和技能，也是作者在教学实践中提炼出来的学生需要掌握的具有代表性的技能，同时是作者在为企业提供咨询过程中经常被提及的问题。每个项目包括学习目标、思维导图、项目引例、知识技能以及实操演练，并辅以实例分享，以强化岗位技能和岗位胜任能力。本书适合高职高专院校人力资源管理、工商管理等专业师生选做教材，同时，也可以作为各类组织管理人员的培训教材和普通高等教育的教材或教学参考书。

在编写过程中，主编李宝莹副教授精选了自己为企业进行绩效管理咨询的成果，副主编石玉峰、李晓婷、王巧莲筛选了经典的案例来丰富内容，具体分工如下：李宝莹承担项目一的编写并负责全书的设计和统稿，石玉峰承担项目二和项目三的编写，李晓婷承担项目四和项目五的编写，王巧莲承担项目六和项目七的编写。本书在编写过程中，参考引用了部分国内外的文献资料和研究成果，中国人民大学出版社编辑为此书的出版付出了很多辛劳与努力，在此一并表示衷心的感谢！

由于作者水平有限，书中难免存在遗漏和错误之处，恳请广大读者批评指正。

目　录

项目一

绩效管理制度

学习目标

知识目标

（1）明确制定绩效管理制度的前提和依据，掌握绩效管理制度制定的流程和步骤。

（2）掌握企业绩效管理制度的基本内容。

（3）熟悉应用企业绩效管理制度应注意的问题。

能力目标

（1）掌握企业绩效管理制度制定的思路和方法。

（2）培养学生的应用能力。

思政目标

（1）培养学生在制定企业绩效管理制度时遵守国家政策、法律法规的意识。

（2）培养学生在制定和执行绩效管理制度时坚持客观、公平、实事求是原则的意识。

思维导图

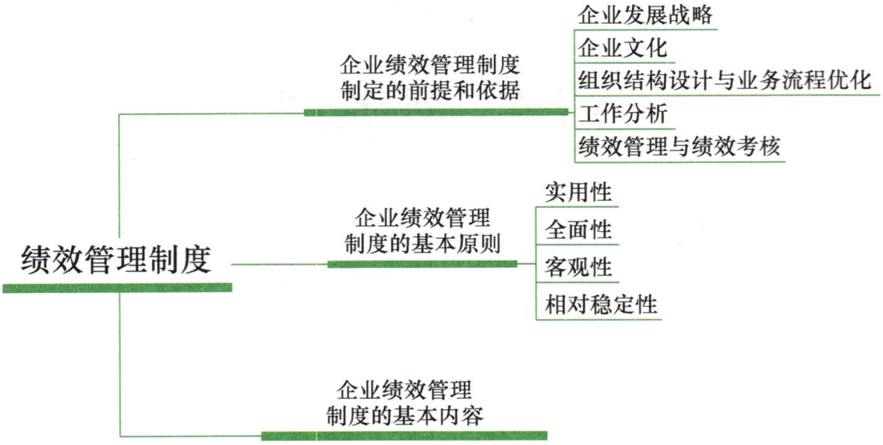

项目引例

韩风机械制造厂已有五年的发展历史，主要生产袜子编织机，人员规模约 1 600 人，五个车间。目前的绩效考核以业绩考核为主，管理人员年末总体考核一次，生产人员月度考核与奖金挂钩。高层管理人员认为绩效管理制度很不完善，没有起到激励员工的作用。请你为该企业完善绩效管理制度。

引例分析提示

韩风机械厂的绩效管理工作不完善，需从建立和完善绩效管理制度入手，规范绩效管理工作，以提升该企业的效益。

在建立绩效管理制度之前，首先要明确企业的发展战略，了解企业的近期发展目标和业务重点，以及为了实现这些业务重点，对部门和员工的要求是什么，从而为制定切实可行的绩效管理制度提供依据。同时，要摸清这个企业的企业文化、管理风格和人力资源管理的模式，为制定绩效管理制度打基础。

在明确了该企业的企业发展战略和企业文化之后，在与各部门和关键岗位员工沟通的基础上，对现行的绩效管理制度进行修改和完善。新的绩效管理制度在颁布之前，要广泛征求各部门和员工的意见，并进行修改完善，召开员工代表大会通过后实施。根据实施情况，对颁布实施的韩风机械厂绩效管理制度定期修改。

任务一 掌握制定企业绩效管理制度的前提和依据

知识技能

课堂讨论

1. 你认为制定绩效管理制度对企业有哪些重要意义？
2. 在绩效管理制定之前需要做哪些准备工作？

知识准备

企业绩效管理制度是根据企业发展战略和企业文化来制定的，企业绩效管理制度的实施也是为了实现企业的发展战略，在企业人力资源管理中体现企业文化。在制定企业绩效管理制度之前，必须梳理企业发展战略和企业文化，确保绩效管理制度制定的有效性和落实的可行性，从而推动战略的实现。组织结构的设计、工作分析及业务流程的优化是提取部门和岗位的考核指标体系的重要依据，考核指标体系的设计是绩效管理制度的核心内容。

一、企业发展战略

（一）企业发展战略的含义

企业发展战略是企业战略的一种，是对企业发展的谋略，即对企业发展中整体性、长期性、基本性、计谋性问题的谋划。

（二）企业发展战略的特征

发展性是企业发展战略的本质特征，即着眼于企业的发展。企业发展战略还具有企业战略的一般特征，即整体性、长期性、基本性、计谋性。企业发展战略必须同时具备上述四个特征，缺少其中一个特征都不能称之为企业发展战略。

企业发展战略处于其他企业战略的首位，是统率其他企业战略的总战略。企业发展战略指导其他企业战略的实施，通过其他企业战略的实现来落实企业发展战略。企业发展战略的创新过程是为了应对内部条件或外部环境的重大变化，研究制定新的企业发展战略的过程。

（三）企业发展战略的制定过程

在企业发展战略的制定和实施过程中必须紧紧围绕战略的核心。企业发展战略的重点，是企业的竞争能力。准确判断企业的竞争能力基于对企业内部要素的客观分析和评价，企业的竞争能力取决于行业结构和企业相对的市场地位。企业的核心竞争力是企业发展战略的实质核心。核心竞争力是指企业自身拥有超过参与竞争的其他对手的关键资源、知识或能力。这种能力具有对手难以模仿、不可移植，并且不随员工的离开而流失的特点。核心竞争力可以是特殊技能、诀窍、企业的知识管理体系、具备很大竞争价值的生产能力或具体的技能组合。企业发展战略的制定过程有三个阶段。

1. 调查分析阶段

在调查分析阶段主要进行企业外部环境分析和企业内部环境分析。

（1）企业外部环境分析。主要包括以下三个方面：

1）宏观环境分析，主要分析政治（Politics）、经济（Economy）、社会（Society）、技术（Technology）因素对企业发展的影响，简称 PEST 分析。

2）中间环境分析，包括企业所在行业发展因素分析、企业所在行业结构进化预测、企业所在行业竞争结构分析、企业所在行业特征评价、企业所在行业的变革驱动分析等。

3）微观环境分析，包括顾客需求发展分析、供应者供应能力分析、竞争对手的竞争能力分析等。

（2）企业内部环境分析。主要用 SWOT 分析方法，分析企业的优势（Strengths）、劣势（Weakness）、机会（Opportunities）、威胁（Threats）等方面，包括企业资源竞争优势分析、产品与服务价值链分析、企业核心管理能力分析、企业核心竞争力分析、企业财务分析、市场营销分析等。根据分析结果确定战略的方向、方针，确立分析结果和编写分析报告。

2. 确立阶段

确立阶段需要按照预定的战略方针和方向，根据分析报告拟订战略规划草案，对战略草案进行修正、完善和补充。

3. 实施阶段

在战略实施阶段的主要工作是制订战略实施计划，层层分解落实战略。详细和完善的战略实施计划是保证战略有效实施的关键。基于计划的实施跟踪是企业发展战略落实的基本保证。通过实施跟踪，可以及时了解和掌握实施过程中发生的问题，并据此及时进行纠正和校正；通过跟踪，可以有效地督促企业发展战略的有效实施。

（四）常见的企业发展战略

常见的企业发展战略有以下几种：

1. 稳定战略

稳定战略指企业的经营目标和经营范围不变，每年以大致相同的水平提高企业的利润，管理的着重点是各职能部门工作效率的提高，强调企业资源的充分利用。

2. 增长战略

增长战略指企业为了增加销售额，提高市场占有率，而努力扩大商品销售的范围和规模，充分发挥规模经济的优势，提高企业经济效益。如连锁经营、横向一体化和纵向一体化等。

3. 紧缩战略

紧缩战略指企业在经营的行业中处于不利的竞争地位，从而紧缩业务范围。

4. 一体化战略

一体化战略指企业通过联合而求得发展，实现投资主体多元化，利益共享，风险共担。

5. 品牌战略

品牌战略指企业利用自身经营生产的、得到社会公众广泛认可的、在较长时期内乐于消费的品牌商品扩大生产规模和销售规模，提高经济效益的战略。这类品牌的商品通常在市场上具有高知名度、高信誉度、高占有率，能给企业带来较高的效益。

（五）企业发展战略与绩效管理的关系

绩效管理是为了提升企业的经营业绩，实现企业的发展战略，而展开的一系列管理活动。企业发展战略是绩效管理的基础，绩效管理工作的开展，是为了实现企业的发展战略。在制定绩效管理制度时，应根据企业发展的战略来提取企业的考核指标体系，即关键绩效指标（Key Performance Indicator，KPI）。将公司的KPI根据公司的业务流程和部门职责，分解为部门的KPI。将部门的KPI结合各部门的岗位职责，分解为岗位的KPI。通过绩效管理指标体系的层层落实，实现企业的发展战略。在评价个人的业绩时，要使被考核者明确企业的经营发展战略，要让员工知道考核指标体系的设定与企业发展战略的关系。总之，企业发展战略是绩效管理的前提和依据，绩效管理是实现企业发展战略的发展和保障，两者密不可分。

二、企业文化

（一）企业文化的含义

企业文化是企业成员共有的价值和信念体系。这一体系在很大程度上决定了企业成员的行为方式。它代表了组织成员所拥有的共同观念。企业文化在企业发展中起到导向、思维和约束的作用，它有很强的维持现有模式的特点。

（二）企业文化的功能

企业文化对企业的全体员工具有引导作用，企业经营的思维方式和处理问题的法则指导着经营者进行决策，指导员工从事生产经营活动。企业共同的价值观念规定了企业的价值取向，使员工形成共识和共同的价值目标，企业的领导和员工着眼他们所认定的价值目标去行动。企业规章制度和道德规范对员工的行为有约束作用；企业精神和企业形象对企业职工有极大的鼓舞作用，激励着员工加倍努力，用自己的实际行动去维护企业的荣誉和形象。企业文化应以人为本，尊重人的感情，以共同的价值观念形成共同的目标和理想，增强员工的凝聚力和向心力。

（三）企业文化的类型

按照企业任务和经营方式，特伦斯·E. 迪尔和艾伦·A. 肯尼迪把企业文化分为四种类型，即强人文化、“努力工作尽情玩”文化、攻坚文化、过程文化。

（1）强人文化。这种文化鼓励内部竞争和创新，鼓励冒险。适合竞争性较强、产品更新快的企业。

（2）“努力工作尽情玩”文化。这种文化把工作与娱乐并重，鼓励职工完成风险较小的工作。适合竞争性不强、产品比较稳定的企业。

（3）攻坚文化。它具有在周密分析基础上孤注一掷的特点。适合投资大、见效慢的企业。

（4）过程文化。这种文化着眼于如何做，基本没有工作的反馈，职工难以衡量他们所做的工作。适合机关性较强、按部就班就可以完成任务的企业。

（四）企业文化与绩效管理的关系

企业文化是制定绩效管理策略和绩效管理制度的前提和依据，不同的企业文化有不同的绩效管理的风格和方式。绩效管理是基于企业文化而开展的管理工作，在设计绩效考核方案时，必须依据本企业的文化特点来设计考核方法和考核流程，以及相应的激励措施。所以，通过绩效管理工作来深化企业文化，是实现企业责任和目标的重要手段。根据企业文化而设置的绩效考核方案，有助于推进绩效管理工作的开展。相反，如果绩效管理方案在设计时，背离了企业文化，就会导致绩效管理工作的失败。企业文化与绩效管理密不可分。

绩效文化是指通过制度建立起绩效价值观，明确地向员工传达企业的价值观，通过对成效和价值的正确评估与确认，准确地反映出组织及个人的绩效，实现组织与个人的共同提升。企业文化的核心是绩效文化，只有把绩效管理的注意力从具体的评估方法转移到文化层面上来，真正在企业内部构建绩效文化的氛围，才能从根本上提升企业的竞争力。

三、组织结构设计与业务流程优化

组织结构设计是指企业组织系统的整体设计工作，在企业的组织中，对构成企业组织的各要素进行排列、组合，明确管理层次，分清各部门、各岗位之间的职责和相互协作关系。应明确组织中的每一位员工在公司的位置和角色，对企业的贡献是什么。在不同的组织结构形态之下，绩效考核的方式方法不同。例如，职能型的组织结构，上级领导就是绩效评估中的主要评估者；矩阵式组织结构中的绩效评估来自两个领导系统的信息；团队式的组织结构以团队式考核为主。

业务流程是为达到特定的价值目标而由不同的人共同完成的一系列活动。在绩效管理时，不但要从每个业务单元、每个个体去考虑职责，还要站在流程的角度考虑工作产出是提供给谁的，流程中的下一个环节对当前环节工作产出有怎样的要求。从流程的角度可以看到对于组织中的每一项工作产出，谁能够提供最有价值的评估信息，这样既能保证对绩效的提升，又能使公司的绩效评估过程具有客观和公平的评价结果，最终实现公司的战略。

四、工作分析

工作分析是对某特定的工作做出明确规定，并确定完成这一工作所需要的知识技能等资格条件的过程。通过工作分析可以确定某项工作在组织中的位置、岗位职责和任职资格。工作分析的成果是工作说明书，其中的岗位职责是提取岗位考核指标体系的重要依据。

五、绩效管理与绩效考核

（一）绩效

绩效指成绩和效益。绩是指业绩、成绩；效是指效率、效果、态度、品行、行为、方法、方式。绩效是工作行为及其结果的效能与价值，是那些经过评价的工作行为、方式及其结果。绩效是一个组织或个人在一定时期内的投入产出情况，投入指的是人力、物力、时间等物质资源，产出指的是工作任务在数量、质量及效率方面的完成情况。

从企业经营管理的层面来看，绩效可以分为组织绩效和个人绩效两个层次。组织绩效是企业运营的最终价值；个人绩效是员工对组织的贡献。个人绩效构成组织绩效，组织绩效对员工又有激励作用，两者相辅相成，密不可分。组织绩效实现应在个人绩效实现的基础上，但是个人绩效的实现并不一定保证组织绩效的实现。只有组织的绩效按一定的逻辑关系被层层分解到每一个工作岗位以及每一个人的时候，每一个人都达成了组织绩效的要求，组织的绩效就实现了。

从绩效的形成过程来看，可以将绩效分为任务绩效和关系绩效。任务绩效是指员工在组织关键技术流程中运用与工作有关的技术和知识生产产品或提供服务时，或完成某项特定的任务以支持组织的关键职能发挥作用时所表现出的绩效；关系绩效是指员工主动地帮助工作中困难的同事，努力保持与同事之间的良好工作关系，或通过额外的努力而准时完成某项任务时的绩效。

（二）绩效的形成过程

绩效是个人的知识、技能、能力等一切综合因素在一定的环境下通过工作而形成的成果。如图 1-1 所示。

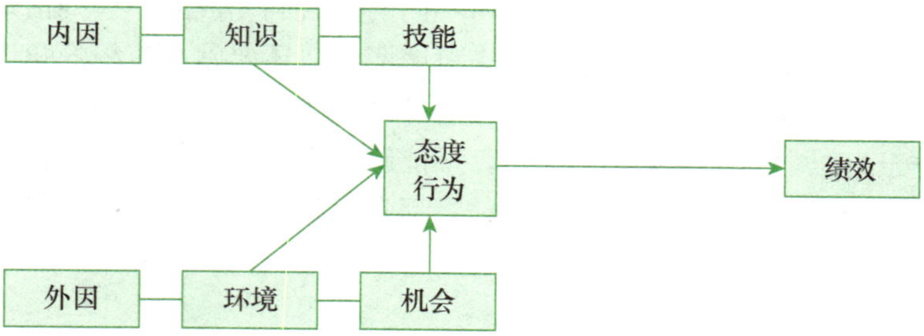

图 1-1　绩效的形成过程

绩效差一方面是由于个人原因造成的，另一方面是工作本身客观原因造成的，例如：组织与管理不合适，没有明确的工作职责；缺乏充分的信息；缺乏对工作结果的反馈；激励不当；工作条件不理想。在大多数情况下是客观条件限制和主客观因素之间的相互作用造成的。在进行绩效反馈时，应更多地用系统的方法，从多个角度对员工的绩效进行综合分析，找到问题的真正根源，这样才能在绩效评价反馈中有针对性地帮助员工提高绩效水平。

（三）绩效管理

绩效管理是指为了实现组织的发展目标，采用科学的方法对员工个人或团队的综合素质和工作业绩进行全面的衡量，分析存在的问题，提出解决方案，调动员工或团队的工作积极性，不断提升工作绩效的一系列管理活动。

（四）绩效考核

绩效考核是通过对员工的工作成果进行定性和定量的评价，对绩效进行区分性鉴别的过程。考核是管理的一个中心环节，员工绩效的评定结果也是对员工的反馈。

（五）绩效考核与绩效管理的关系

1. 绩效考核与绩效管理的区别

（1）目的不同：绩效考核是对任职者的工作业绩进行考量区分，以“人”为中心；绩效管理是为了实现一定的绩效目标而开展的一系列管理活动，以“事”为中心。

（2）内容不同：绩效考核主要包括绩效评价标准设计、绩效评估等活动；绩效管理包括目标和标准设定、监督和控制及提升绩效等活动。

（3）周期不同：绩效考核的周期是相对固定的，绩效管理的周期相对较短，并且随着绩效项目的差异而非常灵活。

2. 绩效考核与绩效管理的联系

绩效管理是一个由目标、计划、辅导/教练、评价/检查、回报/反馈构成的一个循环系统，体现了管理的计划、组织、领导、协调、控制等职能，绩效考核是绩效管理的一个环节。

实操演练

视频动画资料：

1. 不同企业的企业发展战略和企业文化类型。
2. 不同企业文化之下的用人策略。

企业文化的类型　　该淘汰谁

任务要求

1. 掌握企业发展战略的常见类型。
2. 掌握常见的企业文化类型。
3. 了解在不同的企业文化之下，如何使用人才。

操作流程

根据企业的具体业务内容，选择相应的企业发展战略和企业文化。

根据所学知识技能，分析在不同的企业文化之下，企业不同的用人理念，人力资源部门如何针对绩效、个性、工作风格不同的员工，决定对每一个员工的选、育、去、留。

注意事项

企业发展战略和企业文化是制定企业绩效管理制度的前提和依据，制定和实施完善的企业绩效管理制度有利于企业发展战略的实现。

任务二

掌握企业绩效管理制度的基本原则与内容

知识技能

课堂讨论

1. 你认为在制定绩效管理制度时应该坚持哪些原则?
2. 绩效管理制度包括哪些内容?

知识准备

一、制定企业绩效管理制度的基本原则

（一）实用性

在制定企业的绩效管理制度时，应充分考虑企业发展战略和企业文化特点，结合人

力资源管理的水平及企业的经营特点，制定出适合于企业员工的整体素质、业务能力及绩效水平的制度。

（二）全面性

绩效管理从组织绩效和个人绩效入手，全员参与。在绩效评价指标体系的选择方面，应尽量能够概括被考核者工作岗位的工作内容和任职者的素质要求。在时间和绩效事件的选取上都要把握全面的原则，实现多层次、多渠道、全方位的考评。

（三）客观性

客观性原则是指在进行绩效评价时，要以客观事实为依据，一视同仁，用科学适用的考评指标体系和考评标准，采用客观公正的尺度，对考评者实事求是地做出评价。

（四）相对稳定性

绩效管理制度一旦出台，就要保持其在一定时段内的持续性。但随着科学技术的发展，生产方式的变化，工作内容也在变化，也要相应地修改完善企业绩效管理制度的内容，以使绩效评价系统持续良性循环，稳定提高员工的绩效。

二、企业绩效管理制度的基本内容

企业绩效管理制度包括如下基本内容：

（1）绩效管理制度的指导思想、基本原则、战略地位。这部分内容放在绩效管理制度的开头，明确绩效管理制度制定的依据、目的和地位。

（2）绩效考核对象、考核周期、考核机构、考核时间与考核程序。这部分内容确定了绩效考核阶段的实施要求。

（3）绩效考核主体、考核维度及考核权重设计。这部分内容是考核表的主要内容，也是形成考核结果的主要依据。

（4）绩效合约的签订、考核者的培训、绩效考核的实施、考核表的管理与查阅。这部分内容可以确保绩效管理工作顺利进行，使考核者和被考核者达成共识，完成绩效计划。

（5）绩效面谈的目的、绩效面谈沟通的步骤、员工申诉及其处理。良好的沟通是制定和落实绩效管理制度的保证，也是绩效管理的核心工作。

（6）绩效提升计划的制订。这部分内容是在考核结束之后，根据考核结果为被考核者制定下步工作的重点和努力方向，达到提升绩效的目的。

（7）考核结果的应用。这部分内容与企业人力资源管理的其他业务模块相衔接，包括招聘、培训、薪酬、劳动关系管理、职业生涯发展等，考核机构的应用也体现在企业人力资源管理的其他规章制度中。

实操演练一

认真阅读SL集团绩效管理制度，完成后面的实操演练任务。

绩效管理制度的内容

SL集团绩效管理制度

第一章 总则

第一条 适用范围

本考核制度适用于SL集团班组长以上管理人员和集团公司生产辅助人员。

第二条 目的

(1) 将绩效考核与SL集团战略、经营管理目标紧密联系起来，实现超常规、跨越式发展，促进经济效益的提高；

(2) 公正、客观地衡量员工的绩效，充分调动其积极性，为员工工资分配制度提供准确、真实的依据；

(3) 促进员工不断改进绩效，提高绩效水平和综合素质。

第三条 原则

(1) 以SL集团的经营目标为依据，建立关键绩效指标体系和绩效标准体系；

(2) 考核以客观事实为依据；

(3) 以工作业绩考核为主，工作态度考核为辅；

(4) 自我评价和民主评议相结合；

(5) 平时考核与年度考核相结合。

第二章 关键绩效指标（KPI）的确定

第四条 关键绩效指标（KPI）的确定

1. KPI体系

依据SL集团发展战略的关键驱动因素建立起包括财务指标、内部管理指标、安全生产指标、学习成长指标在内的关键绩效指标体系，将SL集团的长期目标与短期目标紧密联系起来，将组织目标、部门目标、个人目标紧密联系起来，从而实现SL集团的发展战略。

2. KPI体系的建立

在明确SL集团发展战略的基础上，确定发展战略的关键驱动因素，进而建立SL集团关键绩效指标体系。该指标体系根据管理层级关系划分为SL集团级关键绩效指标、部门级关键绩效指标、岗位级关键绩效指标；根据内容划分为任务绩效指标、管理绩效指标。(指标体系见附件1)

关键绩效指标选择的依据：

(1) 相关性，即指标与SL集团发展战略的相关程度；

(2) 可控性，即个人努力对指标的影响程度；

(3) 可衡量性，即指标评价的相关信息是否能够获得和是否便于获得。

3. KPI的基本目标值

基本目标值是期望达到的绩效标准，通常反映在正常情况下应达到的绩效水平。基本目标值以 SL 集团年度经营管理目标为依据，由考核者与被考核者协商确定，最后由 SL 集团总裁审核批准。

确定基本目标值应参考近 2 年的相关统计数据，并根据情况的变化予以调整；如果缺乏相关统计数据，可先以指标的期望值作为目标值，试行一段时间后再根据统计数据进行修正。

第五条　KPI 权重系数的确定

业绩考核表中权重系数分配如下：

任务绩效指标占 70%，管理绩效指标占 30%。

第三章　高层人员的考核

第六条　考核对象

考核对象包括 SL 集团副总裁、各中心总经理、各事业部（公司）总经理。

第七条　考核内容

1. 工作业绩考核

考核年度经营目标的完成情况、岗位所承担的关键绩效指标的完成程度以及职责的履行情况，占考核总成绩的 70%。(考核表见附件 2)

2. 工作态度考核

包括责任心、敬业精神、团队精神、组织纪律四个要素，工作态度考核占考核总成绩的 30%。(考核表见附件 4)

第八条　考核周期

1. 平时考核

被考核者每月填写《工作态度事实记录表》(考核表见附件 7)，直接上级补充、审核并且对月工作目标或工作计划完成情况进行检查。

2. 半年考核

只进行业绩考核，目的是对年度目标的完成情况进行中期检查，由人力资源中心将上半年的相关考核数据收集整理并提供给考核者，由考核者和被考核者进行绩效沟通，分析存在的不足，提出改进措施，最后写出书面总结并交人力资源中心。

具体考核时间：每年 7 月的第 1 周至第 2 周。

3. 年度考核

其考核结果作为工资奖金发放、聘任、岗位调整等的依据。年度考核的内容包括工作业绩、工作态度。工作业绩的考核以相关统计数据、事实记录为依据；工作态度考核以《工作态度事实记录表》为依据，实行民主评议；最后根据工作业绩的考核成绩、工作态度的考核成绩得出人员的年度综合考核成绩（考核表见附件 9）。

具体考核时间：次年 1 月的第 1 周至第 2 周。

第九条　年度考核流程（流程图见附件 13）

第一步：被考核者写述职报告并进行业绩、工作态度方面的自评；

第二步：被考核者述职；

第三步：被考核者的同级、下级对被考核者的工作态度打分（这些分数只作为 SL 集团领导评价的参考）；

第四步：人力资源中心对上述信息进行整理、汇总；

第五步：集团公司领导（副总裁由总裁考核）根据业绩数据、考核事实进行考核；

第六步：人力资源中心根据业绩和工作态度考核成绩计算出年度综合成绩；

第七步：考核委员会审核、调整；

第八步：集团领导与被考核者进行绩效面谈，制订绩效改进计划（计划书见附件 10）；

第九部：对考核结果有异议的被考核者可提出申诉（申诉流程见附件 14）；

第十步：考核结果公示。

第四章　中层人员的考核

第十条　考核对象

考核对象包括 SL 集团各中心副总经理、部长、副部长、主管、经警队中队长、副中队长，各事业部（公司）副总经理以下（含）、车间主任以上（含）人员。

第十一条　考核内容

1. 工作业绩考核

以关键绩效指标考核为主，同时结合岗位绩效标准进行考核，占考核总成绩的 70%。（考核表见附件 2）

2. 工作态度考核

包括责任心、敬业精神、团队精神、组织纪律四个要素，工作态度考核占考核总成绩的 30%。（考核表见附件 4）

第十二条　考核周期

中层人员实行季度考核。

1. 平时考核

每月由本人填写《工作态度事实记录表》，并分别由直接上级进行补充、审核。《工作态度事实记录表》作为季度工作态度考核的依据。

具体时间：次月第 1 周。

2. 季度考核

季度考核为工作业绩、工作态度综合考核。工作业绩的考核以相关统计数据、记录为依据；工作态度考核以《工作态度事实记录表》为依据，实行民主评议；将工作业绩的考核成绩和工作态度的考核成绩进行加权，得出季度综合考核成绩。（考核表见附件 9）

具体时间：4 月第 1 周、7 月第 1 周、10 月第 1 周和次年 1 月第 1～2 周。

3. 年度考核

其考核结果作为工资奖金发放、聘任、岗位调整等的依据，年度考核的内容包括工作业绩、工作态度。工作业绩的考核以相关统计数据、事实记录为依据；工作态度考核以《工作态度事实记录表》为依据，实行民主评议；最后将 4 个季度的综合考核成绩的平均值和年度加扣分综合后作为年度综合考核成绩（考核表见附件 8）。

具体时间：次年 1 月第 1～2 周。

第十三条　考核流程（流程图见附件 13）

1. 季度考核流程

（1）由直接上级根据相关记录、数据分别对工作业绩和工作态度进行考核，得出工作业绩的考核成绩和工作态度的考核成绩；

（2）各部门将工作业绩的考核成绩和工作态度的考核成绩进行加权，得出季度的综合考核成绩；

（3）考核者的直接上级（即被考核者直接上级的上级）对考核结果进行审核、调整；

（4）被考核者的直接上级将考核结果反馈给本人，进行绩效面谈；

（5）考核者对考核结果有异议的，可以向人力资源中心提出申诉（申诉流程见附件14）。

2. 年度考核流程

（1）各部门计算出4个季度的综合考核成绩的平均值，得出年度综合考核成绩，交人力资源中心；

（2）考核委员会对年度考核结果进行审核、调整；

（3）被考核者的直接上级将考核结果反馈给本人，进行绩效面谈，制订绩效改进计划（计划书见附件10）；

（4）考核者对考核结果有异议的，可以向人力资源中心提出申诉（申诉流程见附件14）；

（5）人力资源中心将最终考核结果进行公示。

第五章　基层人员的考核

第十四条　考核对象

基层人员包括集团公司各中心一般办事人员、生产辅助人员和各事业部（公司）班组长。

第十五条　考核内容

1. 工作业绩考核

考核采用岗位绩效标准考核。

工作业绩的考核占考核总成绩的70%。（考核表见附件3）

2. 工作态度考核

包括责任心、敬业精神、团队精神和组织纪律四个要素，工作态度的考核占考核总成绩的30%。（考核表见附件4）

第十六条　考核周期

实行月考核。

1. 平时考核

考核为工作业绩和工作态度的综合考核。

工作态度考核每月由本人填写《工作态度事实记录表》，然后分别由直接上级进行补充、审核。

工作业绩考核以相关统计数据、记录为依据；工作态度考核以《工作态度事实记录表》为依据。将工作业绩的考核成绩和工作态度的考核成绩进行加权，得出月综合考核成绩。（考核表见附件9）

具体时间：次月第1周。

2. 年度考核

将12个月的综合考核成绩的平均值和年度加扣分综合后作为年度综合考核成绩（考核表见附件8）。

具体时间：次年1月第1～2周。

第十七条　考核流程（流程图见附件13）

1. 月考核流程

（1）由直接上级根据相关记录、数据分别对工作业绩和工作态度进行考核，得出工作业绩的考核成绩和工作态度的考核成绩；

（2）各部门将工作业绩的考核成绩和工作态度的考核成绩进行加权，得出月综合考核成绩；

（3）考核者的直接上级（即被考核者直接上级的上级）对考核结果进行审核、调整；

（4）被考核者的直接上级将考核结果反馈给本人，进行绩效面谈，制订绩效改进计划（计划书见附件10）；

（5）考核者对考核结果有异议的，可以向人力资源中心提出申诉（申诉流程见附件14）。

2. 年度考核流程

（1）各部门计算出12个月的综合考核成绩的平均值，得出年度综合考核成绩，交人力资源中心；

（2）考核委员会对年度考核结果进行审核、调整；

（3）被考核者的直接上级将考核结果反馈给本人，进行绩效面谈，制订绩效改进计划；

（4）考核者对考核结果有异议的，可以向人力资源中心提出申诉（申诉流程见附件14）；

（5）人力资源中心将最终考核结果进行公示。

第六章　考核的组织与实施

第十八条　目标制定与分解流程

公司经营目标的分解是绩效考核的基础工作，是上下级双向沟通共同制定合理目标的过程。

分解步骤：

（1）公司领导层根据公司的发展战略、上一年度经营管理目标完成情况、外部环境变化等因素确定公司年度经营管理目标，报公司董事会；

（2）根据公司年度经营管理目标和公司副总裁的分工，确定公司副总裁的年度工作目标；

（3）公司总裁、副总裁与各事业部（公司）总经理进行协商，确定各事业部（公司）的年度工作目标和工作计划；

（4）各事业部（公司）与其下级进行协商，确定部门的年度工作目标和工作计划，并且分解到月；

（5）将部门年度工作目标和工作计划以《目标责任书》形式报公司总裁批准并由人

力资源中心备案，其“工作计划执行情况”指标，需要编制《工作计划书》（计划书见附件6）。

第十九条　考核的审核、调整

（1）集团公司副总裁、各事业部（公司）总经理的《工作态度事实记录表》由总裁审核；

（2）集团公司各中心总经理的《工作态度事实记录表》由其直接上级审核；

（3）中层人员的《工作态度事实记录表》由其直接上级审核；

（4）中层人员的季度考核结果由其考核者的直接上级进行审核；

（5）基层人员的年度考核由其考核者的上级审核；

（6）考核委员会对所有人员的年度考核结果进行审核、调整；

（7）被考核者如对考核结果存在异议，可在考核结果反馈后15日内向人力资源中心提出书面申诉。

第二十条　申诉处理流程（见附件14）

第一步：申诉人向人力资源中心提出申诉，并填写申诉表（见附件12）；

第二步：人力资源中心初步审查；

第三步：初审通过的，由人力资源中心组织相关调查，提出初步处理意见，并将调查事实与初步处理意见提交考核委员会；

第四步：考核委员会对调查事实和初步处理意见进行审议；

第五步：审议结果以书面形式送达申诉人。

第二十一条　考核的依据

（1）相关人员的工作业绩考核以指定部门提供的数据为依据；

（2）工作态度考核以《工作态度事实记录表》为依据；

（3）年度考核时，人力资源中心将公司副总裁、各事业部（公司）总经理、各中心正职业绩考核相关的数据收集、整理好并填入《工作业绩考核表》内，其他被考核的上述工作由各部门和各事业部（公司）负责；

（4）各部门和各事业部（公司）在年终计算4个季度的平均成绩时，应整理好季度综合考核表，将各季度综合考核成绩填入《季度考核成绩汇总表》；

（5）年终考核综合成绩的调整以相关事实记录为依据。

第二十二条　《工作态度事实记录表》的填写

首先，本人围绕工作态度考核的要素（责任心、敬业精神、团队精神、严格自律），将本考核期内自己身上发生的、与考核要素相关的典型事例填写在表内，好的方面写在上一栏，存在的问题写在下一栏。

其次，被考核者将记录表交给直接上级，上级根据民主评议的结果（没有实施民主评议的除外）和自己看到或了解到的、被考核者遗漏的典型事例记在相应的栏内，最后要写上被考核者的记录是否属实的意见。

第二十三条　考核委员会的职能与组成

1．考核委员会的职能

（1）对员工的年度考核成绩进行审核、调整；

(2) 对人力资源中心提交的申诉处理意见进行审核；

(3) 对上报的考核制度（包括指标、标准）修改草案进行审核、批准。

2. 考核委员会的组成

考核委员会由主任、副主任、委员组成，主任由总裁担任，副主任由副总裁担任，委员由各中心总经理、各事业部（公司）总经理组成。

第二十四条　考核组织与实施部门

考核及相关数据的提供由公司总裁办、人力资源中心、财务中心、生产经营中心和行政中心协调进行。

第二十五条　人力资源中心在考核中的职能

(1) 依据考核制度组织、监督考核工作并对制度本身进行修订和完善；

(2) 收集、保管考核相关的各种资料、数据、记录；

(3) 受理被考核者的申诉；

(4) 中层以上人员的《工作业绩考核表》相关数据的整理、审核、录入和考核结果的汇总。

第七章　考核结果的运用

第二十六条　考核结果的等级

将公司员工的季度、年度考核结果划分为五个等级：

A：考核综合分数 90 分以上；

B：考核综合分数 80～89 分；

C：考核综合分数 60～79 分；

D：考核综合分数 51～59 分；

E：考核综合分数低于 50 分。

第二十七条　考核结果的分布

中层以下人员的季度、年度考核结果分布以部门为单位，综合评定为“A”级的人数原则上控制在部门人数的 10%以内；10 人以下的部门综合评定为“A”级的人数原则上限定为 1 人。综合评定为“B”级的人数原则上控制在部门人数的 15%以内，10 人以下的部门综合评定为“B”级的人数原则上限定为 1 人。

工作态度考核为“A”级和“B”级的，必须有充分的事实为依据，否则上级或考核委员会可以做出适当调整。

第二十八条　考核结果的运用

1. 考核结果公示

年度考核审核评定后，人力资源中心负责将考核结果予以公布。

2. 发放月度奖

高层人员的奖金系数依据其年度考核结果浮动，中层人员的奖金系数依据其季度考核结果浮动，基层人员的奖金系数依据其月考核结果浮动。考核结果为 A 执行对应岗级 A 档系数，考核结果为 B 执行对应岗级 B 档系数，考核结果为 C 执行对应岗级 C 档系数，考核结果为 D 执行对应岗级 D 档系数，考核结果为 E 执行对应岗级 E 档系数。

3. 发放年终奖

年终奖水平参照年度考核结果确定。

4. 发放管理人员提成奖

管理人员提成奖与年度考核等级挂钩：

个人提成系数=个人提成系数基数×个人年度绩效等级系数

5. 岗位竞聘

考核成绩优秀的在同等条件下优先聘用（参照考核细则）。

个人季度（月）绩效等级系数依据其上季度（月）考核等级确定，个人年度考核等级系数依据其当年综合考核等级确定，如下表：

年度、季度（月）考核等级系数表

考核等级	A	B	C	D	E
绩效系数	1.30	1.15	1	0.8	0

由于工作失误给公司造成严重经济损失或声誉损失者，扣除全部绩效工资。

第八章　附　则

第二十九条　制度修订

本考核制度需要修订时，由人力资源中心召集各部门讨论并形成修订方案，呈报公司总裁审核、批准。

第三十条　解释权

本制度的内容以及未载入的事项之说明和解释权归人力资源中心，员工有关于此考核制度的疑惑，人力资源中心有责任加以解释。

第三十一条　实施日期

本制度正式颁布之日起实施。

附件（略）：

1. SL 集团关键绩效指标体系
2. 工作业绩考核表（1）
3. 工作业绩考核表（2）
4. 工作态度考核表
5. 工作态度民主评议关系表
6. 工作计划书
7. 工作态度事实记录表
8. 季度（月）考核成绩汇总表（中层以下人员）
9. 业绩、态度考核成绩汇总表
10. 绩效发展计划书
11. 关键绩效指标数据来源
12. 申诉表
13. 考核流程图
14. 申诉流程图

任务要求

对照绩效管理制度的 7 项内容，在任务背景的资料中找出绩效管理制度的各项内容的具体表述。

操作流程

（1）掌握绩效管理制度应包含的内容。

（2）逐条对照绩效管理制度的基本内容，判断 SL 集团的绩效管理制度是否完善，是否符合现行法律法规，内容的表述是否科学合理。

注意事项

（1）企业绩效管理制度在制定时要符合现行法律法规，如劳动合同法、企业内部规章制度。

（2）绩效考核制度在设计时应针对不同的考核对象分类分层进行，如管理人员与普通员工的考核标准不同，不同的考核对象考核方法和考核周期不同。

如何制定企业绩效管理制度

（3）在执行企业绩效管理制度时，应与员工充分沟通，达成共识。通过多种高效途径，如培训、开宣讲会等，使员工了解企业绩效管理制度的内容及其执行方法。绩效管理制度一旦公布，一般不得随意修改，但应根据企业发展实际情况及目标定期进行适应性修订。

实操演练二

认真阅读某企业绩效管理制度，对其进行修改完善。

AC 有限公司绩效考核管理办法

一、考核目的

为考核和评价公司员工工作业绩、工作质量、工作能力、工作态度、执行能力，作为员工职业发展和绩效工资发放的依据，同时为改进和提升员工和公司下一阶段工作的绩效水平，特制定本办法。

二、考核原则

（一）公开公平公正原则：考核是考核者以事实为依据，对被考核者的工作进行客观的评价。考核者应力求做到实事求是、公正公平公开，这将作为评价考核者是否称职的标准之一。

（二）可操作性原则：简单、有效、科学化、数据化。

（三）逐级原则：绩效考核评分与绩效考核辅导由部门主管对下级直接进行。

（四）灵活性原则：公司对员工考核分为定量考核和定性考核。不同岗位、不同层次、不同时期两者考核重点不同、所占分值比例不同。

三、适用对象

本办法适用于公司高层以下的所有岗位。

四、考核类型

（一）月度考核：月度绩效考核由公司行政人事部组织，在第二个月的 10 号前完成。考核标准依照本办法规定执行，考核结果将作为全体员工预发放月绩效工资的依据。

（二）季度考核：每季度对公司员工进行的考核称为季度考核，时间为每季度的第一个工作日开始，十个工作日完成。考核结果将作为公司管理人员预发放季度奖金的依据。

（三）年度考核：公司年底对全体员工整年度工作目标完成情况、工作职责履行情况等方面做一次综合评估考核，时间为第二年的一月份第二周第一个工作日开始，十个工作日结束。考核结果将作为公司全体人员预发放年度奖金及晋级升迁的依据。

五、考核程序

（一）员工自评：员工按照考核表进行自我评价，对在本期考核中未达成的重点指标须分析主客观原因。以上材料两个工作日内提交给本部门长。

（二）部门长复评：部门长根据员工平时的工作表现，结合提交的材料进行复评。该项工作三个工作日完成并提交。

（三）公司分管领导复核：公司分管领导对考核结果复核，并做最后认定工作。考核结果报行政人事部备案作为工资奖金计算依据。（部门长的考核由公司分管领导复评，总经理复核）

（四）当员工最后考核分数归入“差”时：

1. 建议该员工部门长与员工进行面谈，完成“绩效面谈表”。

2. 如有必要，可另外对具体的事实说明，作为考核结果的补充材料。

（五）具体考核步骤：被考核人自评→主管部门长复评→公司分管领导复核→行政人事部归档处理，并计算被考核人月度（季度、年度）绩效考核最终成绩。

人力资源部组织考核

计算年度绩效考核成绩→计算季度绩效考核成绩→行政人事部归档处理→被考核人自评→主管部门长复评→公司分管领导复核。

六、考核标准

公司考核标准主要是从工作计划、执行能力、工作业绩、工作态度等方面考核，不同岗位的员工其考核标准的权重不一样，具体内容依考核表进行。（见附表）

七、考核申诉

（一）考核申诉是为了使考核制度完善化，并在考核过程中真正做到公开公正合理而设定的特殊程序。

（二）员工与本部门长对考核内容和结果存有异议，可先向行政人事部提出申诉，由行政人事部进行协调，如协调后仍有异议，可交由更高一级主管仲裁（到公司总经理止）。

（三）考核申诉的同时必须提供具体的事实依据。

八、考核结果

公司将考核结果与绩效工资相挂钩，根据员工的年度考核成绩对员工的基本工资进行调整，调整原则如下：

（一）年度考核为优秀的员工：基本工资上调一级，在机会适当时，可考虑职务晋升。

（二）年度考核为良好的员工：基本工资上调一级，不考虑职务升迁。

（三）年度考核为“及格”类员工的处理：基本工资暂不调整，若下一次年度考核再评为“及格”，则基本工资下调一级，如是部门经理可考虑岗位调整。若评分在“及格”之上，则按相应的评分待遇处理。

（四）年度考核为“差”员工的处理：

1. 该员工基本工资在年度考核结束后下调一级，如是部门经理则降级使用。

2. 若在下一年度考核前，公司与该员工聘用合约到期，到期前该员工在最近的一次绩效考核中评分在“及格”或以下等级，则该员工聘用合约期满后，公司不再续约。

（五）年度绩效考核结束后，员工要填写相应的述职报告，对年度绩效考核作总结性回顾，并提出具体整改措施，图表如下：

考核结果　薪资　整改措施　成长管理

培训体系　淘汰机制　目标管理＋绩效工资计算办法

根据公司《员工薪酬制度管理办法》的规定，绩效考核评分与薪酬之间计算公式如下：

（1）员工工资＝岗位绩效工资＋福利工资＋季度奖金＋年终奖励

（2）岗位绩效工资＝基本工资＋(岗位工资×20％)×绩效考核评分系数

（3）基本工资＝岗位工资－(岗位工资×20％)

增加内容：

期满考核：对试用期或合同期期满的员工，由公司行政人事部在该员工期满前10天组织对该员工在整个合同期的工作进行绩效考核，以作为转正和续约的依据。要求五个工作日内完成考核并将结果提报总经理。

九、考核评价

考核结果按其考评总分，划分为：“优秀”（95分以上）、“良好”（80～95分）、“及格”（60～80分）、“差”（60分以下）。

所得分数除以80即为绩效考核系数，用来计算绩效工资及季度、年度奖金的发放。(绩效考核系数大于1时均按1计算)

任务要求

请根据绩效管理制度的制定原则和绩效管理制度的内容，对AC有限公司绩效考核管理办法进行修改完善。

操作流程

1. 认真通读理解所有内容，对照绩效管理制度的每一项内容，核查有无缺少的内容，对缺少的内容进行补充完善。

2. 逐项核查绩效管理制度相关内容表述是否科学、合理、切实可行，是否违背现行法律法规。

3. 语言表述是否清晰规范、严谨，易于理解。

注意事项

从整体上把握绩效管理制度各项内容的前后逻辑顺序关系，形成严密的企业人力资源管理制度性文件。

项 目 二

绩效管理流程设计与绩效计划

学习目标

知识目标

（1）了解绩效管理的认识误区，熟悉绩效管理与绩效考评的区别。

（2）理解绩效管理的实施流程。

（3）掌握制订绩效计划的方法。

能力目标

（1）能绘制绩效管理流程图。

（2）能制订个人一定考核期内的绩效计划。

思政目标

（1）能够认识到企业全面、完善的绩效管理流程对企业运营管理的重要性。

（2）能够认识到绩效管理流程中各环节的设置对员工工作进步及职业生涯发展的积极意义。

思维导图

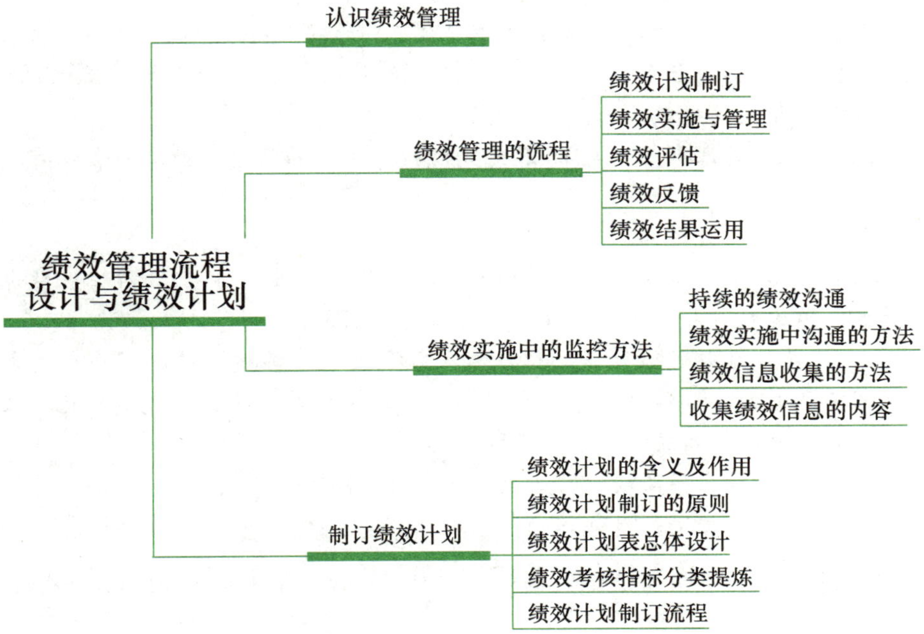

项目引例

某集团公司绩效管理流程（节选）

……（略）

4. 绩效计划设定

4.1　高层绩效计划：公司在编制年度经营计划和《经营目标责任书》时，应明确各分管领导的工作目标及任务重点，各分管领导根据工作目标及任务重点在半年度（或年度）经营工作总结会上制定次半年度（或年度）分管业务的工作目标和计划提交总裁审批，以作为半年后述职评价的依据。

4.2　部门月度绩效计划：各部门负责人于次月2日前填写部门工作计划中的重点“计划与目标”并自设权重，上报直接上级审批。

4.3　分管领导于当日完成部门/中层的月度绩效计划的审批，调整、确认考核项目与权重，并提交人力资源部。

5. 绩效督导

5.1　考核人根据被考核人绩效计划，在工作中关注其绩效变动情况，并给予必要的资源与支持。

5.2　被考核人在工作过程中遇到困难与问题时，可向考核人寻求支持与帮助。

6. 绩效考核评分

6.1　各周期的考评。

6.1.1　月度绩效考核。

6.1.1.1　部门负责人：各考核人于本月底前完成填写被考核人的考核成绩，再与被考核人沟通确认后上交人力资源部。

6.1.1.2　基层员工：各部门员工于下月8日前填写考核表中的“本期主要工作回顾”，并自设权重；部门负责人于下月9日前完成对被考核人工作总结与岗位职责要求的评分，与被考核人沟通确认后上交人力资源部。

6.1.1.3　人力资源部于下月10日前完成被考核人的月度绩效考核成绩汇总，经分管领导审核，报总裁审批。

6.1.2　半年度绩效考评。

6.1.2.1　半年度BPI考评：各考核人于每年1月7日/7月7日前完成被考核人的BPI考评，在与被考核人沟通确认后上交人力资源部。

6.1.2.2　季度绩效成绩计算：人力资源部审核BPI考核成绩，汇总部门负责人与员工的当季各月的PPI绩效成绩，在对部门负责人与员工的PPI成绩进行二次修正的基础上，计算季度绩效成绩，报总裁审批。

6.2　各周期绩效考核成绩间的关系、考核内容权重。

6.2.1　高层：年度考核成绩$=\sum$半年度考核成绩/2

6.2.2　中基层：半年度考核成绩$=\sum$月度PPI考核成绩/6×80%+BPI考核成绩×20%

年度考核成绩$=\sum$半年度考核成绩/2

6.2.3　个体考核内容及权重：半年度考核PPI（80%）+职业行为考核BPI（20%）

6.3　考核成绩的二次修正。

6.3.1　为了使考核结果体现团队导向与客观公正原则，消除各部门负责人考核中标准松紧不一的影响，设置了部门绩效修正系数K，对部门负责人以下员工的考核结果进行二次修正。

6.3.2　部门绩效修正系数K=部门绩效得分/部门员工绩效平均分

6.3.3　副经理、基层员工最后绩效考核成绩=个人考核成绩×K

6.4　考核等级的评定。

6.4.1　人力资源部每季度进行一次绩效等级评定。

6.4.2　绩效等级评定根据个人绩效考核成绩结合员工在本周期的综合表现予以评定，具体等级评定参照下表：

考核等级评定

考核等级		分数范围	条件描述（必要条件）	备注
绩效等级	绩效系数			
优秀	1.3 (A)	$X\geqslant95$	有非常突出的工作业绩表现或受到公司的表彰，可作为从事相似工作的职员（或同级别职员）的典型表率，且没有不良的行政、纪律表现。	全部满足条件

续表

考核等级		分数范围	条件描述（必要条件）	备注
绩效等级	绩效系数			
良好	1.2 (B)	85≤X<95	工作业绩良好，全部达到或超出原定的工作目标，业绩表现在同部门员工中名列前茅，没有严重违反纪律的行为。	全部满足条件
合格	1.0 (C)	75≤X<85	基本达到各项要求，没有重大失误，偶尔需要领导指导，总体效果可以接受；没有严重违反纪律的行为。	全部满足条件
需改进	0.8 (D)	65≤X<75	1. 工作绩效不良或工作明显失误； 2. 工作能力、表现与要求有一定差距，需要领导不时地指导； 3. 总体效果一般但尚可接受，但总体绩效在部门内排名较后； 4. 纪律表现不良，行政扣分较多。	符合某单项条件
不合格	0.7 (E)	X<65	1. 工作绩效很不理想，不能满足岗位需求，需迅速提高； 2. 工作上有重大失误，对公司、部门造成较大影响； 3. 有严重违反纪律或违反职员职务行为准则的行为； 4. 受到公司通报批评。	符合某单项条件
其他	0.0 (F)		员工主动离职或被公司辞退的，该周期（季度/半年）内绩效工资不予发放。	符合条件

7. 绩效面谈

7.1 绩效面谈的目的：通过坦诚的沟通，让被考核人了解工作的目标和标准，消除对考评的误解，让考核人了解下属的需求和困难，以便正确有效地引导员工；肯定被考核人的成绩，同时指出不足，提出改进意见和建议；帮助员工制定改进措施并确认本考核期考核评分和下一考核期的《绩效考核表》中的考核指标及计划。

7.2 面谈内容包括：

7.2.1 对被考核人上期工作、行为的评价，肯定过去的成绩，指出工作中出现的问题以及改进的方法；

7.2.2 了解被考核人的困难及其对上级、公司的支持性需求；

7.2.3 了解对考核评价的意见；

7.2.4 明确被考核人未来的绩效改进计划和工作目标。

8. 绩效申诉

8.1 申诉形式：员工申诉时需要以书面形式《绩效考核申诉表》提交申诉报告，并由人力资源部负责将员工申诉统一记录备案。

8.2 申诉内容可包括：不与员工进行应有的绩效面谈；未事前明确目标和标准；未将考核结果及时反馈给被考核人；拖延考核；考核结果缺乏客观、公正性；等等。

9. 考核结果应用

9.1 半年度考核成绩作为半年度或年度绩效工资发放的依据，即半年度绩效工资＝标准绩效工资×6×该半年度绩效系数。

9.2 年度绩效成绩作为年度工资发放的依据，即年度绩效工资＝年度标准绩效工资×该年度绩效系数。

9.3 绩效考核结果作为职员任用、发展的重要因素，如竞聘上岗、专业级别评定、评选优秀员工、奖金发放、工薪调整、轮岗、调动、职位晋升、降职、解除合同等的重要依据。

9.4 绩效考核解除合同。通过绩效考核，被证明难以胜任本岗位工作，经过在岗培训和调动岗位后仍难以胜任的，给予“解除合同”处理；另如因公司无空缺岗位可供调配或者当事人不服从公司重新安排工作岗位的，亦给予“解除合同”处理，同时解除劳动合同；对符合以下条件者，给予“解除合同”：

9.4.1 一个考核年度内，季度或年度绩效考核中有一次被评为E的；

9.4.2 一个考核年度内，连续二次季度考核被评为D或年度绩效考核被评为D的，又无适合的空缺岗位可调配或不服从公司重新安排工作岗位的。

问题：请分析总结绩效管理的一般步骤和流程。

引例分析提示

由该集团公司的绩效管理流程可知，企业绩效管理过程是一项系统工作，不仅局限于简单的评价打分，还包括前期制订相应的考核计划、对过程实施监督、考评后开展针对性面谈以及最终将考核结果运用于员工发展各个方面等步骤，是一项持续开展、多步骤联动的管理活动。任何一个步骤的缺失，都将对绩效管理的结果造成一定影响。如果缺少绩效计划或计划制订内容不合理，后续考核将失去可靠的依据和客观的标准；如果考评打分的过程缺乏公平性、客观性，将致使整个绩效管理过程丧失可信度；如果考评后没有及时开展相关面谈和结果运用，绩效管理对员工的激励和提升作用将大打折扣，长久下去容易导致绩效管理流于形式。

由此可见，绩效管理包括计划及内容制订、绩效实施监督、考核评价、绩效面谈及绩效结果运用等环节，各环节相互关联、相互影响，共同组成一个有机联动的绩效管理循环体系。

任务一
绘制绩效管理流程图

知识技能

课堂讨论

1. 你认为绩效管理和绩效评估有什么区别？

2. 如何避免使考核评价流于形式？

3. 作为 HR，你觉得应该从哪些方面对绩效管理及考核的过程加以监督控制，从而确保制度有效执行呢？

知识准备

绩效管理不等同于绩效考核，绩效考核只是绩效管理中的一个主要环节。绩效管理作为企业战略人力资源层面的一项重要的管理活动，是一个系统、完整且闭环的循环流程，主要包括四个大的环节，即绩效计划制订、绩效实施、绩效评估和绩效反馈面谈，流程中各个环节有序开展，相互影响，相互制约。只有全面认识绩效管理的系统流程，才能切实推进绩效管理工作。

一、绩效管理的认识误区

（一）绩效管理就是评价打分

在以往对绩效管理的认识中，往往仅将绩效管理停留在绩效考核或绩效评估的层面。多数员工认为所谓的绩效管理就是“考核”，是仅与下一步“发钱”相关的一项工作，因此多数员工对绩效管理并不重视，甚至由于考核与绩效工资的挂钩而产生一定程度的抵触心理，认为绩效管理就是为了“扣分”，绩效管理的结果就是自己被“扣钱”或是“降职”，甚至“乌纱帽”不保，因而对绩效管理有天然的抵触心理，因此也容易导致绩效考评为了“你好我好大家好”而流于形式。

与此同时，每当提起绩效考核，员工眼前或脑海中往往浮现出一堆各式各样的表格或文件，员工和直线管理人员需要花费大量的时间填写这些他们认为没有太大价值、最终封存在人力资源部门档案柜里的表格，因此他们常常把考核与“浪费时间”“流于形式”等联系在一起。

造成这一现象的主要原因在于：首先，企业对于绩效管理本身的重视程度不够，没有将绩效管理看做一项系统工程，将其提升至企业战略管理层面进行把控，而仅仅停留在日常的考勤、记录、计算绩效工资的层面，孤立地看待绩效评估这一行为。其次，对于绩效管理的侧重点认识不够，往往将绩效管理的重点放在了判断和评估上，将绩效管理全过程等同于绩效评估，而没有注重以绩效提升为目的的整体过程，不能真正体现绩效管理全过程的作用。再次，没有将绩效管理融入企业管理的全过程，不注重事前的沟通和双向承诺，而只在定期评价时给予强调和重视，且强调事后评估，从而导致员工对其了解不够，产生一定的抵触情绪。

因此，明晰绩效管理和绩效考核的本质区别，重视绩效管理的全过程，是有效开展绩效管理的首要前提。

（二）绩效管理就是 HR 部门的事

在以前，企业员工、管理人员甚至高层管理人员多数认为绩效管理是人事管理工作的一个普通环节，是为绩效工资计算提供依据或是考核分数的简单过程，因此是人力资源部门的工作，而并没有将绩效管理视为各自部门以及整个公司管理过程中的一个有效的工具。由于很多企业存在绩效管理是人力资源部门工作的认识误区，绩效管理工作的推进比较困难，其他部门跟人力资源部门容易处于对立的立场，因此绩效管理的工作效果往往不尽如人意。

然而，真正有效的绩效管理工作绝不仅仅是人力资源部门的工作。在公司整体绩效管理推进过程中，人力资源管理部门的主要职责在于牵头推进并协调各部门有效开展，各部门在自身的绩效改进中应起到绝对主导的作用。因为只有部门自己才最了解部门的重要工作和关键任务，也只有部门领导才最了解本部门员工的工作完成情况并给予相对公平的评价。同时，若公司高层管理人员能够对全公司的绩效进行全程监管，对公司级关键绩效指标进行整体把控，则更有利于公司整体绩效管理工作的有效展开，从而取得更为积极的效果。

（三）绩效管理是为了发奖金而进行的额外工作

多数员工甚至中层管理人员对绩效管理的认识长期停留在该工作是人力资源部门为了核算甚至是扣减员工工资而强加给其他部门的一项额外的工作。部门经理觉得确定本部门的考核结果只是为人力资源部门提供数据依据，与本部门的业务工作没有直接关系，因此抵触心理较强，或是为了不破坏部门内员工之间的“一团和气”而对考核结果进行平均分配。

同时，员工还认为只有在核算绩效工资或是发放奖金时才会统计绩效考核结果，主观上将绩效考核与发奖金、调工资紧密挂钩，因此造成员工对考核结果过分看重，为了考核而考核，忽视了本身工作业绩的提升。

以上种种对于绩效管理存在的误区，都是由于没有站在系统、全面的角度看待绩效管理工作，孤立片面地将其看做一项单一的、额外的考核工作造成的。这些误区也造成了企业绩效管理效果不佳、员工抵触、绩效管理难以全面推行或流于形式等后果。因此认识绩效管理的全面流程尤为重要。

二、绩效管理的流程

（一）绩效管理流程概述

绩效管理作为企业战略层面的一项重要的管理活动，是一个系统、完整且闭环的循环流程，流程中各个环节有序开展，相互影响相互制约。只有全面认识绩效管理的系统流程，才能切实推进绩效管理工作。企业绩效管理流程如图 2－1 所示。

绩效管理循环流程主要包括四个大的环节，即绩效计划制订、绩效实施与管理、绩效评估、绩效反馈，每一个绩效考核周期都是四个环节的一次循环，每一个环节都需要多个岗位甚至多个部门配合协作完成，每一个环节又是下一个环节的基础和前提。而绩效评估结果的运用则是绩效管理过程与人力资源管理其他模块有效结合的过程。

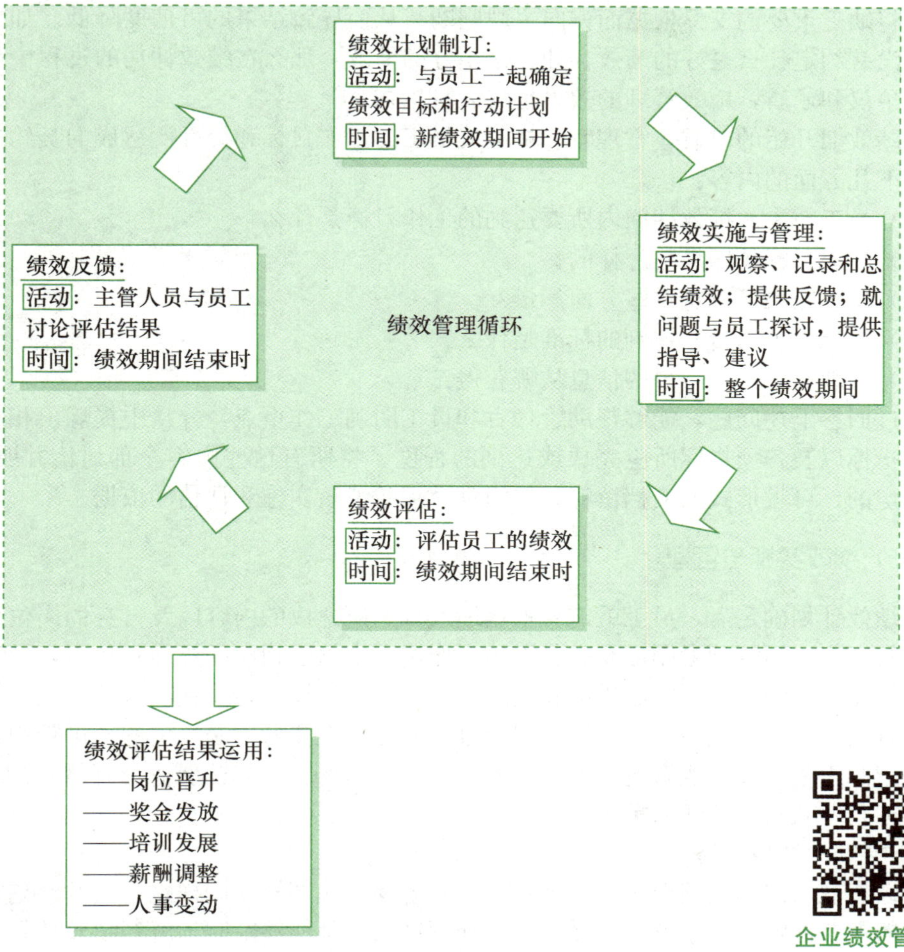

企业绩效管理流程

图 2-1 绩效管理流程

总而言之，绩效管理是一项连续的、循环的过程，绝不是孤立的、割裂的偶尔为之的单一行为，认识绩效管理流程中各环节之间的相互联系尤为重要，各个环节有效衔接并系统化、全流程开展绩效管理是避免绩效考核流于形式的有效手段。

（二）绩效计划制订

绩效计划的制订是绩效管理流程的起始过程，是绩效管理流程中的第一个环节。其目的是形成绩效计划书，将其作为后续绩效管理全过程的主要基础和依据。

绩效计划的制订是管理者和员工共同商讨、确定的过程，双方需要对员工绩效的指标或任务以及相应的期望问题进行商讨，达成共识，员工对自己在本绩效期间内的工作目标和完成预期做出承诺，管理者认可确认，作为后续绩效实施过程中双方沟通、参考的主要依据。

绩效计划首先是一个契约，是管理者和员工就员工在本绩效考核期内的工作目标和达成标准的契约。绩效计划是绩效评估的主要依据，如果没有事先约定的绩效计划，绩效评估将缺乏重要的支撑依据而偏向主观判断，从而导致结果的可信度降低。如果在评估之前没有约定什么是好的绩效、什么是不好的绩效，那么在绩效评估的过程中就很容易产生争议和矛盾，绩效管理的效果也将大打折扣。

在绩效期开始的时候，管理者和员工就员工的工作目标和标准所达成的契约应至少包括以下几方面的内容：

(1) 员工在本次绩效期间内所要达到的工作目标是什么?

(2) 达成目标的结果是怎样的?

(3) 这些结果可以从哪些方面衡量?

(4) 目标结果衡量和评判的标准是什么?

(5) 反映员工工作结果的信息从哪获得?

通过回答上述问题，能够帮助管理者和员工明确工作重点，并从中提炼出相应的绩效考核指标以及各项指标所应完成或达到的程度。将所有这些内容全部讨论并明确后，形成确定的、可见形式的文档留存，作为日后绩效考核实施和评估的依据。

(三) 绩效实施与管理

在绩效计划确定后，员工就需要根据绩效计划所达成的内容以及自身的岗位职责展开相应的工作；而管理者则需要在员工的工作过程中给予相应的指导和监督，及时解决发现的问题，并根据工作完成进度和实际需要与员工商议是否要更改绩效计划。绩效计划在制订之后并非一成不变，在绩效实施过程中会出现多种无法预估的不可控因素，对绩效计划的正常完成造成影响，因此绩效计划可以随着工作的开展适当调整。持续的沟通和反馈是绩效实施期间的重要环节。

1. 持续的绩效沟通

持续有效的沟通是整个绩效管理流程中的重要组成部分，同样也是绩效计划能够有效落实的重要保障。通过持续沟通，员工和管理人员都能够及时了解到绩效计划执行情况，随时对绩效计划的实施情况做出判断并决策是否需要进行调整。在沟通过程中，一方面，员工能够了解自己的工作成果是否符合企业要求，也可以将工作中遇到的困难及时反映给上级领导并寻求有效的帮助；另一方面，上级管理人员也能够第一时间指出员工工作中的问题并督促改进，避免问题积累给企业造成的损失。

因此，持续有效的绩效沟通是管理者和员工双方共同的需要，沟通的内容也应由双方根据需要确定，主要包括：

(1) 工作的进展情况如何?

(2) 员工和团队是否在既定的目标和标准要求的轨道上发展?

(3) 如果有偏离方向的趋势，应该采取什么样的行动加以扭转?

(4) 哪些工作进行得顺利?

(5) 哪些工作在进展过程中遇到了困难或障碍?

(6) 是否需要对行为进行调整以更加有利于目标的达成?

(7) 需要上级管理人员给予怎样的支持?

2. 收集绩效信息

在绩效管理实施的过程中还有一个重要的工作是要全面收集绩效信息。在整个绩效管理循环过程中，多数企业往往将重点放在考评环节上，而忽略其他环节。但在多数效果欠缺的绩效考评中，最主要的原因就是反映员工绩效表现的信息不够全面，管理者在考评时由于缺乏全面客观的信息支持而只能根据自身主观的判断进行评价，从而导致员工对评价结果缺乏认同。因此，绩效信息的收集对绩效考评至关重要。

首先，绩效信息的全面收集能够为绩效评估提供客观公正的事实依据。在绩效评估时，将一个员工最终的绩效表现评价为“优、良、中、差”时，都需要相应的证据做支撑，要能够客观地说明为什么给员工评价为不同的等级，而不能够仅凭个人的主观感觉。同时，绩效信息还可以作为晋升、加薪等人事决策的依据。

其次，绩效信息的全面收集也能够帮助员工和管理人员发现绩效问题或成效，并及时进行改正或加以发扬，为改进绩效提供依据。绩效管理的根本目的并不是将员工分为三六九等，而是希望通过有效的监督和管理让员工不断地改进工作、提升个人能力，并最终为企业带来效益，实现双赢。因此，及时发现存在的问题和成效尤为重要，发现问题需要及时制定改进措施；表现符合目标要求的，也需要加以发扬加以固化。

再次，绩效信息的全面收集也是在劳动争议仲裁中保护企业或员工的手段。一旦员工质疑绩效评估或人事决策，就可以利用所收集的绩效事实依据作为仲裁的信息来源，可以有效保护企业或员工的利益。

（四）绩效评估

在绩效期结束时，根据预先制订的绩效计划，管理人员对下属的绩效目标完成情况进行评估。绩效评估的依据就是在绩效期间开始时双方达成一致的关键绩效指标，同时，在绩效实施与管理过程中所收集到的能够说明被评估者绩效表现的数据和事实，也可以作为判断被评估者是否达到关键绩效指标要求的证据。

一般来讲，绩效评估结果经考核者和被考核者双方确认后需提交至人力资源部门，作为后续绩效结果运用的依据。

（五）绩效反馈

多数企业在绩效管理的过程中，完成绩效评估、为每一位员工确定一个分数便停止了。这样的绩效管理过程是不完善的，缺乏重要的绩效反馈过程，员工对绩效考评结果不能够充分理解，容易引起员工不满，影响绩效管理效果。

在绩效考评后，主管人员还应该与下属就绩效考评结果进行一次面对面的交谈，使下属充分了解自己绩效结果的由来、主管领导对自己的期望，了解自身的绩效表现以及有待改进的方面。同时，通过绩效反馈面谈，下属也可以提出自己在完成绩效目标中遇到的困难，并寻求指导与帮助。

（六）绩效结果运用

绩效考评结果出来后，并不是存档留存即可，还应当对结果进行合理的运用，这样才能使绩效管理的最终目的得以实现，确保绩效管理不流于形式。有些企业，绩效考评完成后，其结果仅在人力资源部门存档，对员工的薪酬、晋升、培训等各项人事决策都没有直接影响，久而久之，员工对绩效考核的重视程度将逐渐降低，甚至完全不在意，反而当成一项额外的、不必要的事务性工作，如此绩效管理的目标必然不能得到有效实现。

绩效考核结果主要运用于员工绩效工资发放、年度奖金发放、调薪决策、晋升以及培训等方面。其中最直接的是运用于月度绩效工资的发放，企业根据员工的月度考核结果，进行相应比例的绩效工资发放，能够引起员工对绩效考核的足够重视，同时也能够对员工起到实时的激励作用，有利于员工在短时期内改正自身不足，追求更好的绩效。

年度奖金的发放也需要参照绩效考核结果。年度奖金是对员工全年的工作表现和工作完成情况给予的肯定和奖励，因此员工的年度绩效考核结果将直接运用于年度奖金的发放。

此外，企业在对员工进行薪酬调整、给予晋升或培训机会时，也会一定程度参考员工平时的绩效考核结果，对于一贯绩效表现优异的员工，理应比别人获得更多的培训或职业晋升机会。

上述环节即为绩效管理的整个循环流程，在绩效考评结果确定并进行相应的反馈和运用之后，一个考核周期才完整结束。同时，本期的绩效管理中所收集的信息、绩效的结果等也是制订下一期绩效计划的重要依据，如此往复，形成不间断的绩效管理循环流程。

三、绩效实施中的监控方法

（一）持续的绩效沟通

沟通是贯穿绩效管理全过程的必要环节，前面已经讲到制订绩效计划需要沟通，同样，在绩效实施过程中持续的沟通也是必不可少的。

绩效实施过程中沟通的主要目的是要及时了解绩效计划的实施情况，包括阶段性的实施成果、是否偏离预定的轨道或是需要哪些支持和帮助等。绩效实施过程中持续的沟通是员工和上级管理者都需要的，因此沟通的具体内容也由双方协商确定。主要包括：

（1）工作的进展情况怎么样？

（2）员工和团队是否在正确达成目标和绩效标准的轨道上运行？

（3）如果有偏离方向的趋势，应该采取什么样的行动扭转这种局面？

（4）哪些方面的工作进展得好？

（5）哪些方面的工作遇到了困难或障碍？

（6）面对目前的情境，将要对工作目标和达成目标的行动做出哪些调整？

（7）经理人员可以采取哪些行动来支持员工？

（二）绩效实施中沟通的方法

沟通的方法和形式多种多样，可以根据需要沟通的内容选择较为恰当的沟通方式。一般有口头沟通与书面沟通、会议沟通与谈话沟通等。各种沟通方式各有优缺点，都有其适合的情景。总体来说沟通方法主要分为正式沟通和非正式沟通。

1. 正式沟通

正式沟通是指事先计划和安排好的沟通，如定期的书面报告、面谈、有经理参加的定期的小组或团队会等。

(1) 定期的书面报告。员工可以通过文字的形式向上司报告工作进展、反映发现的问题，主要有：周报、月报、季报、年报。员工与上司不在同一地点办公或经常在外地工作的人员可通过电子邮件传送。书面报告可培养员工理性、系统地考虑问题，提高逻辑思维和书面表达能力。但应注意采用简化的文字，只保留必要的报告内容，避免烦琐。

(2) 一对一正式面谈。正式面谈对于及早发现问题，找到和解决问题是非常有效的；可以使管理者和员工进行比较深入的探讨，可以讨论不易公开的观点；使员工有一种被尊重的感觉，有利于建立管理者和员工之间的融洽关系。但面谈的重点应放在具体的工作任务和标准上，鼓励员工多谈自己的想法，以一种开放、坦诚的方式进行谈话和交流。

(3) 定期的会议沟通。会议沟通可以满足团队交流的需要；定期参加会议的人员相互之间能掌握工作进展情况；通过会议沟通，员工往往能从上司口中获取公司战略或价值导向的信息。但应注意明确会议重点；注意会议的频率，避免召开不必要的会议。

正式的绩效沟通需要进行充分的准备。要做好绩效沟通或面谈的准备，站在员工或下属的立场上关注以下步骤：(1) 通知下属沟通讨论的内容、步骤和时间。要先让员工做好充分的准备，以便能充分利用面谈机会阐述自己的想法、困惑、需要的支持等，同时在倾听的过程中也能获取更多的信息。(2) 选择、营造一个和谐轻松的气氛。要考虑员工当天的工作状态、情绪表现等，选择好时间、地点，沟通的座位安排切忌和员工面对面正视（距离太近或太远）、你高他低（你高高在上让员工不能正常平视），这样会给员工造成一种被审问的压抑感觉。(3) 准备以下沟通内容和资料。阅读了解考核初期与员工一起设定的工作目标；对照员工的自我评价检查其每项目标完成的情况；从其同事、下属、客户、供应商收集关于本下属工作表现的情况；对于高分和低分的方面要收集翔实的资料、关键事件等；整理该下属的表扬信、感谢信、投诉信等资料。

2. 非正式沟通

非正式沟通是未经计划的，其沟通途径是通过组织内的各种社会活动。其形式包括非正式的会议、闲聊、走动式交谈、吃饭时进行的交谈等。非正式沟通的好处是：形式多样、灵活，不需要刻意准备；沟通及时，问题发生后，马上就可以进行简短的交谈，从而使问题很快得到解决；容易拉近主管与员工之间的距离。

（三）绩效信息收集的方法

1. 观察法

观察法是指主管人员直接观察并记录员工在工作中的表现。例如，一个员工对待客户的态度粗鲁、言语冒犯可能被主管人员看到；或是一个员工完成自己的工作后仍积极主动地帮助同事工作也会被主管人员看到。这些就是通过直接观察得到的信息。

2. 工作记录法

通过某些特定的工作记录体现员工的工作内容和工作目标是否完成。例如：财务数据中体现出来的销售额数量，客户记录表格中记录下来的业务员与客户接触的情况，整装车间记录下来的废品个数等，这些都是日常工作记录中体现出来的绩效情况。

3. 他人反馈法

员工的某些工作绩效不是管理者能够直接观察到的，也缺乏日常的工作记录，在这种情况下就可以采用他人反馈的信息。当员工的工作是为他人提供服务时，就可以从员工提供服务的对象那里得到有关的信息。例如：对于从事客户服务工作的员工，主管人员可以通过发放客户满意度调查表或与客户进行电话访谈的方式了解员工绩效；对于公司内部的行政后勤等服务性部门的人员，可以向其提供服务的部门人员那里了解信息，最常用的方式是部门间的互相评价。

综上，绩效计划制订和绩效实施管理是绩效管理流程中的组成部分，绩效考评和绩效反馈本书将在后续项目详细展开，故在此不再赘述。

（四）收集绩效信息的内容

绩效信息的收集是基于关键绩效指标的要求，从不同层面、不同纬度收集能够充分反映指标执行和实施情况的信息。

1. 来自业绩记录的信息

例如：

（1）年销售额；

（2）税前利润率；

（3）销售额同期增长率。

2. 由主管人员进行观察得到的信息

主要是指上级主管能够直接观察获得的与绩效表现有关的信息，包括日常的工作完成质量、完成进度等。

3. 来自他人评估的信息

例如客户的评估：

（1）产品的价值超过了它的价格；

（2）在不告知品牌的情况下对客户进行测试，发现选择本公司产品比选择竞争对手产品的概率高；

（3）客户反映与他们见到过的同类产品是不同的；

（4）产品使用的时间足够长。

综上所述，绩效信息收集的内容主要包括：工作目标或任务完成情况的信息；来自客户的积极的和消极的反馈信息；工作绩效突出的行为表现；绩效有问题的行为表现。

在收集的信息当中，有相当一部分是属于“关键事件”的信息。关键事件是员工的一些典型行为，既有证明绩效突出好的事件，也有证明绩效存在问题的事件。

实例分享

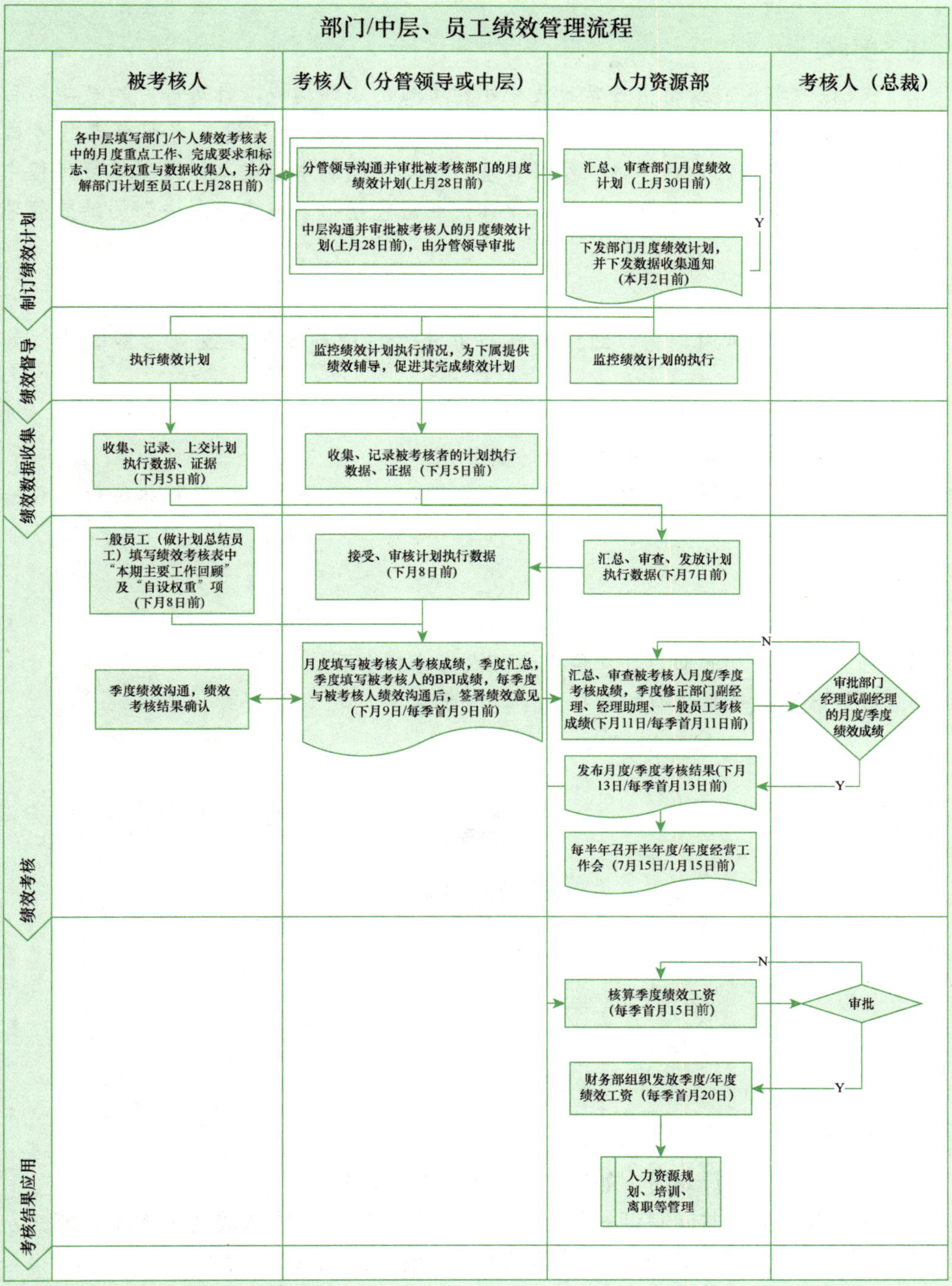
部门/中层、员工绩效管理流程
被考核人
考核人（分管领导或中层）
人力资源部
考核人（总裁）
制订绩效计划
各中层填写部门/个人绩效考核表中的月度重点工作、完成要求和标志、自定权重与数据收集人，并分解部门计划至员工(上月28日前)
分管领导沟通并审批被考核部门的月度绩效计划(上月28日前)
中层沟通并审批被考核人的月度绩效计划(上月28日前)，由分管领导审批
汇总、审查部门月度绩效计划（上月30日前）
Y
下发部门月度绩效计划，并下发数据收集通知（本月2日前）
绩效督导
执行绩效计划
监控绩效计划执行情况，为下属提供绩效辅导，促进其完成绩效计划
监控绩效计划的执行
绩效数据收集
收集、记录、上交计划执行数据、证据（下月5日前）
收集、记录被考核者的计划执行数据、证据（下月5日前）
绩效考核
一般员工（做计划总结员工）填写绩效考核表中“本期主要工作回顾”及“自设权重”项（下月8日前）
接受、审核计划执行数据（下月8日前）
汇总、审查、发放计划执行数据(下月7日前)
季度绩效沟通，绩效考核结果确认
月度填写被考核人考核成绩，季度汇总，季度填写被考核人的BPI成绩，每季度与被考核人绩效沟通后，签署绩效意见（下月9日/每季首月9日前）
汇总、审查被考核人月度/季度考核成绩，季度修正部门副经理、经理助理、一般员工考核成绩(下月11日/每季首月11日前)
N
审批部门经理或副经理的月度/季度绩效成绩
Y
发布月度/季度考核结果(下月13日/每季首月13日前)
每半年召开半年度/年度经营工作会（7月15日/1月15日前）
考核结果应用
核算季度绩效工资（每季首月15日前）
N
审批
Y
财务部组织发放季度/年度绩效工资（每季首月20日）
人力资源规划、培训、离职等管理

实操演练

任务要求

本门课程的考核成绩将由日常过程中小组考核的成绩构成，针对每一次教学项目完成情况的考核，也是一个相对完整的小型绩效管理流程。为了进一步明确课程考核流程，确保课程成绩生成过程严谨、结果合理，请各组绘制本组在本门课程学习过程中针对每一次教学项目的绩效管理流程图，整体流程应包括知识技能中所讲到的绩效管理流程中的各个步骤。

操作流程

1. 分析每一考核周期内，绩效实施与考核过程中都需设置或包括哪些绩效管理环节；

2. 每一环节都需要哪些人参与，分别承担什么工作；

3. 分析、确定每一项工作步骤的时间节点；

4. 以纵向为时间推移，横向为参与者或岗位、部门分布，根据整体绩效流程绘制连贯的管理流程图。

注意事项

1. 绩效管理各环节应考虑完整，不能遗漏；

2. 每一环节涉及的部门、岗位或参与人应分析全面；

3. 最终流程应连贯，有始有终，不能有断点。

任务二 制订绩效计划

知识技能

课堂讨论

1. 制订工作考核计划时，如何沟通绩效考核目标？

2. 管理者跟员工共同制订一份好的绩效计划，绩效考核就成功了大半。那么，怎样的员工绩效计划才算是好的呢？又该如何制订这样的绩效计划？

知识准备

绩效计划是绩效管理系统闭循环中的第一个环节，是后续绩效管理各环节有效实施和执行的前提和关键，最主要的内容是双方经沟通确认的员工个人工作目标，同时要明确考评指标和考评周期两个关键决策。

一、绩效计划的含义及作用

（一）绩效计划的含义

绩效计划是绩效管理系统闭循环中的第一个环节，是后续绩效管理各环节有效实施和执行的前提和关键，是被评估者和评估者双方对员工应该实现的工作绩效进行沟通，并将沟通过程落实为订立正式书面协议或评估表的过程。

管理学中的“计划”一词本身既具有名词属性，又具有动词属性，因此，“绩效计划”作为“计划”的一种，也具备这双重属性，可以从这两个方面深入理解。首先，作为动词的绩效计划，主要是指过程，是管理人员和员工相互沟通，形成对工作目标和工作标准的一致意见，并最终拟定绩效合约的过程。而作为名词的绩效计划，可以理解为动词绩效计划所形成的结果或成果，就是经过沟通最终拟定的关于工作目标和工作标准的合约。

绩效计划并非仅仅是人力资源管理部门的事，也是各职能部门经理和员工双方的事，因此绩效计划应该由人力资源管理者、各职能部门经理以及员工本人三方来共同参与，各职能部门经理可以看作是整个绩效计划制订的最终负责人，由于他们最了解每个职位的工作职责和每个绩效周期应完成的各项工作，由他们来制订绩效计划会使整个计划更具有可操作性。

（二）绩效计划的作用

（1）通过有效的沟通，能够使员工和上级都对员工的工作目标有明确认知，从而为后续高效开展工作奠定基础。

（2）为绩效管理整体工作提供一个良好的开端，为后续环节的实施提供依据。

（3）形成书面文件，作为年终考评的基础依据。

二、绩效计划制订的原则

绩效计划是全面反映考核期内员工所要完成的工作以及领导所期望的目标的工具，是建立在双方确认、认可的基础上的契约，因此计划的制订必须遵循员工参与、双向沟通、可行性、灵活性的原则。

（一）员工参与原则

员工参与是制订绩效计划的基本前提，如若没有员工参与而只是管理人员自行确定，便失去其所谓契约的意义。

一般而言，当亲身参与了某项工作或参与了某项决策的制定过程时，会对事件或是决策更为认可和坚持，社会心理学家通过大量的关于人对某件事情的态度形成与改变的研究也证实了这点。如果亲身参与决策，就会更倾向于坚持，且在外部力量影响下也不轻易改变。

员工参与的过程主要体现在考核指标的确定、工作目标的确定以及相应考核标准的确定过程。员工根据本岗位的工作内容，自行提炼相应的考核指标，并就此与直接上级进行充分的讨论并最终确定，在此基础上，再采用同样的过程确定指标的目标和相应的考核标准。此外，员工参与还体现在员工对个人工作目标所做的明确承诺，公开明确的承诺往往能够使员工更加坚定地实现目标，不会轻易改变。而上级领导单方面制定的目标和要求，员工即便可以完成也可能产生抵制心理，并且由于感觉没有受到尊重而影响工作效果。

（二）双向沟通原则

上下级之间的双向沟通也是绩效计划制订所应遵循的一个重要原则，双向沟通也是充分体现员工参与的过程。在以往的绩效指标确定过程中，多数企业都是采用单向沟通的过程，由上级领导通过“下达任务、布置工作”的方式，直接决定下级的工作任务和相应标准，而员工只能被动接受，且当目标难以完成时，主管领导便直接判定员工考核不合格。在这一过程中，员工自始至终都不能就自己的工作目标和工作成果与领导进行沟通。

（三）可行性原则

可行性是指绩效计划能够反映员工的工作重点和企业的绩效要求，员工可以通过自己的努力控制绩效计划的实施，并且绩效计划的执行情况可以得到有效、准确的衡量。

绩效计划确定的绩效指标和工作目标是能够控制的，应在员工职责和权力控制范围内，否则难以实现绩效计划所要求的绩效目标。同时，绩效目标要有挑战性，但又可实现。目标过高，无法实现，不具有激励性；过低，不利于企业绩效提升。另外，可行性还体现在绩效标准应明确，避免产生歧义；衡量绩效指标和工作目标的绩效数据易于收集、测量，且成本较低。

（四）灵活性原则

绩效计划很难面面俱到，而绩效计划实施的环境不断变化，所以绩效计划制订要坚持灵活性原则，建立绩效计划的调整、变更机制。绩效计划的灵活性体现在：绩效计划本身应对变化有一定的适应性；绩效计划的执行过程具有一定的可变性和适应性；要建立灵活的绩效计划变更调整机制，规范绩效计划的变更程序。

三、绩效计划表总体设计

基于绩效管理流程的核心技能主要包括绩效计划表的制定、绩效考核方法的选择与实施、绩效反馈等，其中绩效考核方法的选择与实施和绩效反馈后续会有单独模块进行详细阐述，在此不再赘述，仅对绩效计划的主要内容和组成部分进行说明。

一般来讲，绩效计划内容是自上而下的，一般企业至少包括部门绩效计划和员工绩效计划。在较大的集团公司内，还包括更高一级的子分公司绩效计划。在此主要阐述最常用的部门绩效计划和员工绩效计划。

（一）部门绩效计划

部门绩效计划一般由企业经营目标和经营任务分解而来，是部门负责人与公司领导双方沟通协商所形成的。所有部门的绩效计划涵盖了公司全部的经营任务，因此部门的绩效计划对于整体绩效管理的实现至关重要，涉及的内容也较多。主要组成部分包括：

1. 工作分类

相较于个人工作而言，部门工作更为全面、繁多、复杂，因此在梳理绩效计划时，常通过分类的方式，将考核指标或工作任务进行分类明确，以便于管理。分类的维度可以包括工作所属专项、工作类别、本部门承担的角色等。

2. 指标或工作名

指标或工作名指由公司关键绩效指标分解而来的本部门所要承担的重要工作任务。

3. 涉及部门

企业的主要工作中大多数都需要多个部门之间协作配合完成，一项工作一般有牵头负责部门、主要承担部门、配合部门等。

4. 工作要求

工作要求是针对工作任务所进行的进一步描述和明确，指出工作任务所要完成的程度，是日后建立考核标准的依据。

5. 责任岗位与配合岗位

针对每一项工作或任务，部门都需进一步落实到相应岗位，这样才能真正确保指标得以落实并实现。一般情况下，并不是每项工作都能由一个岗位独立完成，而是需要多个岗位配合，因此在落实指标的过程中需同时明确责任岗位和配合岗位。

6. 计划完成时间

部门计划一般跨度较久，且涉及工作较多，因此需明确各项工作的具体完成时间，以便加以控制。

7. 确保措施

确保措施是指完成各项工作所需要的各项技术或管理层面的支持。

部门绩效计划示例如表 2－1 和表 2－2 所示。

表 2-1　1 月份部门月度绩效考核计划表

工作分类	序号	1 月份工作计划						考核分值
		工作内容	目标要求		配合工作			
			时间要求	质量要求	部门	工作内容	时间质量要求	
重点工作	1	加强营运管理工作，确保平稳有序收费，重点抓好元旦、春运期间收费保畅、优质服务工作，全月计划完成营收 440 万元。	全月	确保全月营运有序，车道畅通。服务到位。				10 分
	2	加强春运期间安全管理，落实各项安全检查措施，继续做好员工安全教育，重点做好冰冻、雾雪等恶劣气候应急对应工作，防范安全事故发生。	全月	增强员工安全意识，强化安全管理和事故防范能力，确保无安全责任事故发生。				10 分
	3	抓好员工思想教育与业务培训，加强内部管理力度，认真完成 2021 年各项总结考核评比工作。	全月	加强队伍建设，保持员工思想、工作状态稳定。				10 分
	4	深入开展“三化一创”竞赛，保持文明服务质量，全面迎接“八佳八优”、规范化站点等文明创建检查，及时跟进站点文化布置。	全月	有效整改“三化一创”竞赛存在的不足，确保顺利通过各项创建检查考评。				10 分
	5	做好日常系统、设备维护管理及确保房建补漏维修质量；明确新一年度管运成本指标任务，加强控制管理。	全月	确保设施完好与房建维修质量；年度经费管理精确、使用合理、杜绝浪费。				10 分
	6	及时传达公司管理处 2022 年度会议精神，进一步明确上级下达的 2022 年目标任务，制订站点年度工作计划。	31 日前	仔细分析，认真总结，明确下年度工作思路和目标，落实年度各项工作。				10 分

表 2-2　某公司部门月度绩效计划表

序号	工作分类	工作项目	工作要求	责任部门	责任人	配合部门	计划完成时间	确保完成工作的措施	制约因素	备注

（二）员工绩效计划及评估表格的主要组成要素

1. 被评估者信息

通过填写职位、工号及级别，可将绩效计划及评估表格与薪酬职级直接挂钩，便于了解被评估者在公司中的相对职级及对应的薪酬结构，有利于建立一体化人力资源管理体系。

2. 评估者信息

便于了解被评估者的直接负责人和管理部门。通常，评估者是按业务管理权限来确定的，常常为上一级正职（或正职授权的副职）。

3. 关键职责

关键职责是设定绩效计划及评估内容的基本依据，提供查阅、调整绩效计划及评估内容的基本参照信息。

4. 绩效计划及评估内容

这一项包括关键绩效指标与工作目标完成效果评价两大部分，它用以全面衡量被评估者的重要工作成果，是绩效计划及评估表格的主体。

5. 权重

列出按绩效计划及评估内容划分的大类权重，以体现工作的可衡量性及对公司整体绩效的影响程度，并便于查看不同职位类型在大类权重设置上的规律及一致性。

6. 指标值的设定

对关键绩效指标设定目标值和挑战值两类，以界定指标实际完成情况与指标所得绩效分值的对应关系。对工作目标设定的完成效果评价则主要按照工作目标设定中设置的评估标准及时间进行判定。

7. 绩效评估周期

绩效计划及评估表格原则上以年度为周期。针对某些特定职位，如销售人员、市场人员等，根据其职务和应完成的工作目标等具体工作特点，也可以月度或季度为评估周期，设定相应指标。

8. 能力发展计划

制订能力发展计划，是以具体技能知识的方式，将企业对个人能力的要求落实到人，让员工明了为实现其绩效指标需要发展什么样的能力，如何发展，形成持续不断、协调一致的发展道路。

示例见表 2-3。

表 2-3 员工绩效计划及评估表

姓名： 部门： 岗位： 考核期间： 年 月 日至 年 月 日

关键工作	绩效指标	指标目标	指标权重	评价标准		完成情况	自评得分	上级评分	备注
				优秀					
				良好					
				合格					
				不达标					
				优秀					
				良好					
				合格					
				不达标					
				优秀					
				良好					
				合格					
				不达标					
				优秀					
				良好					
				合格					
				不达标					

计划确认：本人 年 月 日 直接上级： 年 月 日

四、绩效考核指标分类提炼

不同企业的绩效管理理念不同，管理思路及方法也不尽相同，同时工作内容不同，故而考核指标也不完全相同。但是，多数企业的绩效考核指标类别大致一致，主要包括基于工作任务或工作业绩的指标、工作能力指标和工作态度指标。

（一）基于工作任务或工作业绩的指标

基于工作任务或工作业绩所提炼的指标一般为该岗位员工的关键绩效指标，占据绩效考核中的主导地位，指标数量多且权重大，指标的完成情况将直接决定员工绩效表现的优劣。有关关键绩效指标的内容、提炼及考核将在下一任务中单独讲解，在此不再赘述。

（二）工作能力指标

由于个人能力的不可见性和难以对比性，因此能力类的指标在整个绩效考核指标体系中所占比重不应太高，且应较多地设置岗位所需的通用能力，而不是过于针对员工千差万别的个人能力。

1. 通用素质能力指标

通用素质能力一般为从事某一类型岗位、全体从业人员均应具备的普遍的、通用的体现责任心、工作态度等职业素养类的指标，示例见表 2－4。

表 2－4 某公司通用素质能力指标（部分）

序号	指标名称	指标定义
1	执行为重	一心一意做好工作，不谈条件，多讲态度，能够真正做到令行禁止，以工作为重
2	责任意识	对企业、对工作有高度的责任感，以主人翁的态度对待企业，干好工作，主动承担责任
3	形象意识	时时展现对同事热情、对客户真诚的面貌，处处体现对企业忠诚、对事业进取的形象
……	……	……

2. 专业素质能力指标

专业素质能力不同于通用素质能力，具有较强的针对性，也可称作职业素质能力。示例见表 2－5。

表 2－5 某公司财务管理职位序列专业素质能力指标（部分）

序号	指标名称	指标定义
1	会计核算能力	准确、及时、完整反映企业各项经营活动，根据管理需求分类会计信息的能力
2	财务分析决策能力	对公司的财务和运营数据进行分析，满足公司管理需求的能力
3	预算计划能力	协调、编制、反馈和控制预算执行的能力
4	资金管理能力	筹集、运用资金，协助管理层实现公司战略目标的能力
……	……	……

3. 一般管理能力指标

一般管理能力指标设计时，要突破各类管理人员的专业限制，突出管理活动通用的能力特点。示例见表 2－6。

表 2－6　一般管理能力指标示例

能力要项	能力指标	能力要项	能力指标
自我管理	成就愿望	沟通交流	倾听理解能力
	工作主动性		口头表达能力
	学习发展能力		书面表达能力
	处理压力能力		影响和说服能力
分析判断	信息收集能力		公关能力
	分析能力	团队能力	团队领导能力
	宏观思考能力		激励能力
推动执行	计划能力		培养他人能力
	细节控制能力	领导才能	战略思考能力
	执行能力		资源整合能力
	应变能力		制度建设能力

（三）工作态度指标

将工作态度纳入绩效考核体系，有利于强化对员工绩效行为的监控，有利于激发员工积极的绩效行为，提高将潜在的绩效转化为工作业绩的效率。态度类指标包括部门层面的配合态度指标和个人工作态度指标。示例见表 2－7 和表 2－8。

表 2－7　某公司部门工作满意度绩效指标

序号	指标名称	考核要点
1	工作协作性	是否从公司整体利益出发，对于需要配合完成的工作积极认真；工作信息反馈及时，在配合过程中有突出表现
2	服务意识	是否有良好的服务意识，积极主动协助其他处室、单位工作，其他处室、单位对协助工作是否满意
……	……	……

表 2－8　某公司员工工作态度考核指标

序号	指标项目	指标名称
1	纪律性	是否严格遵守工作纪律，很少迟到、早退、缺勤
2		对待上级、同事、外部人员是否有礼貌，注重礼仪
3		是否严格遵守工作汇报制度，按时完成工作报告
4	团队协作	工作是否充分考虑他人处境
5		是否能够主动协助上级、同事和下属工作
6		是否努力使工作气氛活跃、协调，充满团队精神
7	敬业精神	是否工作热情饱满，且能经常提出合理化建议
8		是否对分配的任务不讲条件、主动、积极、尽量多做工作
9		是否积极学习与业务相关的知识，不断提高业务技能
10		是否积极参加公司组织的各类培训
11		是否敢于承担责任
12	奉献意识	是否为公司和组织的目标和利益不计较个人得失
13		是否不搞本位主义，坚持全局观点

五、绩效计划制订流程

（一）准备阶段

绩效计划是绩效管理过程的起始，确定整个过程的目标、走向及成果，因此制订符合实际且具有引导和激励意义的计划尤为重要，需要提前进行详尽、周全的准备，以确保绩效计划能够最大程度符合双方意愿。主要包括以下内容：

1. 信息准备

要在讨论绩效计划之前收集、了解与计划制订相关的各类信息，作为绩效计划的第一手参考资料，主要包括：

（1）组织的战略发展目标和计划。

（2）公司年度经营计划。

（3）本部门的目标或工作计划。

（4）员工所在岗位的工作职责。

（5）员工上一绩效期间的工作表现和绩效评价结果。

所需的信息大致分为三个层次，即关于企业的信息、关于部门的信息和关于员工自身的信息。绩效计划是连接员工工作与企业目标的纽带，企业通过层层分解的绩效计划，确保所有部门、所有员工能够按照企业预定的目标开展工作。因此，在制订绩效计划之前，了解企业的战略发展目标、经营计划、工作计划等是非常有必要的。

部门目标是由企业总体目标分解而来的更加具体、更具有操作性的工作和任务，一方面与企业整体的经营目标紧密相连，另一方面也是用于分解员工个人工作目标的前提和基础，因此具有重要的承接作用。

员工个人信息主要指员工所在岗位的岗位职责、工作任务，员工个人上一考核期内的绩效表现、考核结果等。员工的绩效目标主要来自两个方面，一是由部门目标分解至岗位的目标，二是根据岗位职责所形成的常规工作任务，这两个方面会有一定程度的重合。因此员工个人的工作职责信息是形成绩效计划的直接依据。

2. 沟通准备

制订绩效计划的过程是一个双向沟通的过程，因此沟通的前期准备必须充分，对于沟通的内容、沟通的形式甚至沟通的时间、地点都要提前设计，确保沟通过程可控。

沟通内容的准备主要是指管理人员在跟员工进行绩效计划沟通前，应当对部门的经营目标和工作任务有充分了解，同时也对员工所在岗位的岗位职责有充分了解，并且根据员工个人能力及其以往的工作表现对其绩效指标有总体的想法，如此才能确保沟通的方向准确。员工在沟通前也需进行相应的准备，包括对自身工作职责的认知、对部门工作目标的理解、对个人的定位与判断等，避免在沟通过程中过于被动。

采取何种方式进行绩效计划的沟通也同样重要。沟通方式的选择应首先确保考核和被考核双方能够对绩效计划的内容达成共识，除此之外还需对其他环境因素进行考虑，包括企业的文化和氛围、员工的特点以及所要达成的工作目标的特点等。如果希望借此机会进行全员动员、引导员工对绩效管理正确理解，可以采用员工大会的方式；如果团队内员工工作关联密切、团队任务较多，还可采用小组沟通的方式，共同探讨各自应承担的工作任务，如此更有助于小组成员尽快建立协作与配合意识，并且也能够及时发现小组问题并加以解决。如果是管理者与员工的一对一沟通，也需进一步考虑交谈的程序和所采用的表达方式。

（二）沟通阶段

绩效计划制订是双向沟通的过程，绩效计划的沟通阶段也是整个绩效计划的核心阶段。在这个阶段，管理人员与员工必须经过充分的交流，对员工在本次绩效期间内的工作目标和计划达成共识。绩效计划会议是绩效计划制订过程中进行沟通的一种普遍方式。绩效计划的沟通过程并不是千篇一律的，在进行绩效计划会议时，要根据公司和员工的具体情况进行调整，主要把重点放在沟通上面。

管理人员和员工都应该确定一个专门的时间用于绩效计划的沟通，并且要保证在沟通的时候最好不要有其他事情打扰。在沟通的时候气氛要尽可能宽松，不要给人太大的压力，把焦点集中在开会的原因和应该取得的结果上。

在进行绩效计划会议时，首先往往需要回顾一下已经准备好的各种信息，在讨论具体的工作职责之前，管理人员和员工都应该知道公司的要求、发展方向以及对讨论具体工作职责有关系和有意义的其他信息，包括企业的经营计划信息、员工的工作描述和上一个绩效期间的评估结果等。

1. 沟通环境与氛围

（1）确定一个专门的时间进行绩效沟通，选择管理人员和员工的工作相对比较轻松的时间段，双方都能够暂时放下手头的工作并专心进行绩效计划的沟通。

（2）在计划沟通的过程中尽量保持不被打扰，避免第三者进入沟通环境或是避免接打电话。意外的打扰可能会使沟通双方的思路中断，经常重复思考或询问“刚才说到哪里了”之类的问题，严重影响沟通效果。

（3）要尽可能创造较为宽松的沟通氛围，不要给员工太大压力。因此沟通场所可以选择办公室以外的地方，比如茶水间或咖啡厅等，如果必须在办公室也尽量不要坐在上司办公桌的两边，而是并排或坐在沙发上。在谈话前，上级为员工准备一杯茶水或顺便聊一些轻松的生活化的话题都会起到缓解紧张气氛的作用。

2. 沟通的原则

在沟通之前，员工和经理人员都应该对几个问题达成共识。

（1）经理和员工在沟通中是一种相对平等的关系，他们是为了业务单元的成功而共同做计划。

（2）承认员工是真正最了解自己所从事的工作的人，员工本人是自己的工作领域的专家，因此在制定工作的衡量标准时应更多地发挥员工的主动性，更多地听取员工的意见。

（3）经理人员影响员工的主要领域是在如何使员工个人工作目标与整体业务单元乃

至整个组织的目标结合在一起，以及员工如何在组织内部与其他人员或其他业务单位中的人进行协调配合。

（4）经理人员应该与员工一起做决定，而不是代替员工做决定，员工自己做决定的成分越多，绩效管理就越容易成功。

3. 沟通的内容

绩效计划沟通的主要内容并非千篇一律，但都大致遵循一个较为固定的环节和流程。

（1）回顾与绩效相关的信息，包括之前已经准备好的有关公司、部门以及岗位的工作目标信息，员工的岗位职责，以及员工上一绩效考核期的考核结果和优劣表现。

（2）确定关键绩效指标，员工首先应就部门及岗位工作目标设定自己的工作目标，并针对工作目标进一步确定关键绩效指标，双方再根据这些关键绩效指标确定相应的评估指标和标准，并决定通过何种方式来跟踪和监控这些指标上的实际表现，关键绩效指标必须是具体的、可衡量的，并且有时间限制。

（3）要进一步讨论在指标实现的过程中需要主管人员提供哪些帮助。要预估员工在完成计划时可能会遇到的困难和障碍，并讨论主管人员能够提供哪些帮助。

（4）在沟通结束时要再次确认和强调本次沟通的重点内容和达成的共识，并进一步约定下一次沟通的时间。

（三）审定和确认

在制订绩效计划的过程中，对计划的审定和确认是最后一个步骤。在这个过程中要注意以下两点。

（1）在绩效计划过程结束时，管理人员和员工应该能以同样的答案回答几个问题，以确认双方是否达成了共识。这些问题是：员工在本绩效期内的工作职责是什么？员工在本绩效期内所要完成的工作目标是什么？如何判断员工的工作目标完成得怎么样？员工应该在什么时候完成这些工作目标？各项工作职责以及工作目标的权重如何？哪些是重要的，哪些是次要的？员工的工作绩效好坏对整个企业或特定的部门有什么影响？员工在完成工作时可以拥有哪些权力，得到哪些资源？员工在达到目标的过程中会遇到哪些困难和障碍？管理人员会为员工提供哪些支持和帮助？员工在绩效期内会得到哪些培训？员工在完成工作的过程中，如何去获得有关他们工作情况的信息？在绩效期间内，管理人员将如何与员工进行沟通？

（2）当绩效计划结束时，应达到以下的结果：员工的工作目标与企业的总体目标紧密相连，并且员工清楚地知道自己的工作目标与企业的整体目标之间的关系；员工的工作职责和描述已经按照现有的企业环境进行了修改，可以反映本绩效期内主要的工作内容；管理人员和员工对员工的主要工作任务、各项工作任务的重要程度、完成任务的标准、员工在完成任务过程中享有的权限都已经达成了共识；管理人员和员工都十分清楚在完成工作目标的过程中可能遇到的困难和障碍，并且明确管理人员所能提供的支持和帮助；形成了一个经过双方协商讨论的文档，该文档中包括员工的工作目标，实现工作目标的主要工作结果，衡量工作结果的指标和标准，各项工作所占的权重，并且管理人员和员工双方要在该文档上签字确认。

（四）个人绩效计划的制订流程

根据上述绩效计划制订的主要程序，进一步梳理可知一个具体的员工绩效计划的制订主要包括如下几个步骤：

1. 工作职责界定

工作职责界定主要是通过工作分析的方法，对目标职位的关键业务内容及应实现的主要工作成果，用简练而准确的语言进行书面描述。主要由人力资源部门协助公司高层管理者来完成。职位工作职责界定是设定关键绩效指标、做好绩效计划设计的前提和基础。职位工作职责界定完毕后，就可以开始着手为其设定关键绩效指标了。

2. 设定关键绩效指标

这一步主要是根据公司的战略及业务计划、工作职责的描述，为被评估者制定可衡量的、能够量化的、具有代表性的关键绩效指标。这项工作由各级经理根据直接下级的关键职责，结合本部门（本人）的关键绩效指标，与被考核人沟通确定被考核人的关键绩效指标。总的来说，在关键绩效指标的选择上，一定要力争做到科学合理，以发挥绩效管理的激励约束作用，最大限度地提升员工绩效水平。

3. 明确指标目标和绩效标准

绩效标准是衡量绩效任务完成情况的依据，同时也是绩效目标的体现。绩效标准明确了绩效指标的评价维度，指明了不同级别绩效的标准。绩效衡量维度可以使员工及其上级明确绩效的关键控制点，更好地把握工作成功关键因素，提高工作效率，并确保绩效行为不偏离绩效目标；另外，绩效标准也是绩效目标的体现，指明员工应怎样做，应实现什么样的绩效水平，有效引导员工工作；最后，绩效标准为绩效考核提供了依据，并且是考核双方协商制定，有利于提高员工对绩效结果的认同度。

4. 权重分配

权重是绩效指标体系的重要组成部分，通过对每个被评估者职位性质、工作特点及对经营业务的控制和影响等因素的分析，确定每类及每项指标、工作目标设定整体及其中各项在整个指标体系中的重要程度，并赋予其相应的权重，以达到考核的科学合理。

5. 确定所需资源支持和变更机制

所需资源主要是指组织在员工执行绩效计划时可以提供的各种支持与服务。制订绩效计划时，员工直接上级需要了解其执行计划时可能遇到的困难和障碍，对遇到的障碍和困难，企业和部门应该尽可能地提供帮助以及各种资源支持。

实例分享

某高新技术企业公司推行绩效考核试点，采取重点工作的目标管理方式来进行考核。中层人员的考核计划、考核目标一般直接由分管副总制定，以季度为周期进行考核。2019 年第 3 季度，人力资源部王经理主要工作包括：（1）组织校园招聘；（2）组织绩效考核方案的试运行；（3）开展新员工培训；（4）协调和处理劳资纠纷。季度末，人力资源部多数工作均出色地完成，劳资纠纷处理未能按时完成。总裁办按照直属上级的要求，将王经理本季度绩效考核结果评为85分（即绩效工资要扣减15%）。王经理认为本季度自己工作表现相当出色，也非常辛苦，本季度绩效不应该评C。请问，制订工作考核计划时，如何沟通绩效考核目标?

在本案例中，在季度考核目标设定时，人力资源部的考核目标完全由分管副总确定，没有和人力资源部经理沟通，导致王经理对本季度的考核计划和考核目标并不明确。最终的考核结果也没有经过沟通。由于对评价标准不清楚，王经理对季度的考核评价不认可。所以整个过程，缺乏绩效的沟通。在绩效目标设定的时候，考核者应该和被考核者就考核的重点和目标设定达成一致。为保证绩效考核工作顺利推动，在考核过程中，分管副总（考核者）应做好人力资源部经理（被考核者）的工作绩效辅导。最后，对考核的结果进行沟通。这样就可避免大家在绩效计划设定、绩效目标上的不一致。同时，公司应该细化考核的评价标准。

实操演练

任务要求

各小组成员结合自身特点，讨论确定个人在本门课程学习中的目标，并以此为前提确定个人绩效计划，包括学习目标、计划内容、需提供的帮助和指导等，通过与组长和任课教师沟通确定，作为本人本学期绩效考核的总纲要。

操作流程

1. 小组沟通确定本组在本门课程学习过程中的目标；
2. 小组成员根据自身情况确定本人学习目标；
3. 小组成员以个人学习目标为前提，与组长沟通讨论基于学习目标的具体学习计划及相应支持；
4. 双方沟通确认后交由任课教师进一步把关修正；
5. 将最终确认的个人绩效计划作为本门课程的考核总纲要，全程指导本学期课程考核。

注意事项

1. 目标应具体、现实、可衡量且具有一定挑战性；
2. 个人目标依托于组织目标；
3. 目标需经双方沟通后才可最终确认；
4. 应基于确认的目标进一步分解成具体、可执行的计划。

项 目 三

绩效考核指标体系的设计

学习目标

知识目标

（1）了解鱼骨图分析法的含义、方法。

（2）理解关键绩效指标的概念、提炼原则和方法流程。

（3）掌握基于平衡计分卡的关键绩效指标体系。

能力目标

（1）能运用鱼骨图分解工作目标或绩效目标。

（2）能设计、提炼部门关键绩效指标体系。

思政目标

能够认识到绩效目标体系对企业经营运作、企业绩效实施以及个人工作业绩提升的重要意义。

思维导图

- 绩效考核指标体系的设计
  - 绘制企业业务重点鱼骨图
    - 鱼骨图分析法概述
    - 鱼骨图分析绩效指标的方法
  - 设计部门KPI
    - 关键绩效指标
    - 关键绩效指标的提炼原则及方法
    - 关键绩效指标体系的设置流程
    - 设定指标评价标准
  - 设计部门基于BSC的KPI
    - 平衡计分卡
    - 目标管理
    - KPT、BSC与MBO
    - 基于平衡计分卡的绩效指标提炼与分解

项目引例

某冰箱厂隶属于某大型家电集团，前些年一直占据冰箱市场全国销量第三位。但2019年的全国大商场统计数字表明，其冰箱市场占有率下降了15%，跌落到全国第六位。厂领导班子经过调研，发现消费者反映的问题集中在对产品的售后服务不满意。售后服务由各地经销商负责，但这也与各地办事处的消极工作有关。原因是2017年厂部采取的绩效考评办法偏重刺激销量增长，对销售公司的高额激励使得营销人员全力实现当年目标，以获取丰厚的年终奖励，但忽视了对渠道的管理与控制，结果2018年底全厂销售额增长较快，厂部也提高了指标设置的基数。2019年中，由于市场竞争形势的变化以及基础管理工作不扎实，各地销售额普遍滑坡，销售公司内部对企业绩效考核的标准也开始公开质疑，认为营销公司的绩效标准高于生产部门与职能部门，很多职能部门上下级之间的考核形同虚设。而制造部门也开始埋怨营销部门根本没有预测到市场的正常变化，导致制成品大量积压，造成资金周转困难、设备闲置率较高。

冰箱厂领导班子研究认为，企业之所以出现这种局面，与前几年片面追求增长、忽视在企业的战略规划制定均衡发展的绩效管理机制有直接关系。于是厂部接受外部咨询公司的建议，决定在内部试行全面绩效管理制度的改革，在强调业绩增长的前提下，更加重视企业战略规划的贯彻与均衡发展的实现。实施步骤如下：

1. 企业内部由经营厂长牵头，协调采购、生产、营销、人力资源、财务等部门的负责人成立厂绩效管理办公室，负责制定与落实全厂绩效管理方案，并报送集团公司备案。

2. 由厂长与各主要部门负责人规划本企业3年内进入全国冰箱市场占有率三强这一战略目标的具体规划与各年度的推进步骤，逐层分解企业的战略目标与实施手段，将企业各层级的控制指标分为两大类：利润绩效管理类、均衡发展考评类。两类分别赋予一定权重。

3. 将所有两大类考量指标分解到各个部门或利润中心，由其负责人按时（月度）报送绩效报告，包括完成两类绩效目标的具体推进手段、目标完成进度图，并及时反馈上期末达到基础目标的原因与超越优秀目标的经验总结。

4. 厂部要求各部门、利润中心根据各自特色制定流程改进方案，更有效衔接整个作业链的上下环节，在报送计划中要明确显示对内部小组创新与个人、团队学习给予明确扶持的方案。由人力资源部根据创新成果的先进性，随时报送奖励并负责在相关部门推广。

5. 作业链的下一环节即上一环节的“客户”，对上一环节部门的评价由下一环节给出。如采购部门的客户得分由制造部门给出，职能部门的客户得分由各直线部门给出。

6. 根据市场变化情况，及时调整企业的战略推进步骤，如在2020年底，厂部在高端冰箱市场采用纳米材料，走低价位差异化产品的战略后，绩效管理部门及时进行市场价格倒算的成本核算，并将成本控制指标赋予采购、制造、营销各部门的日常考评中。

7. 特殊情况出现的指标异常变动，可以申请厂绩效管理办公室修正当期评价指标。

通过该企业绩效指标管理流程，你能受到什么启发？

引例分析提示

应用全绩效管理的控制方式，主要是帮助企业的各层管理人员统一战略思想，通过控制全程，实现对企业战略推进过程的监控与灵活调整，使整个企业稳步发展、均衡增长，形成增长合力。

任务一

绘制企业业务重点鱼骨图

知识技能

课堂讨论

1. 在自己日常的工作与学习中，是否曾经使用类似鱼骨图的方法分析问题、解决问题？

2. 你觉得鱼骨图能否全面、深入地梳理目标体系？

知识准备

一、鱼骨图分析法概述

（一）鱼骨图及鱼骨图分析法

通常情况下，问题的特性总是受到一些因素的影响。通过头脑风暴找出这些因素，将它们与特性值一起，按相互关联性整理而成的层次分明、条理清楚，并标出重要因素的图形就叫特性要因图、因果分析图，因其形状如鱼骨，所以又叫鱼骨图。鱼骨图分析法也叫“因果分析法”，最初用于质量管理，是一种发现问题“根本原因”的方法，近年来广泛运用于绩效考核指标的提取和分解中，将总体的、综合的、宏观的战略目标逐层逐一分解成具体的、细致的、微观的具有实际可操作性的指标体系。同时，鱼骨图也用在生产中，用于形象地表示生产车间的流程。

（二）鱼骨图的常见类型

一般来讲，常见的鱼骨图包括以下三种类型：

1. 整理问题型鱼骨图

整理问题型鱼骨图的特点是各要素与特性值间不存在原因关系，而是结构构成关系，其作用是要表明各要素与特性值之间的构成关系，是对问题进行结构化整理的一种方式。如图 3 - 1 所示。

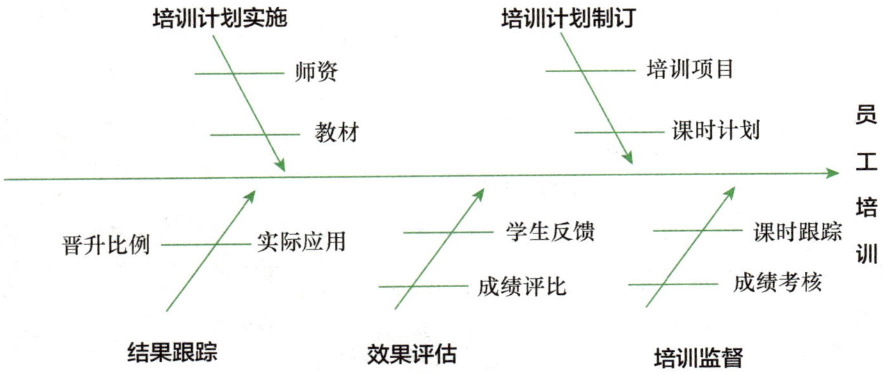

图 3 - 1 整理问题型鱼骨图

2. 原因型鱼骨图

原因型鱼骨图的特性值通常以“为什么……”来写，其作用是要表明特性值产生的原因是什么，各要素与特性值之间是因果关系。如图 3 - 2 所示。

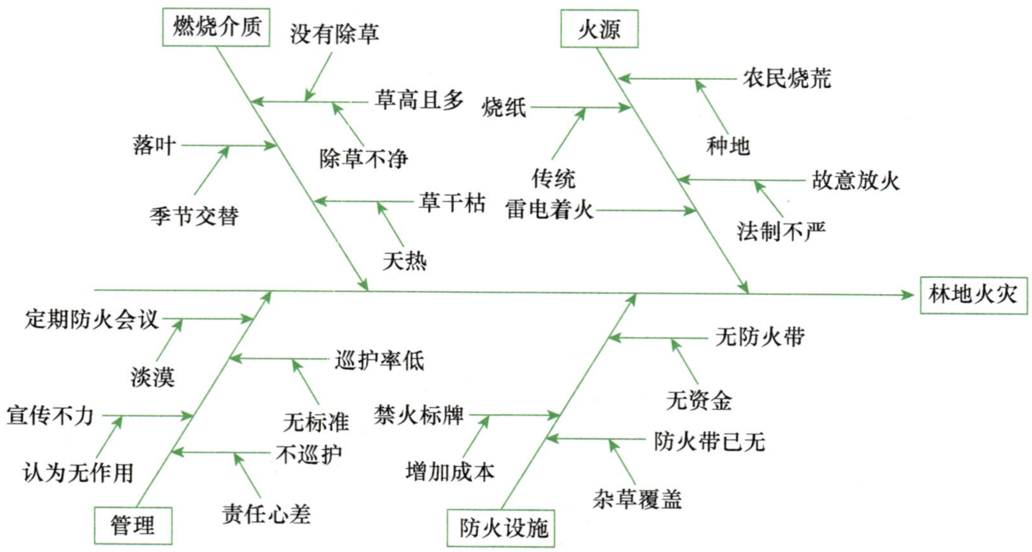

图 3-2 原因型鱼骨图

3. 对策型鱼骨图

对策型鱼骨图的特性值通常以“如何提高/改善……”来写，其作用是要为某一问题寻求对策，各要素与特性值之间是解决问题的关系。如图 3-3 所示。

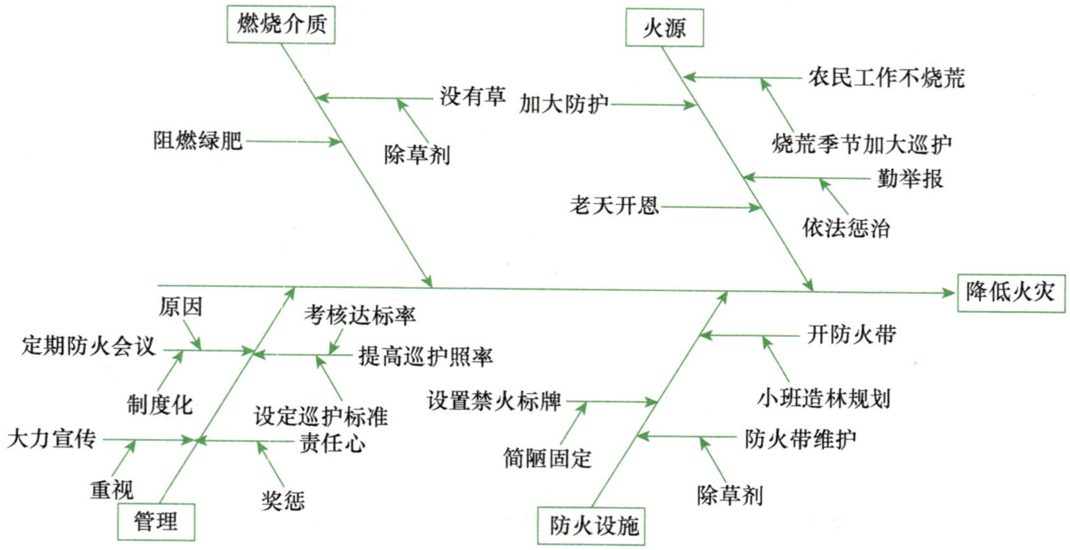

图 3-3 对策型鱼骨图

（三）运用鱼骨图的工作方法和常见问题

在运用鱼骨图进行问题分析的过程中，常用的工作方法是头脑风暴法。所谓头脑风暴法，就是为克服“群体思维”，防止群体抑制不同意见，鼓励创造性思维的工作方法。

在运用头脑风暴法进行讨论时，需要注意以下方面：

（1）要创造良好的讨论氛围，在讨论过程中尽量不要反驳别人，同时要注意在别人的观点上不断建立新的观点。如此讨论才更有效，更能得出有意义的结论。

（2）在工作方法方面，应先设想出各个因子；然后针对每一类问题，在一个逻辑层面穷尽展开；注意分层列出，每层所有因素穷尽后再列某一因素的下一层次。

以治病为例，倘若以治好病为总体目标，首先讨论确定哪些因素影响健康，或与治病有关，比如体重、烟酒、生活习惯以及药物等；其次明确如何处理这些因素才有利于治好病，比如适度减肥、戒烟少酒、养成良好生活习惯、按要求服用药物，并以此作为相应鱼骨图的主要骨架。如图 3-4 所示。

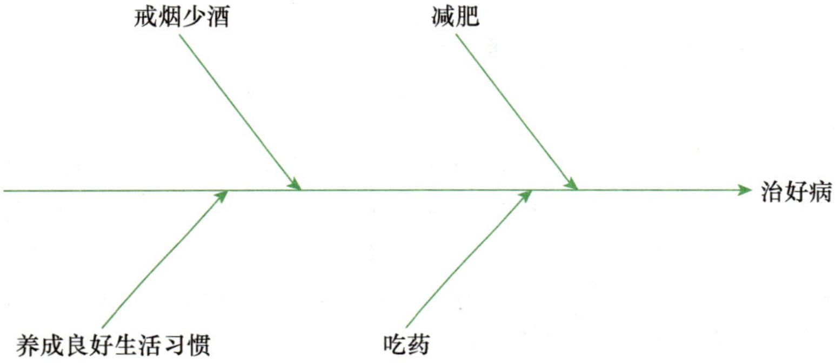

图 3-4　治病的主要骨架图

（3）针对每一要素在同一层面穷尽展开，尽可能罗列出所有影响因素或行动策略，如图 3-5 所示。

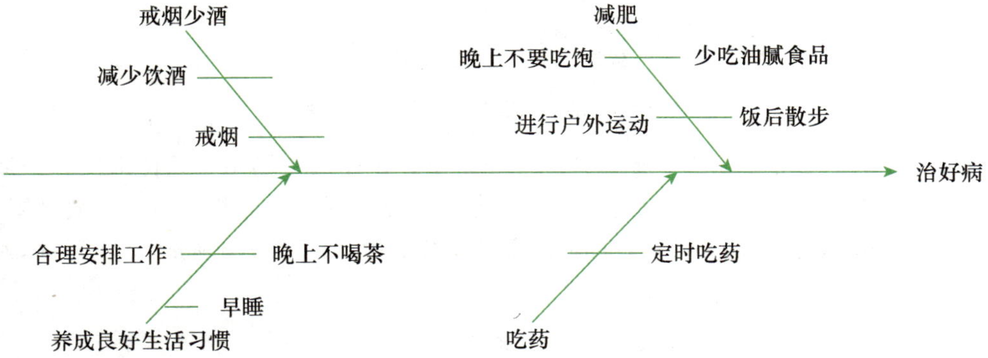

图 3-5　罗列出所有影响因素或行动策略

在运用鱼骨图进行绩效目标分解过程中，通常为第一种整理问题型鱼骨图，意在对总体目标进行科学有效的分解，也即分析总体目标是由哪些更具体、更细致的目标构成的。一般形态如图 3-6 所示。

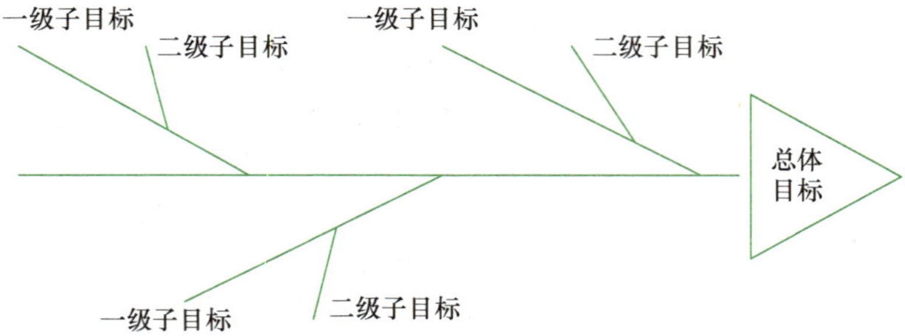

图 3-6　鱼骨图分解示意

二、鱼骨图分析绩效指标的方法

在运用鱼骨图分解指标的过程中，先将最顶层指标进行分解，形成一级指标。再针对每一个一级指标，逐一进一步分解至二级指标。如有需要，还需继续针对二级指标向下分解，直至分解为具体的可考量的指标。通过鱼骨图逐层分解指标的方式，能够将原本抽象的指标逐渐分解成具体的指标，为进一步明确指标责任、量化指标考核标准奠定基础。运用鱼骨图分解指标的示例如图 3-7 所示。

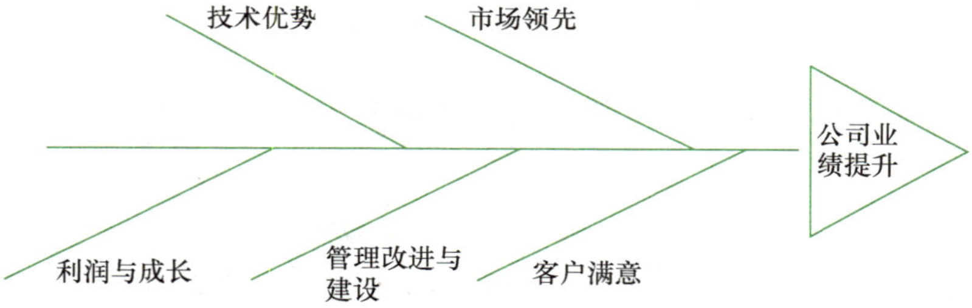

图 3-7　某高科技企业一级指标分解

图 3-7 表明了在公司提升整体业绩的要求下，需要从市场领先、技术优势、客户满意、管理改进与建设以及利润与成长几个方面重点加强，但这些方面仍然太过笼统，难以进行具体的责任明确和考量，因此还需进一步分解。以“市场领先”这一指标为例进行进一步分解。如图 3-8 所示。

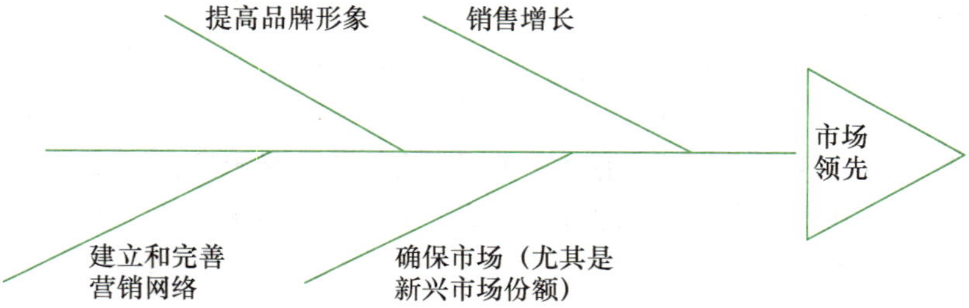

图 3-8　某高科技企业二级指标分解示例

考核指标必须可量化或可行为化，才具有实际的可操作性。因此当二级指标仍然不能明确具体的责任人和考核标准时，就需继续分解。以“确保市场（尤其是新兴市场份额）”为例进行进一步分解。如图 3-9 所示。

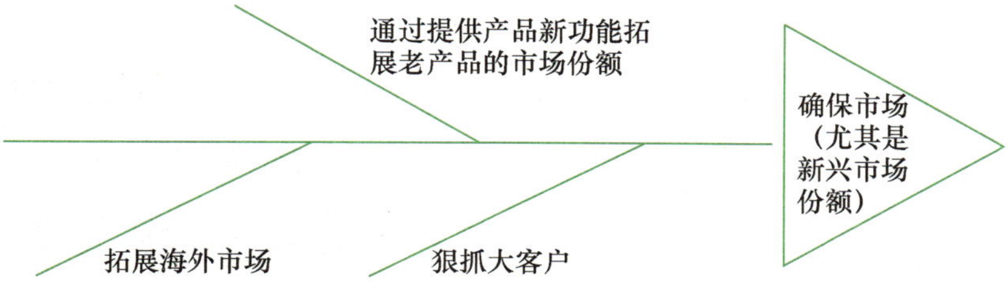

图 3-9 某高科技企业三级指标分解示例

实例分享

某公司“组织改善和 HR 体系建立”这一公司级指标分解鱼骨图示例。

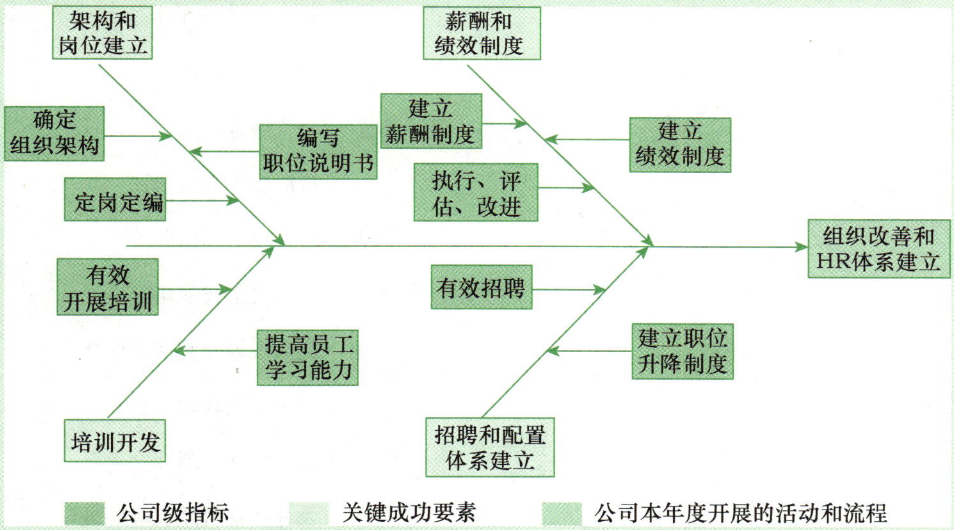

某公司组织改善和 HR 体系建立鱼骨图

实操演练

任务要求

某公司召开核心成员头脑风暴会议，集中讨论下一年度公司总体绩效目标及相应指标构成体系。公司下一年度旨在全面提升企业的盈利能力和内部管理能力，经过多方讨论，最终确定支撑这一总体目标的关键核心指标和相应支撑要素和配套流程。全部指标体系如下表所示。

根据表格内容，绘制该公司绩效指标鱼骨图。

某公司绩效指标体系

总体目标	一级指标	关键成功要素（二级指标）	配套活动和流程（三级指标）
提升企业的盈利能力和内部管理能力	提高客户满意度	改善产品质量	质量培训
			建立质量考核奖惩机制
			贯彻落实通过 ISO
		提高及时交付能力	规范供应商管理
			改善核心业务流程
			充分利用生产能力
		改善售前服务质量	建立产品讲解规范
			开展合同评审
			建立客户信息管理系统
		改善售后服务质量	建立服务标准
			改善服务质量
			售后服务人员培训
	降低质量损失	产品实现过程管理	改善设备和保养
			加强员工技能培养
			提高现场安装调试质量
		提高设计和工艺能力	改善工艺合理性
			改善设计合理性
			设计问题得到及时处理
		建立供应商管理体系	供应商评审
			选择合格的供应商
			提高质量反馈流程
		建立客户管理体系	理顺信息反馈流程
			对客户进行产品培训
			售后服务过程管理

续表

总体目标	一级指标	关键成功要素（二级指标）	配套活动和流程（三级指标）
提升企业的盈利能力和内部管理能力	提高产品盈利能力	加强品牌建设	企业文化建设
			确立精品工程
		改善成本控制能力	优化成本支出流程
			加强成本监控
		改善服务质量	大客户服务
			产品和服务人性化设计
		标准化和差异化	培养核心技术
			建立标准和确定差异
			提高自主研发能力
	组织改善和 HR 体系建立	薪酬和绩效制度	建立薪酬制度
			建立绩效制度
			制定执行、评估、改进措施
		架构和岗位建立	确定组织架构
			编写岗位说明书
			定岗定编
		招聘和配置体系建立	有效招聘
			建立职位升降制度
			有效开展培训
		培训开发	提高员工学习能力
	建立营销体系和确定营销策略	产品定位	确定目标客户
			有效市场分析
			确定实施方案
		市场推广	广告宣传
			有效的市场调研
			建立信息反馈系统
		确定营销政策	人性化管理
			建立销售人员激励机制
			内部部门的有效支持
		确定营销手段	大客户体系
			代理和合作销售
			直销

续表

总体目标	一级指标	关键成功要素（二级指标）	配套活动和流程（三级指标）
提升企业的盈利能力和内部管理能力	建立全面预算体系	了解市场情况	了解销售能力
			了解市场需求
		建立职能体系	了解设计和生产能力
			建立部门和岗位职能体系
		目标体系建立	收集基础数据
			规范工作流程
		体系实施	利润指标
			合同额
			销售收入
			建立并实施预算制算
			预算考核和结果运用
			全面预算培训

操作流程

1. 根据一级指标绘制鱼骨图整体框架；
2. 针对各项一级指标，逐一绘制与其相关的二级指标和三级指标；
3. 以一项一级指标为例示意相应鱼骨图绘制。

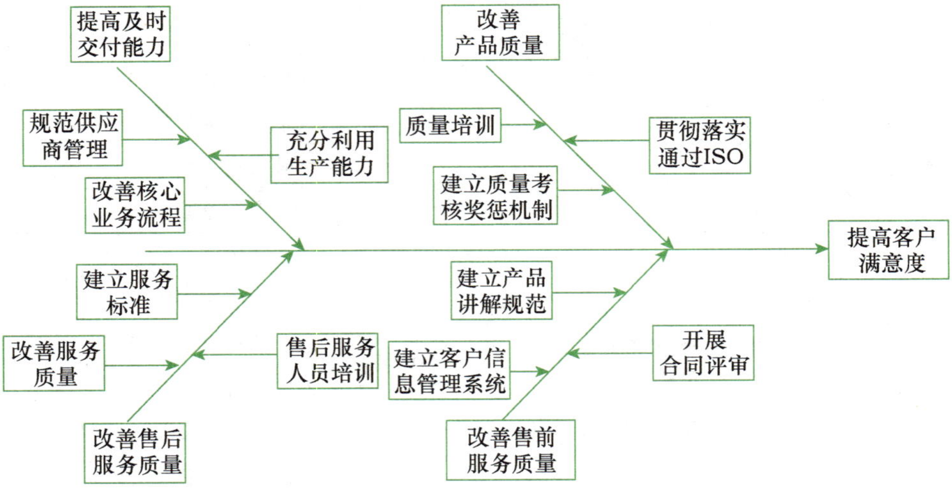

以提高客户满意度为一级指标的鱼骨图分析

注意事项

1. 各级“鱼骨”应绘制完整，不能遗漏指标；
2. 下一级“鱼骨”应与上一级“鱼骨”相对应。

任务二
设计部门 KPI

知识技能

课堂讨论

1. 如何区分关键绩效指标与其他绩效指标？
2. 你觉得关键绩效指标应具备哪些特点或条件？

知识准备

一、关键绩效指标

（一）什么是关键绩效指标

关键绩效指标（Key Performance Indicator，KPI），是指将企业宏观战略目标层层分解产生的可操作性的工作目标，是企业绩效管理的基础。KPI 可以使部门主管明确部门的主要责任，并以此为基础明确部门人员的业绩衡量指标，是反映企业策略执行效果的有效手段。建立明确的切实可行的 KPI 体系，是做好绩效管理的关键。关键绩效指标是衡量工作人员工作绩效表现的量化指标，是绩效计划的重要组成部分。

1. KPI 是量化或行为化的标准体系

关键绩效指标不是一个指标，也不是孤立的几个指标，而是由指标及相应标准组成的体系，不仅包括相互联系、相互影响的众多考核指标，还包括针对每一项指标的执行标准和考核依据，因此它必须是定量化的，如果难以定量化，也必须是行为化的。满足此条件，关键绩效指标才具有实际可操作性。

2. KPI 是对组织目标的增值

关键绩效指标是连接个体绩效与组织目标的桥梁，是将组织战略目标层层分解、逐步细化至个人绩效考核指标。关键绩效指标构成公司战略目标的组成部分和支持体系，每个职位的绩效指标都是针对对组织目标起到增值作用的工作产出来设定的，基于这样的关键绩效指标对绩效进行管理，就可以保证真正对组织有贡献的行为受到鼓励。

3. KPI 是绩效沟通的基石

通过在关键绩效指标上达成的承诺，员工与管理者可以进行工作期望、工作表现和未来发展方面的沟通。

（二）构建关键绩效指标体系的意义

（1）作为公司战略目标的分解，KPI 的制定有力地推动公司战略在各单位各部门的执行；

（2）KPI 使上下级对职位工作职责和关键绩效要求有了明确的共识，确保各层各类人员努力方向的一致性；

（3）KPI 为绩效管理提供了透明、客观、可衡量的基础；

（4）作为关键经营活动绩效的反映，KPI 帮助各职位员工集中精力处理对公司战略有最大驱动力的方面；

（5）通过定期计算和回顾 KPI 执行结果，管理人员能清晰了解经营领域中的关键绩效参数，及时诊断存在的问题，并采取行动予以改进。

（三）关键绩效指标设定中的常见问题

1. 指标与公司战略脱节

部门及个人在提炼自身考核指标时，避重就轻，只按照本部门或个人的想法，提出目前能做的、亟须做的或容易实现的目标，更多地关注部门内部或员工个人，而忽视了整体战略。

2. 缺乏可操作性

诸多企业绩效管理难以推动实施的原因都在于绩效指标考核体系缺乏可操作性，指标的考核标准难以明确量化，从而导致考核评价无从下手，考核结果也缺乏相应的可信度。

3. 绩效指标过少或过多

关键绩效指标是针对企业重点战略目标或重点经营活动的衡量，因此要求所提炼的指标应精简但高效。但是，企业在实际提炼过程中，指标往往过少或过多。指标过少一般是由于指标不全面或过于笼统，指标不全面将直接导致考核不全面，对员工的约束和激励效果也一般，甚至引发员工采取急功近利的短期行为；指标过于笼统则难以量化。

相反，考核指标过多则是由于在提取指标的过程中没有突出战略重点，事无巨细，悉数罗列各项事务指标，从而导致考核工作量大，考核成本过高，考核过程烦琐，且难以保证重点战略目标的有效控制。

4. 指标确立缺乏沟通

关键绩效指标体系包括考核指标，更包括针对每一项指标的考核标准和考核细则，如此才具有可操作性。但是，企业在确定考核指标和考核标准的过程中，往往忽视了上下级沟通的必要性，而是习惯由上级确定指标、指定目标、制定标准，而下级只能被动承受，导致员工从起初就对绩效考核产生强烈的抵触心理，不利于绩效考核的有效推进。

KPI 不应是由上级强行确定下发的，也不是由本职职位自行制定的，它的制定过程应由上级与员工共同参与完成，是双方所达成的一致意见。它不是以上压下的工具，而是组织中相关人员对职位工作绩效要求的共识。

二、关键绩效指标的提炼原则及方法

（一）关键绩效指标提取的 SMART 原则

确定关键绩效指标有一个重要的 SMART 原则。SMART 是五个英文单词首字母的缩写：

S 代表具体（Specific），指绩效考核要切中特定的工作指标，不能笼统；

M 代表可度量（Measurable），指绩效指标是数量化或者行为化的，验证这些绩效指标的数据或者信息是可以获得的；

A 代表可达到（Attainable），指绩效指标在付出努力的情况下可以实现，避免设立过高或过低的目标；

R 代表相关性（Relevant），指绩效指标要与其他目标有一定的相关性；

T 代表有时限（Time-bound），注重完成绩效指标的特定期限。

在构建关键绩效考核指标体系的过程中，应时刻注意遵循该五项原则，以确保指标提取不偏离公司战略目标要求，也确保指标具有后续考核的可操作性。具体见表 3-1。

表 3-1　关键绩效指标提取的 SMART 原则

原则	正确做法	错误做法
具体的 (Specific)	● 切中目标 ● 适度细化 ● 随情景变化	● 抽象的 ● 未经细化 ● 复制其他情景中的指标
可衡量的 (Measurable)	● 数量化的 ● 行为化的 ● 数据或信息可得	● 主观判断 ● 非行为化描述 ● 数据或信息无从获得
可达到的 (Attainable)	● 在付出努力的情况下可以实现 ● 在适度的时限内实现	● 过高或过低的目标 ● 期限过长
相关的 (Relevant)	● 相关联的	● 不相关的
有时限的 (Time-bound)	● 使用时间单位 ● 关注效率	● 不考虑时效性 ● 模糊的时间概念

（二）分解关键绩效指标的路线

关键绩效指标分解的总体思路是由上到下、由粗到精的分解，在具体操作过程中，可以从不同角度展开。

1. 依据组织机构分解建立 KPI 体系

依据组织机构设置分解指标是指将企业的各项宏观战略目标逐一确定落实相应的责任部门，形成部门目标或部门关键绩效指标，各部门再将自身承担的各项关键绩效指标进行进一步分解，落实到各相关岗位及责任人。基于此过程，确保全部公司重大战略目标均能够落实至相关的责任部门和责任人，使下一步的部门考核和员工考核都更具可操作性。如图 3－10 所示。

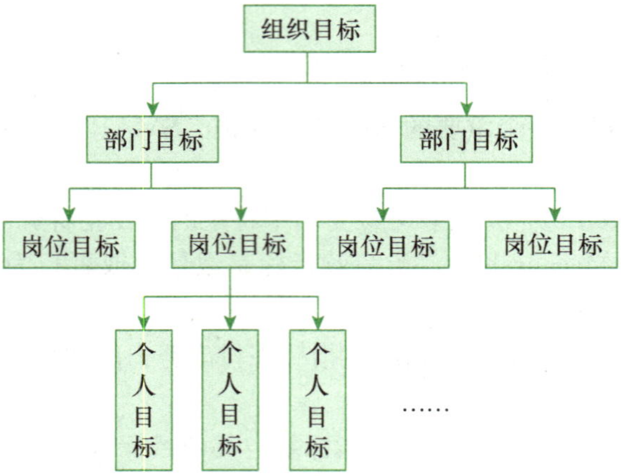

图 3－10 依据组织机构的关键绩效指标分解

2. 依据内部流程分解建立 KPI 体系

依据流程分解建立的 KPI 体系，其思路是把组织目标落实到了内部流程，突出了组织目标实现中的流程责任。根据业务流向的输入和输出确定并分解 KPI。但是，这种指标设置的方式增加了部门的管理难度，有可能出现忽略部门管理责任的现象。而且，依据流程设计 KPI 体系更多是以结果为导向的指标，缺乏驱动性指标对过程的描述。

3. 先依据业务流程横向分解，再依据组织结构自上而下审视

这种方法结合了以上两种分解思路的好处，先从流程出发，沿着业务流横向分解和确定 KPI；再根据部门、岗位的职责，纵向检查指标和目标的设置情况，避免过多捆绑和挂一漏万。

以上三种关键绩效指标分解的思路，均可采用前面所讲的鱼骨图分析法，逐层分解相应指标，最终落实指标责任。

三、关键绩效指标体系的设置流程

（一）构建评价指标体系

由关键绩效指标的定义可知，指标均是从企业战略目标的层面逐层分解来的，均一定程度体现企业战略发展的方向。提取关键绩效指标可按照从宏观到微观的顺序，依次建立各级的指标体系。首先明确企业的战略目标，找出企业的业务重点，并确定这些关

键业务领域的 KPI，从而建立企业级 KPI。接下来，各部门的主管需要依据企业级 KPI 建立部门级 KPI。然后，各部门的主管和部门的 KPI 人员一起再将 KPI 进一步分解为更细的 KPI。这些业绩衡量指标就是员工考核的要素和依据。因此，构建关键绩效指标体系的过程也就是将企业战略目标逐步分解至具体指标的过程，如图 3－11 所示。

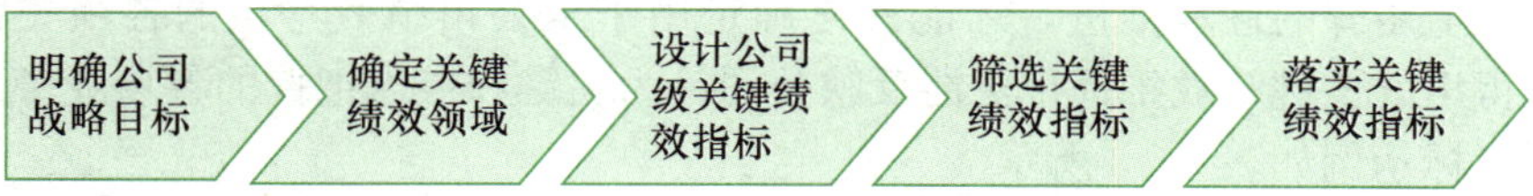

图 3－11　关键绩效指标分解流程

1. 明确公司战略目标

战略目标是企业在其经营过程中所要达到的市场竞争地位和管理绩效的目标，包括在行业中的领先地位、总体规模、竞争力、市场份额、收入和盈利增长率、投资回报率以及企业形象等。没有稳固的战略，关键绩效领域和关键绩效指标也成为无源之水，因此，明确战略目标是企业各项业务有效实施的前提。

KPI 的设计步骤

2. 确定关键绩效领域

明确了战略目标，下一步就需要确定最有效驱动战略目标的关键绩效领域（Key Performance Area，KPA）。KPA 是指对企业总体竞争地位和企业战略目标的实现有重大影响的变量、领域。它是制定关键绩效指标的重要依据。行业不同，企业产品生命周期不同，而 KPA 也有所不同。如表 3－2 所示。

表 3－2　产品不同生命周期和阶段中的 KPA

	投入期	成长期	成熟期	衰退期
市场	广告宣传、争取开辟销售渠道	建立商标信誉，开拓新销售渠道	保护现有市场，渗入竞争对手的市场	选择市场区域，改善企业形象
生产经营	提高生产率；开发产品标准	改进产品质量，增加花色品种	加强和顾客的关系，降低成本	缩减生产能力，保持价格优势
财务	利用金融杠杆	集聚资源以支持生产	控制成本	提高管理控制系统的效率
人力资源	使员工适应新的生产和市场	发展生产和技术能力	提高生产效率	面向新的增长领域
研究开发	掌握技术秘诀	提高产品的质量和功能	降低成本、开发新品种	面向新的增长领域
成功的关键因素	销售、消费者、市场份额	对市场需求的敏感、推销、产品质量	生产效率和产品功能，新产品开发	回收投资，缩减生产能力

3. 设计公司级关键绩效指标

确定了关键绩效领域以后，采用鱼骨图分析法将每一关键领域内的各项指标进行分解、提炼。

4. 筛选关键绩效指标

当全部关键领域的指标分解完成后，还需从整体角度遵照关键绩效指标提取的SMART原则对指标进行筛选，避免指标设置过多、过于繁杂，导致重点不突出、考核成本过大等问题。

通过以上步骤的逐步推进，才能最终确定用于全公司绩效考核的各项关键绩效指标。由此得出的关键绩效指标也更能反映公司最为关键和最需把控的各项业务。某公司关键绩效指标示例如表3-3所示。

表3-3　公司级关键绩效指标示例

业务重点	策略目标	关键绩效领域	公司级或一级关键绩效指标 KPI
市场领先	市场拓展	大客户增长	大客户对大项目的贡献率
			大客户增长率
			大客户新兴市场占有率
		新客户数量增长	新客户数量增长
		新业务收入增长	新业务营业增长率
		拓展海外市场	海外销售额
	品牌影响力	市场宣传有效性	目标市场促销投入资金增长率
			目标市场铺货率
			行业排名进位
	销售增长力	当期营业额	当期营业收入增长率
	完善营销网	目标市场一级分销商	目标市场一级分销商增长率
		目标市场平均业务代表数量	目标市场平均业务代表占有率
客户服务	客户满意	客户满意度	返修率
			电子解款方式目标市场普及率
			对客户要求的响应程度
		客户资源管理	客户资源管理
利润增长	应收账款	汇款速度、期限	按合同回款及时率
		呆账、坏账数量	坏账率
			呆账率
			坏账准备金
	费用控制	办公费用	办公费用总支出减少额
		业务招待费	业务招待费减少额
	纯利润	纯利润目标	纯利润目标达成率

续表

业务重点	策略目标	关键绩效领域	公司级或一级关键绩效指标 KPI
组织建设	人员	关键少数	工作效率
			培训与结果
	素质	汇总政策执行情况	员工综合满意指数
	文化	员工安心工作	

5. 落实关键绩效指标

关键绩效指标是对企业战略管理目标的逐层分解，战略目标的实现需要企业员工的共同努力，因此绩效指标也需要明确相应的载体才有可能实现相应的目标。因此，当绩效指标提炼筛选确定后，还需将所有指标分别找到相应的责任部门及责任人，这样指标的考核才真正具有可操作性和可实施性。

（二）明确责任角色

当选定关键绩效考核指标后，还需进一步将指标分别落实到各个部门、各个岗位甚至员工，确保责任到人，以保证指标能够有效实施和落实。

由于关键绩效指标为公司级的重大考核指标，一般情况下难以由一个部门独立完成，往往涉及多个部门之间的合作协调，在此过程中，若没有明确的责任归属，部门之间容易产生互相推诿的情况，从而最终导致指标难以完成，且无法确定直接责任者，同样，当指标完成较好，公司要进行奖励分配时，也容易互相争抢，导致分配不公，因此，在指标确定之初进行责任确定时，就应同步明确在该项指标上各相关部门分别承担的责任角色，包括直接承担责任、直接配合责任、间接配合责任等。直接承担责任是指对该项指标直接负责，责任重大，当指标未完成时，直接责任部门需对未完成的原因、困难等进行说明，并承受相应的惩罚；直接配合责任是指针对该项指标虽不直接负责，但须承担重要的或较多的配合工作，以配合直接责任部门完成指标，当指标不能完成时，需及时向责任部门说明情况，商讨解决方式；间接配合责任指针对指标的完成承担较少的、间接的、服务保障性工作，责任较小。

本着权责利对等的原则，针对关键绩效指标的责任角色的明确过程，同时也是确定各部门在该项指标完成过程中的权力和责任的过程。直接责任部门承担的责任最大，同时也具备组织协调配合部门开展工作甚至直接分配工作的权力；配合部门承担责任相对较小，但需配合直接责任部门工作，不能由于本部门的原因导致指标未完成；同理，直接责任部门的考核系数也相对更高，当指标完成时，直接部门所获得的绩效奖金更高，反之亦然。

四、设定指标评价标准

（一）绩效标准

绩效指标体系中，绩效指标和绩效标准是最主要的组成部分。绩效指标指明了具体从哪些方面对员工绩效进行衡量或评价，而绩效标准则指出了被考核者在各绩效指标上应分别达到什么样的绩效水平。绩效标准的确定，有助于保证绩效考核的公正性，有助于科学确定员工的实际绩效水平。

在确定指标并明确责任后，还需进一步制定针对各项指标的考核标准，作为日后绩效考核的重要依据，层次明确、标准合理、结果可量化的标准是绩效考核过程能够持续有效实施的重要基础。

一般来说，指标指的是从哪些方面来对工作进行衡量或评价，而标准指的是在各个指标上分别应该达到什么样的水平。指标解决的是我们需要评价“什么”的问题，标准解决的是要求被评价者做得“怎样”、完成“多少”的问题。

标准是衡量事物的依据和准则。同理，关键绩效指标的考核标准是衡量指标的完成程度的依据和准则，也就是指标要完成到什么程度才算合格甚至是优秀，指标完成到什么程度是不合格甚至是不可接受。

绩效标准是对绩效指标进行考量、评定、分级的依据，示例如表 3－4 所示：

表 3－4　绩效指标与绩效标准

绩效指标	绩效标准
年销售额	年销售额在 200 万～300 万元
税前利润率	税前利润率 15%～20%
销售额同期增长	销售额比去年同期增长 5%～8%
费用控制率	实际费用与预算相差 3%以内

绩效标准作为绩效指标评价和考核的依据，一般包括三个部分：考核要素、评价等级和标准主体。

考核要素是指衡量绩效指标的考核要点和考核难度，指明应从哪些方面对绩效指标进行衡量；通过考核要素有利于抓住绩效要点，对绩效指标形成有效的监控和管理。

评价等级是指对绩效指标完成情况进行等级划分，是衡量绩效差异的依据，使绩效考核结果更有意义和实用性。

标准主体是规范化行为或结果，是对各绩效等级绩效特征的描述，是绩效标准的主要部分。

（二）绩效标准的分类

绩效指标的类型不同，设置绩效标准时考虑的角度也有差别。一般情况下，常见的绩效标准类型如下：

1. 基于标准相对性的分类

基于标准的相对性可分为绝对标准和相对标准。

（1）绝对标准。

绝对标准也可理解为员工“自己与自己”的比较，通过对比工作完成的绝对值和目标值确定员工的绩效水平。通过对员工工作行为的研究，建立绩效行为、绩效结果标准，然后将达到该项标准列入考核范围，而不是在员工之间进行比较。绝对标准是以固定标准衡量员工绩效。例如，某生产厂家对流水线操作工的产品生产量的考核标准为每小时 120 件以上记为“优秀”，每小时 100 件以上记为“较好”，每小时 80 件以上为“合格”，每小时低于 80 件则记为“不合格”。

（2）相对标准。

相对标准也可理解为员工“相互之间”的比较，通过将员工间的绩效表现相互比较评定个人工作的好坏，将被考核者按照某种维度作顺序排名，或将被考核者归入先前决定的等级内，再加以排名。例如，规定在考核结果中，按成绩高低选取，5%为优秀，20%为良好，50%为称职，20%为基本称职，5%为不称职。

绝对标准和相对标准的运用与工作的内容、被考核者的工作相关程度有关。一般情况下，员工工作内容相似、具有较强的可比性、工作成果可量产化的常用相对标准，而工作内容独立且不具有相互对比性的采用绝对标准。

2. 基于可量化程度的分类

根据绩效标准的可量化程度，可分为定量标准、定性标准和混合式标准。

定量标准主要是指通过具体的数字规定，明确各指标的绩效要求；定性标准是指通过文字性的语言描述界定各指标的绩效要求，常见的是行为化、期望式等语言描述；混合式标准，顾名思义即定量化和定性化相结合的描述形式。示例见表 3－5、表 3－6 和表 3－7。

表 3－5 定量标准示例

绩效标准	绩效标准				
	A	B	C	D	E
销售增长率	增长 15%以上	增长 10%～15%	增长 5%～10%	持平至增长 5%	负增长
毛利润	100 万元以上	80 万～100 万元	60 万～80 万元	40 万～60 万元	40 万元以下

表 3－6 定性标准示例

绩效因素	绩效标准示例
业务活动	1. 正确理解工作指标和方针，制订适当的实施计划 2. 按照下级的能力和个性合理分配工作 3. 及时与有关部门进行必要的工作联系 4. 工作中始终保持协作态度，顺利推动工作
管理监督	1. 人事关系方面，下级没有不满或怨言 2. 善于放手让下级去工作，鼓励他们开展协作 3. 十分注意生产现场的安全卫生和整理整顿工作 4. 妥善处理工作中的失败和临时追加的工作任务

表 3-7 混合式标准示例

绩效标准	绩效标准				
	4分	3分	2分	1分	0分
工作满意度	90%以上的部门非常满意	70%～90%以上的部门非常满意	70%以上的部门基本满意	50%～70%以上的部门基本满意	不足50%的部门基本满意
工作有效性	缩短计划时间25%以上完成	缩短计划时间10%～25%以上完成	在计划时间完成，效果良好	延长计划时间10%～25%完成，效果较差	延长计划时间25%以上完成，效果差

（三）考核标准制定的原则

1. 定量准确原则

（1）标准的起止水平应合理确定；

（2）标准的含义、相互间的差距应当明确合理，评分可采用等距式或差值递增式设置；

（3）等级的档次数量要合理，不宜过多或过少；等级过多将增加考核的难度和成本，等级太少又难以准确反映考核差距。

2. 先进合理原则

先进性原则是指指标考核标准在反映当前绩效水平的基础上具备一定的超前性，是“跳起来可以够得着”的水平；合理性原则是指大部分员工经过努力可以接近或达到，若多数员工经过努力仍无法达到，则无法实现有效激励的意义。

3. 明确具体原则

指标的衡量标准应充分体现指标本身特点，标准描述明确具体，避免用泛泛的说法概括。

4. 简明扼要原则

标准描述应在确保明确具体的原则下，尽量简明扼要，避免长篇大论，重点模糊。

实例分享

龙腾家电公司是华南的一家国有企业，家电制造和销售是其主营业务，去年的销售额为5亿元人民币。当时这家企业正在改制，改制之后必须自负盈亏。如果销售额达不到预定目标（5.5亿元）的90%，即4.95亿元人民币，企业将陷入严重的财务困境。

为了在改制后增强竞争力，提高利润和销售额，并且塑造一种以业绩为导向的企业文化，公司总经理希望在改制之前投资一条新的空调生产线，力争通过销售夏季新产品为公司增加25%的收入，同时他还决定采用一套新的绩效考核和管理体系。今年初，龙腾公司的改制基本完成，新的生产线引进到位，调试成功后即可生产新产品，而新的绩效考核和管理体系也随即启动。

眼看年中考核将至，该公司的销售副总裁开始着急起来，因为他刚刚得知销售部有可能完不成前半年的主要考核指标。在此之前，他已经花了很大力气拿到了大批新型空调的订单。但是，这批订货必须在炎热天气到来之前送到客户手中。如果不能在5月15日前发货，客户就有权取消订单。然而，几个月来新生产线一直处于调试阶段，很可能不能如期交货。

相比之下，主管生产的副总裁却显得踌躇满志，他的两项主要考核指标——质量和产量——都完成得非常出色，比如次品率比原来降低了近50%，远远超过了设定的目标。对于新产品他不是不关心，可是如果现在就生产新产品，根据经验，机器的停工时间肯定会增加，从而导致产量下降。此外，新产品质量达标也是一个费时费力的过程，搞不好会顾此失彼，导致次品率上升。年中考核马上就开始了，他决定等考核后再着手完成新产品的生产任务。

公司的财务兼行政副总裁日子也过得不错。他的绩效考核标准之一是缩短应收账款的账期。他认为缩短客户的付款期限是缩短应收账款账期的捷径。原来的付款期限为60天，现在已减少到30天。另外，他还发出通知：超过新定期限的客户将不再享受付款宽限期。其实，他也知道这种方法对销售不利，但销售不是他的考虑重点。他关心的只是为公司尽快收回货款，减少利息成本，因为在新的绩效评估系统中这才是他的KPI。

实操演练

任务要求

假定各项目小组为独立部门，以完成本门课程全部内容的学习和实训并取得优异成绩为总体目标，讨论分解相应的具体指标体系，包括二级指标和三级指标，并讨论确定各指标的权重和考核标准。除此之外，还需在小组指标的基础上根据组长的工作职责的特殊性改进形成组长的关键绩效指标体系。

各小组的讨论结果经过教师补充、修正、优化后形成统一的绩效考核指标体系，作为本课程的考核依据，在课程全过程贯穿实施。

操作流程

1. 需在深刻认识到学生学习的总体目标后讨论明确关键绩效领域，包括学习态度、实训作业完成情况等；

2. 进一步在各关键绩效领域下细化形成具体考核指标；

3. 针对各项指标讨论确定权重并制定相应的评价标准；

4. 在小组考核指标体系的基础上根据组长的工作职责的特殊性改进形成组长的关键绩效指标体系；

5. 各小组展示本组讨论结果，补充优化成统一的绩效考核指标体系，作为本课程的考核依据，在课程全过程贯穿实施。

注意事项

1. 低一级指标应来源于高一级指标，是高一级指标的具体、细化；

2. 各项指标权重相加应为100%或1；
3. 各指标的评价标准应尽量细化、具体且至少分三层。

任务三
设计部门基于BSC的KPI

知识技能

课堂讨论

1. 平衡计分卡包括哪些方面？
2. 你觉得你本学期基于平衡计分卡的关键目标有哪些？

知识准备

一、平衡计分卡

（一）什么是平衡计分卡

平衡计分卡（The Balanced Score Card，BSC），就是根据企业组织的战略要求而精心设计的指标体系。平衡计分卡是一种绩效管理的工具。它将企业战略目标逐层分解转化为各种具体的相互平衡的绩效考核指标体系，并对这些指标的实现状况进行不同时段的考核，从而为企业战略目标的完成建立起可靠的执行基础。

平衡计分卡的核心思想是通过财务、客户、内部流程、学习与成长四个方面指标相互驱动的因果关系实现“绩效计划—绩效考核—绩效改进与战略实施—战略修正”的目标。平衡计分卡所关注的四个考核方面主要包括：

1. 财务角度

财务业绩指标可以显示企业的战略及其实施和执行是否对改善企业盈利做出贡献。财务目标通常与获利能力有关，其衡量指标有销售收入、投资收益率等，也可能是销售额的迅速提高或创造现金流量。财务指标如图3-12所示。

2. 客户角度

在平衡计分卡的客户层面，管理者确立了其业务单位将竞争的客户和市场，以及业务单位在这些目标客户和市场中的衡量指标。客户层面指标通常包括客户满意度、品牌认知度，以及在目标市场中所占的份额。客户层面使业务单位的管理者能够阐明客户和市场战略，从而创造出出色的财务回报。客户指标如图3-13所示。

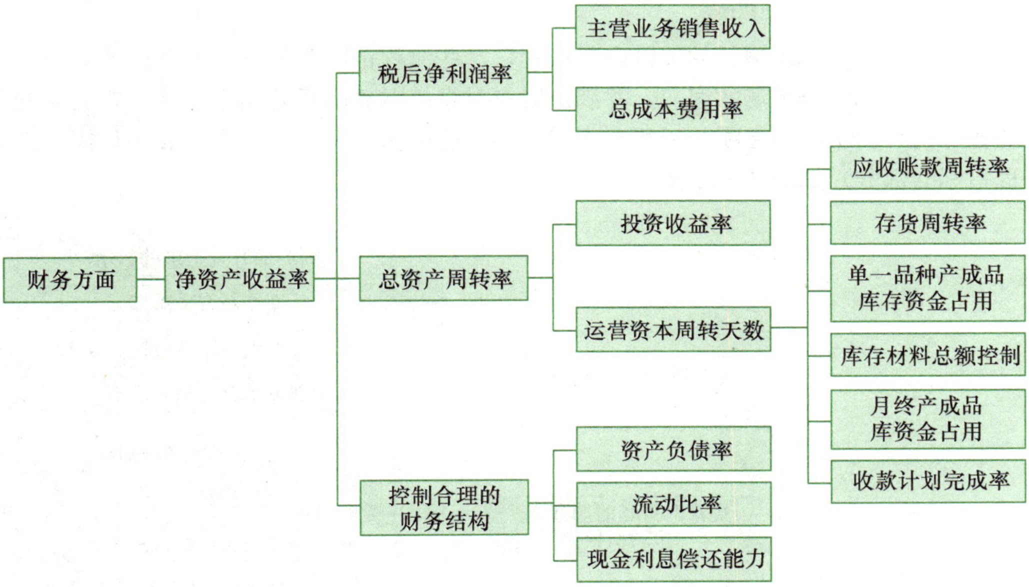

图 3－12　财务指标

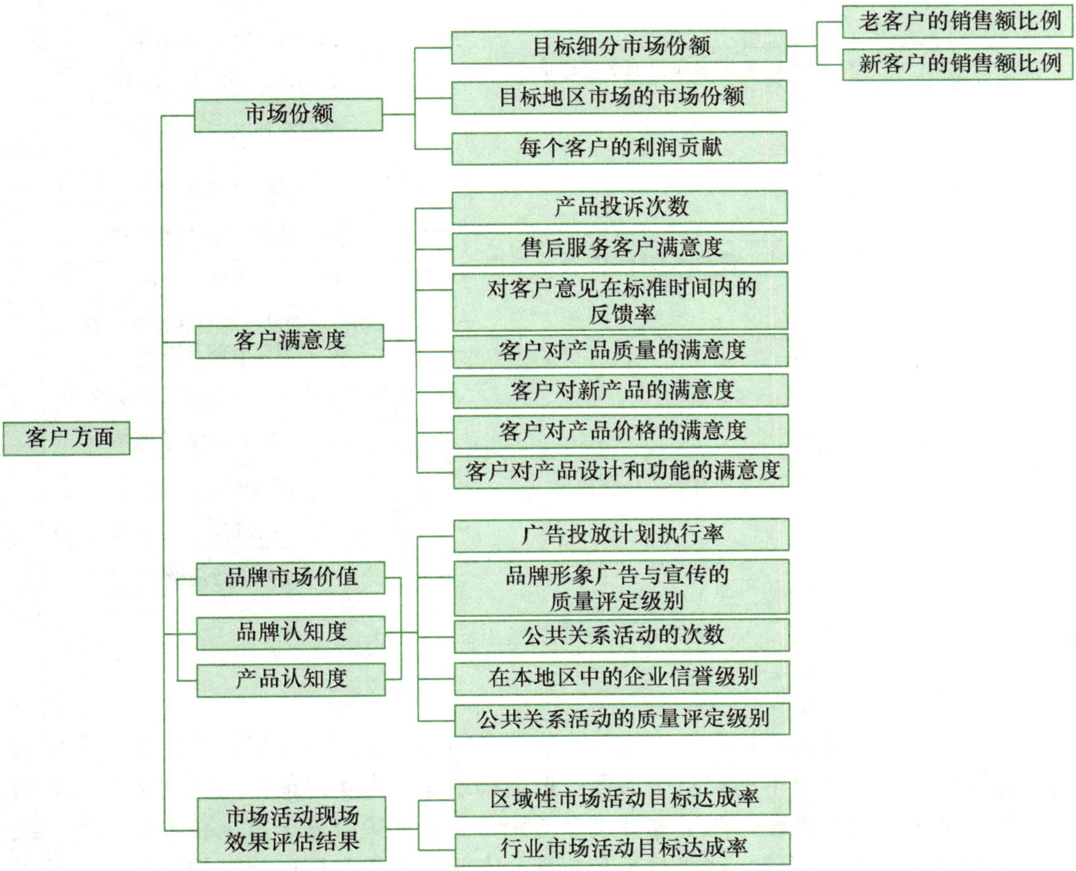

图 3－13　客户指标

3. 内部流程角度

管理者要确认组织擅长的关键内部流程，这些流程帮助业务单位提供价值主张，以吸引和留住目标细分市场的客户，并满足股东对卓越财务回报的期望。其主要关注的是企业各部门、员工必须在哪些流程上表现优异才能确保实现企业总体的战略目标。内部流程指标（部分）如图 3-14 所示：

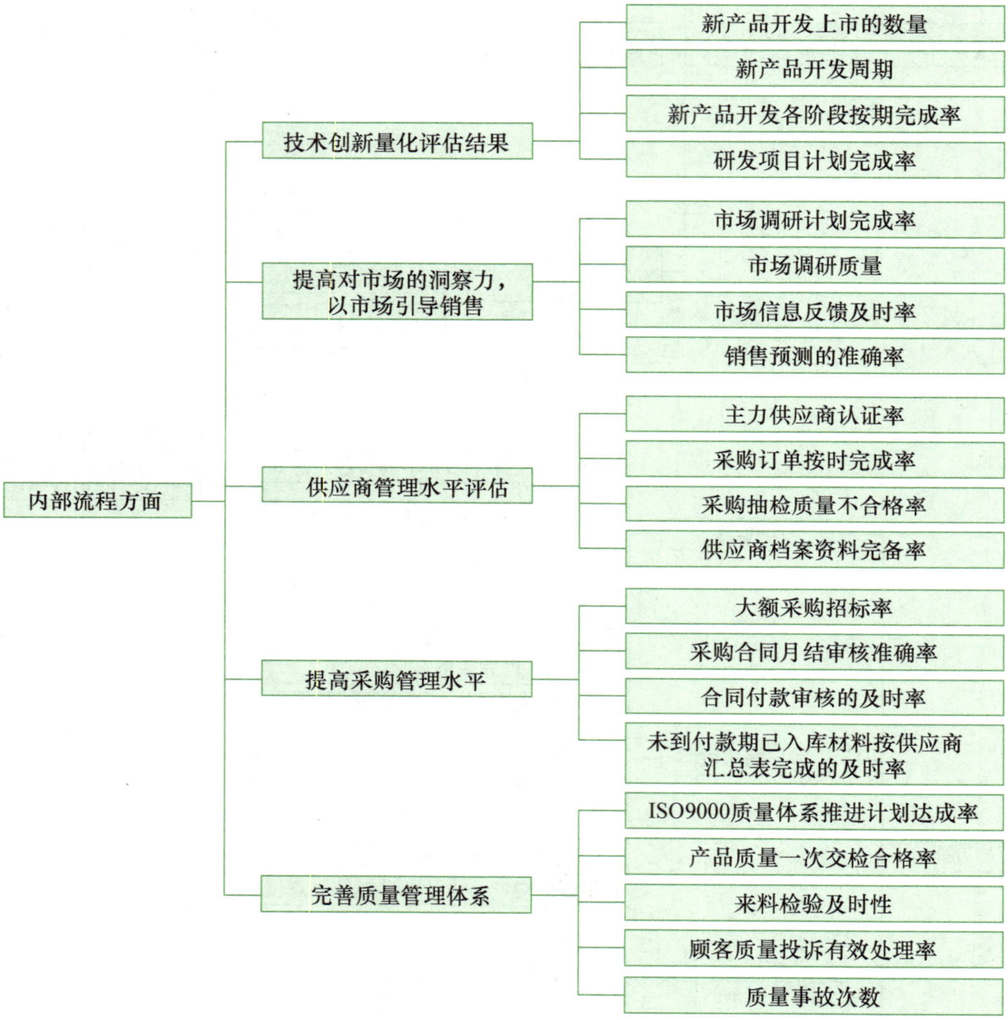

图 3-14 内部流程指标（部分）

4. 学习与成长角度

它确立了企业要创造长期的成长和改善就必须建立的基础框架，确立了未来成功的关键因素。平衡计分卡的前三个层面一般会揭示企业的实际能力与实现突破性业绩所必需的能力之间的差距，为了弥补这个差距，企业必须投资于员工技术的再造、组织程序和日常工作的理顺，这些都是平衡计分卡学习与成长层面追求的目标，如员工满意度、员工保持率、员工培训和技能等，以及这些指标的驱动因素。学习与成长指标示例如图 3－15 所示：

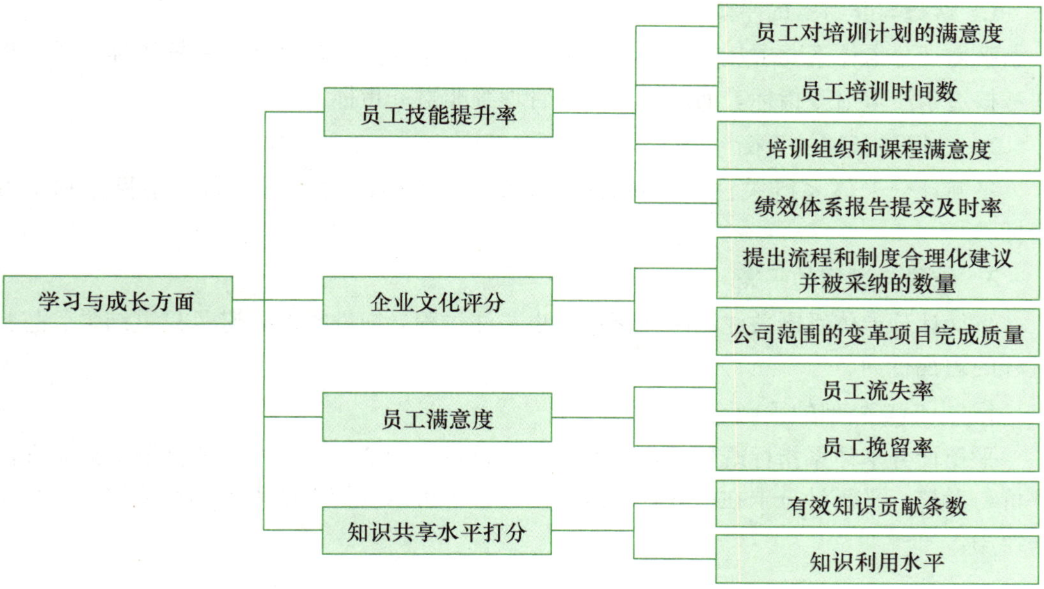

图 3－15 学习与成长指标

平衡计分卡这四个方面的指标，具有密切的因果关系，互为驱动因素，如图 3－16 所示。

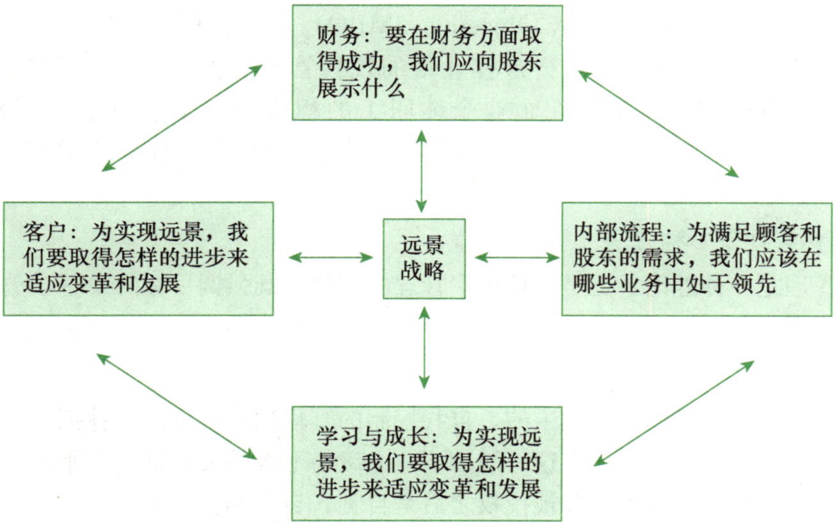

图 3－16 平衡计分卡基本框架

（二）平衡计分卡的特点

1. 财务与非财务的平衡

平衡计分卡体系要求从财务和非财务的角度思考企业战略目标及考核指标，避免以往考核过于注重财务指标，而忽视其他的管理等非财务指标。

2. 短期与长期的平衡

平衡计分卡体系既关注短期战略目标和绩效指标，也关注长期战略目标和绩效指标。

3. 结果与过程的平衡

平衡计分卡体系既关注结果性指标，也关注过程导向性指标，避免只重结果、忽视过程的短视行为。

4. 内部与外部的平衡

平衡计分卡体系指标既包括对企业内部运营过程的考量，也关注外部群体对企业的评价与考核，平衡计分卡在有效执行战略的过程中可以发挥平衡内外部群体间利益的重要作用。

二、目标管理

（一）什么是目标管理

目标管理（Management by Objective，MBO）是以目标为导向，以人为中心，以成果为标准使组织和个人取得最佳业绩的现代管理方法。目标管理亦称“成果管理”，俗称责任制。它是指在企业个体职工的积极参与下，自上而下地确定工作目标，并在工作中实行“自我控制”，自下而上地保证目标实现的一种管理办法。

1. 目标管理是一种方法

目标管理是一种理论，更是一种现代管理的方法，既强调目标的设置，更强调对目标的双向管理过程。

2. 重视人的因素

目标管理是一种参与的、民主的、自我控制的管理制度，也是一种把个人需求与组织目标结合起来的管理制度。在这一制度下，上级与下级的关系是互相平等、尊重、依赖、支持的，下级在承诺目标和被授权之后是自觉、自主和自治的。

3. 建立目标锁链与目标体系

目标管理通过专门设计的过程，将组织的整体目标逐级分解，转换为各单位、各员工的分目标。从组织目标到经营单位目标，再到部门目标，最后到个人目标。在目标分解过程中，权、责、利三者已经明确，而且相互对称。这些目标方向一致，环环相扣，相互配合，形成协调统一的目标体系。只有每名人员完成了自己的分目标，整个企业的总目标才有完成的希望。

4. 重视成果

目标管理以制定目标为起点，以目标完成情况的考核为终结。工作成果是评定目标完成程度的标准，也是人事考核和奖评的依据，成为评价管理工作绩效的唯一标志。至于完成目标的具体过程、途径和方法，上级并不过多干预。所以，在目标管理制度下，监督的成分很少，而控制目标实现的能力却很强。

（二）目标管理的特点

1. 员工参与管理

目标管理是员工参与管理的一种形式，由上下级共同商定，依次确定各种目标。

2. 以自我管理为中心

目标管理的基本精神是以自我管理为中心。目标的实施，由目标责任者自我进行，通过自身监督与衡量，不断修正自己的行为，以达到目标的实现。

3. 强调自我评价

目标管理强调自我对工作中的成绩、不足、错误进行对照总结，经常自检自查，不断提高效益。

4. 重视成果

目标管理将评价重点放在工作成效上，按员工的实际贡献大小如实地评价一个人，使评价更具有建设性。

三、KPI、BSC 与 MBO

KPI、BSC 和 MBO 都是现代绩效管理中广泛运用的方法和工具。BSC 更加强调其作为指标提取思路和工具的特性，为企业绩效管理指标的提炼明确方向和类型，为绩效指标的全面性奠定基础。

KPI 则从体系角度强调指标结果，是包括指标名称、指标标准、考核方式的一个完整的指标体系。KPI 的提炼思路和方法可以来源于 BSC。

MBO 强调其方法的特性，是一种管理过程和管理方法，是针对绩效指标的具体的管理过程。

由此可见，BSC 是思路及工具，MBO 是管理方法，KPI 是指标结果，只有将三者有效融合，从 BSC 的理念和角度提取 KPI，再运用 MBO 方法对 KPI 进行管理，才能真正实现绩效管理指标体系的有效构建和管理实施。

四、基于平衡计分卡的绩效指标提炼与分解

(一) 基于平衡计分卡的绩效指标

如表 3-8 所示：

表 3-8　基于平衡计分卡设计的某公司财务部门绩效指标体系

绩效维度	目标	绩效指标
财务		总资产回报率 预算费用控制率
客户	内部客户	财务分析报告接受率 财务专业理财意见采纳率 日常服务满意度
	外部客户	信息披露的完整性、准确性和及时性
内部流程	预算管理流程	预算完成率
	资金收支流程	资金安全率 资金周转率
	业绩披露流程	合法性 及时性
学习与成长	对内：提高业务能力和管理能力	财务人员资格认证 经理人员财务管理培训时间 一般财务人员培训时间
	对外：培养财务部门以外的财务管理知识	财务培训场次

(二) 关键绩效指标提炼

基于前文所述鱼骨图的方法，进行绩效指标提炼，如表 3-9 所示：

表 3-9　某公司关键绩效指标体系（节选）

关键成功因素 (总体目标)	关键绩效指标要素 (一级指标)	关键绩效指标 (二级指标)
增加利润	应收账款	资金回收率
		应收账款周转率
		不良账款比率
	费用控制	生产成本控制率
		管理费用控制率
		……
	纯利润	
	……	
……		

（三）关键绩效指标责任分解

如表 3－10 所示：

表 3－10 绩效指标责任分解表

<table>
<tr><td colspan="3">责任部门</td><td rowspan="3">部门 1</td><td rowspan="3">部门 2</td><td rowspan="3">部门 3</td><td rowspan="3">部门 4</td><td rowspan="3">……</td></tr>
<tr><td colspan="3">关键绩效指标</td></tr>
<tr><td>序号</td><td>指标名称</td><td>角色定位</td></tr>
<tr><td rowspan="3">1</td><td rowspan="3"></td><td>直接承担部门</td><td></td><td></td><td></td><td></td><td></td></tr>
<tr><td>直接配合部门</td><td></td><td></td><td></td><td></td><td></td></tr>
<tr><td>间接配合部门</td><td></td><td></td><td></td><td></td><td></td></tr>
<tr><td rowspan="3">2</td><td rowspan="3"></td><td>直接承担部门</td><td></td><td></td><td></td><td></td><td></td></tr>
<tr><td>直接配合部门</td><td></td><td></td><td></td><td></td><td></td></tr>
<tr><td>间接配合部门</td><td></td><td></td><td></td><td></td><td></td></tr>
<tr><td rowspan="3">3</td><td rowspan="3"></td><td>直接承担部门</td><td></td><td></td><td></td><td></td><td></td></tr>
<tr><td>直接配合部门</td><td></td><td></td><td></td><td></td><td></td></tr>
<tr><td>间接配合部门</td><td></td><td></td><td></td><td></td><td></td></tr>
<tr><td rowspan="3">……</td><td rowspan="3"></td><td>直接承担部门</td><td></td><td></td><td></td><td></td><td></td></tr>
<tr><td>直接配合部门</td><td></td><td></td><td></td><td></td><td></td></tr>
<tr><td>间接配合部门</td><td></td><td></td><td></td><td></td><td></td></tr>
</table>

实例分享

某部门基于平衡计分卡的关键绩效指标体系

<table>
<tr><td rowspan="2">指标维度</td><td rowspan="2">指标名称</td><td rowspan="2">目标</td><td rowspan="2">权重</td><td rowspan="2">与公司 KPI 的相关度</td><td colspan="3">指标特性</td><td rowspan="2">数据来源</td></tr>
<tr><td>可控性</td><td>可衡量性</td><td>简明性</td></tr>
<tr><td>财务</td><td>各类实际发生费用与预算的差异率</td><td></td><td>20%</td><td>√</td><td>√</td><td>√</td><td>√</td><td>财务报表</td></tr>
<tr><td>客户</td><td>内部客户满意度</td><td></td><td>10%</td><td>√</td><td>√</td><td>√</td><td>√</td><td>满意度调查表</td></tr>
<tr><td rowspan="2">内部流程</td><td>总裁满意度</td><td></td><td>30%</td><td>√</td><td>√</td><td>√</td><td>√</td><td>总裁评估</td></tr>
<tr><td>重大工作推进及工作报告及时性</td><td></td><td>20%</td><td>√</td><td>√</td><td>√</td><td>√</td><td>绩效管理委员会通过审核工作记录评定</td></tr>
<tr><td rowspan="2">学习与成长</td><td>员工满意度</td><td></td><td>10%</td><td>√</td><td>√</td><td>√</td><td>√</td><td>员工满意度调查表</td></tr>
<tr><td>人均培训时间</td><td></td><td>10%</td><td>√</td><td>√</td><td>√</td><td>√</td><td>部门培训记录表</td></tr>
</table>

实操演练

任务要求

M公司是长江三角洲一家家电制造公司。M公司曾经有辉煌的历史，历史最好成绩达到过销售额10亿元，但好日子一去不复返，随着市场竞争的加剧，公司销售额逐年下滑，到2004年只有不到5亿元的销售额。公司连续三年都没有达到预计的销售额。2005年，公司新的总经理上任，决定采取一系列改进措施，重整队伍，并且制定了销售额6亿元、利润3 000万元的目标。

利润的增长首先依赖于销售的增长，公司要创造销售的增长，需要创造更加有生命力的产品，并且要进行渠道变革。因为公司以往的经销商都是中小经销商，所以公司需要提高经销商的集中度。公司的品牌可以说在30岁以上的人群中家喻户晓，但是由于近年的投入减少，给人以陈旧的感觉。所以，需要建立新的品牌形象。而且，公司已经有三四年没有和媒体联络与合作过了，这都是下一年的重点工作。

同时，公司产品的生产以及售后服务，经常无法保障，这是引起经销商和销售片区投诉的一个非常重要的原因。这也是年内工作的一个重点。

另外，公司冗员较多，而且很多员工都不熟悉公司的产品，缺乏行业知识，打造一支良好的员工队伍也非常重要，另外，公司计划在年内推进绩效管理，通过绩效管理加强激励。

基于此，公司绘制基于BSC的战略地图，如下图所示。

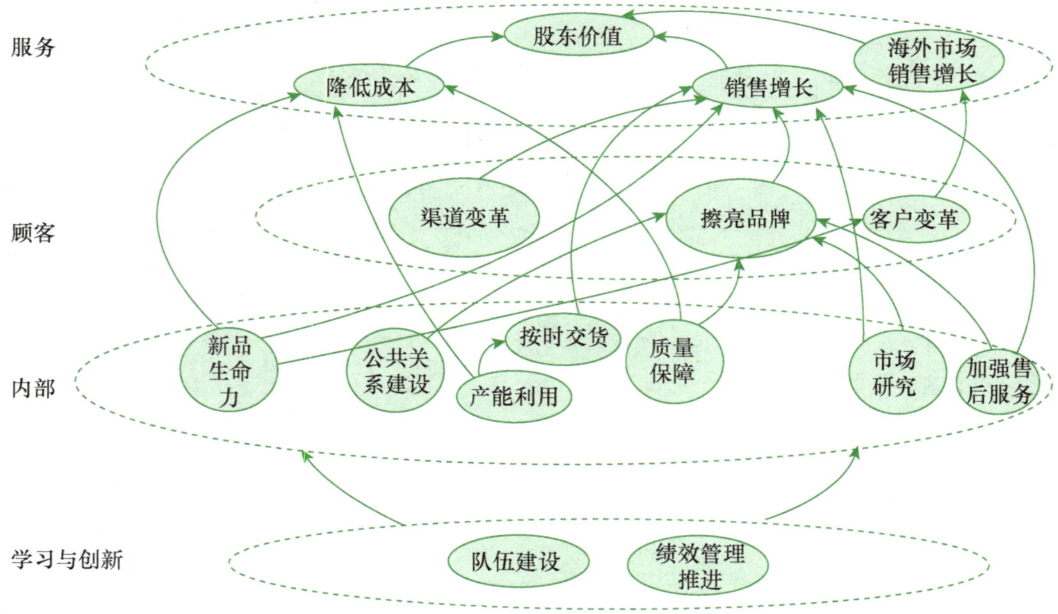

公司基于BSC的战略地图

根据战略地图所示，总结该公司基于平衡计分卡的绩效目标体系。

操作流程

1. 分析案例背景和战略地图，梳理基于 BSC 的 KPI 指标；
2. 讨论明确各指标具体含义，并进一步分解二级指标；
3. 根据后续所学知识和技能，进一步补充确定指标权重和考核标准。

注意事项

1. 应区分关键绩效指标与普通考核指标；
2. 指标应尽量分解至具体、可衡量的指标。

项目四

绩效考核指标体系的权重和赋分

学习目标

知识目标

（1）了解绩效考核指标权重的概念、作用和确定原则。

（2）熟悉各种主观判断法和定量分析法的优缺点及适用情形。

（3）掌握绩效考核指标权重的确定方法。

能力目标

（1）能够选用合适的方法确定绩效考核指标权重。

（2）能够对绩效考核指标权重设定的依据进行解释说明。

思政目标

（1）培养主次分明、重点突出的思维习惯。

（2）树立公平公正的意识，坚持准确客观的评价准则。

思维导图

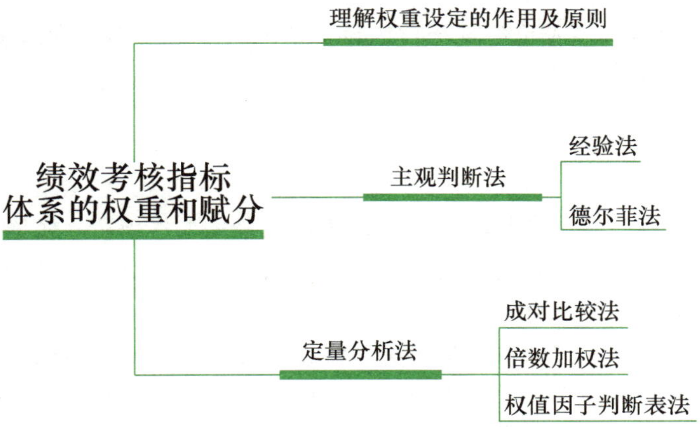

项目引例

某公司在最初成立的时候，规模较小，人员较为精简，多数为业务人员，仅配备必备的管理人员负责全部行政管理事务。因此，为了在创业初期尽快打开市场，扩大业务领域，提高业务量，公司在绩效考核的过程中明显倾向于业务考核，其管理导向为全力确保业务的持续开展与产品交付。

在创业初期，这种粗放型的考核方式能够快速地调动业务人员，并把全部精力置于业务工作的完成上。但是随着公司业务逐步走上正轨，员工规模逐渐扩大，这种单一导向性的考核方式显然并不再适用，因此公司领导开始考虑进一步完善考核指标，以更进一步体现考核的科学性和操作性，体现正确的价值导向。基于此，公司管理层对绩效考核指标进一步充实、完善，形成涵盖范围更为全面的指标体系，由原来的仅有的业务指标扩展到包括业务类指标、管理类指标、财务类指标、客户服务类指标及内部学习与成长类指标并存的指标体系。

在此基础上，公司调整了考核方案，以上述各项指标对所有人员进行考核，各项指标得分平均后便是最终考核结果。经过一段时间的实施，公司领导发现员工开始逐渐意识到除了尽力冲业务以外，其他管理方面、财务控制方面以及客户售后服务方面等也同等重要，也是工作中需要重点关注的事项，因此新的考核指标体系在一定程度上起到了积极的作用。但是，随着新方案的实施，一个更重要的问题逐渐凸显，那就是平均计分的考核指标让不同类别的员工感到不甚公平。行政管理类员工的工作绝大多数都是服务支持类的，与业务联系较为不紧密，其他客服指标、财务指标等均涉及较少，而管理类指标又多数为定性指标，难以量化，因此考核结果也时常不理想；而业务一线人员则认为平均分配的指标冲淡了他们的工作重点和主要目标，在工作过程中容易分散精力，丧失最初的冲劲。总体来讲，员工们认为对不同类别的指标确定相应的重要程度，甚至是针对不同类别员工设定不同的指标权重尤为重要。

公司领导也在实践中逐渐意识到设定指标权重对于考核实施的重要性，经讨论决定尽快对绩效考核指标体系进行进一步改革，分别针对管理人员和业务人员重新构建指标体系并赋予合理的权重。

引例分析提示

建立科学、准确的绩效考核指标体系，是绩效考核工作成功的保证，是激发员工工作积极性、促使企业业绩目标达成的基础。根据公司不同发展阶段的目标及实际情况，选择合适的绩效考核指标及权重是 HR 的重要工作。该公司从单一的业务指标扩展到较为全面的考核指标体系，但没有对不同类别的指标进行权重确定和赋分，导致各类员工都感到不公平，与公司预期的效果相去甚远。因此，针对管理人员、业务人员的工作重点和目标，设定合理的绩效考核指标权重至关重要。

任务一

认识考核指标体系的权重

知识技能

课堂讨论

1. 你认为每个绩效考核指标的重要程度相同吗？如何体现各个指标的重要性？
2. 绩效考核指标的权重如何分配呢？你能想到哪些分配方法？

知识准备

绩效考核指标是绩效考核的基本内容，明确了被考核者的工作目标和工作任务，但考核指标众多，其重要程度势必不同，如若简单地平均处理，必将失去考核公平性，因此针对各项指标的重要程度确定恰当的权重就非常重要。制定绩效考核指标权重，能够有效提高绩效考核指标的准确性，同时也让被考核者明确工作重点和绩效改进重点。

一、绩效考核指标权重

（一）绩效考核指标权重的概念

所谓绩效考核指标的权重，就是各项绩效考核指标在评估体系中的重要性反映，或各项绩效考核指标在绩效考核标准分中所占的比重。指标权重越大，说明对整个组织或员工的意义也就越大。绩效考核指标权重有两种表现形式，比例法和分值法。两种表现形式的本质是一样的，可以互相转化。

（二）绩效考核指标权重确定的作用

（1）绩效考核指标权重体系反映了环境的影响和组织的战略要求，对考核对象的行为产生强化性的激励。绩效考核指标体系中的指标一般涵盖了被考核对象的所有方面，是对被考核者的多维度分解。通过对各指标设定不同的权重可以激励、引导企业文化所倡导的行为或特征。

（2）与绩效考核指标体系相对应的权重体系，直接决定了绩效考核的信度和效度，也即考核的一致性和稳定性。如果一个权重体系是科学合理的，不仅反映了组织文化的要求，同时也考虑了员工的实际状态，那么它在实施过程中必然是稳定的，能为大多数员工所接受，也能准确反映考核对象的实际绩效成果。

（3）绩效考核指标权重体系对薪酬确定、调任、升迁、培训具有基础作用。绩效考核作为人力资源管理系统的一个职能，与其他职能是紧密结合在一起的。考核结果为薪酬、培训、员工职业生涯规划提供直接的参考依据。同时应该认识到考核服务的对象不同，其权重的设定也不同。

（三）绩效考核指标权重确定的依据和原则

1. 绩效考核指标权重确定的依据

权重代表了某一项考核指标在整体指标体系中的重要性，因此确定权重的主要依据就是指标的重要程度。判断指标重要程度主要考虑的因素包括：

（1）决定指标重要性的根本原因。

绩效考核的目的、内容、对象等都是基于企业战略、工作流程和工作岗位特征制定的，所以绩效考核指标的重要性从根本上说是由企业战略、价值观、工作流程、关键工作环节等因素决定的。

（2）影响绩效考核指标重要性的因素。

绩效考核指标对于不同的考核对象有不同的作用，因此，要根据不同的考核主体、考核目的、考核对象、考核时期和考核角度，以及各绩效考核指标对考核对象绩效的不同反映程度等因素，准确地判断绩效考核指标的重要程度。

2. 绩效考核指标权重确定的原则

（1）针对性原则。

考核对象的特征决定了某个考核指标对于该对象整体工作的影响程度，不同岗位各个考核指标的权重应该是不一样的。例如，责任感是一个评价员工工作态度时常用的指标，但是对于不同种类的员工来说，责任感这一评价指标的重要程度就不相同。对于一名保安人员来说，责任感可能是其工作态度甚至是整个评价指标体系中最重大的指标，而对于其他类型的员工来说，责任感的权重可能就不是最大的。

（2）系统优化原则。

在绩效考核指标体系中，每个指标虽然是独立描述被考核对象的某一方面，但是从系统的角度来看指标权重之间却存在相关性。例如，一名工人的绩效，除了产量指标完成情况外，还有质量、原材料消耗、能耗、出勤等指标，当某一个指标权重变动时，其他指标势必也会跟着变动，因为所有指标权重之和等于1。

所以在确定指标权重时，不能只从单个指标出发，而是要处理好各考核指标之间的关系，合理分配它们的权重。应当遵循系统优化原则，把整体最优化作为出发点和追求的目标。

在这个原则指导下，对绩效考核指标体系中各项考核指标进行分析对比，权衡它们各自对整体的作用和效果，然后对它们的相对重要性做出判断。确定各自的权重，既不能平均分配，又不能片面强调某个指标、单个指标的最优化，而忽略其他方面的发展。在实际工作中，应该使每个指标发挥其应有的作用。

（3）目标导向原则。

绩效考核指标权重的设计应反映考核者和组织对组织成员工作的引导意图和价值观念，应成为组织影响成员观念、行动的重要手段之一，它通过加重某一指标的权重彰显其重要性。

在具体的权重规定时引导意图并不需要明确到每个绩效考核指标上，通常的做法是将考核指标分为业绩考核指标、能力考核指标和态度评价指标这三大类，然后根据不同的考核目的规定这三个考核维度分别占多大的比重。

二、绩效考核指标权重确定的方法

绩效考核指标权重的确定方法很多，总体上可以分为主观判断法和定量分析法两大类。主观判断法，主要是由专家根据自己的经验以及专业知识做出主观判断，从而确定指标权重；定量分析法，是通过各种定量的方法将指标的相对重要程度量化为具体的权重值。这里介绍两种主观判断法。

绩效指标权重

（一）经验法

经验法是依靠历史统计数据和专家主观判断来进行权重分配，即决策者根据自己经验形成对各项绩效考核指标重要程度的认识，或者从管理意图出发，对各项绩效考核指标的权重进行分配，也可以是集体讨论的结果。

经验法需要企业具有比较完整的考核记录和相应的考核结果，其优点在于决策操作简单、效率高、成本低，易为人接受，适合专家治理型企业；但缺点在于获得的数据信度和效度不高，有一定的片面性，并对决策者的能力和经验提出了较高要求。

（二）德尔菲法

德尔菲法也称专家调查法，是 20 世纪 60 年代初美国兰德公司提出的一种定性预测方法，其目的在于避免集体讨论可能存在屈从权威或盲从多数的缺陷。德尔菲法作为一种主观、定性的方法，可以广泛用于各种评价指标体系的建立和具体指标的决策过程。德尔菲法在绩效考核指标权重确定中具体实施如下：

（1）组成专家小组。按照所需确定权重的相关范围确定专家。专家人数的多少可根据相关范围的大小和涉及面的宽窄而定，一般不超过 20 人。专家小组的人员组成应包括绩效考核专业人员及绩效考核指标所涉及各方的资深员工、管理人员。

（2）向所有专家介绍各绩效考核指标的含义，以及企业战略目标、部门职责和工作重点。各专家根据自己的经验和所收集的材料，各自提出指标权重分配意见，并说明理由。

（3）将各位专家第一次意见汇总后，列成图表，进行对比，分发给各位专家，让其比较自己同他人的不同意见，调整自己的意见和判断。也可以把各位专家的意见加以整理，或请身份更高的其他专家加以评论，然后把这些意见再分送给各位专家，以便他们参考后修改自己的意见。

（4）将所有专家的修改意见收集起来，汇总，再次分发给各位专家，以便做第二次修改。逐轮收集意见并为专家反馈信息是德尔菲法的主要环节。收集意见和信息反馈一般要经过三四轮，在向专家反馈的时候，只给出各种意见，但并不说明发表各种意见的专家的具体姓名。这一过程重复进行，直到每一个专家不再改变自己的意见为止。这时各位专家的意见也趋向于一致，最终保证了征询结果的存在性。

德尔菲法的优点是能充分发挥各位专家的作用，集思广益，取长补短。不足之处在于需要大量人力和时间投入；而且对专家的要求较为严格，既要了解企业的管理实际，又要有相应的绩效考核知识。

实例分享

好的指标体系不仅能支撑企业的业绩目标达成，也能更好地激发员工的工作热情。设定能让企业和员工双方共赢的绩效考核指标是 HR 的重要功能。

绩效考核指标一般包括结果性指标、过程性指标、阶段性指标三个方面。

结果性指标主要包括：财务类指标（如销量达成率、销售毛利达成率、产值达成率、服务毛利达成率）、满意度指标（客户满意度、客户流失率）。

过程性指标主要包括：销售管控类指标（如库存车周转率、意向客户到店率、展厅集客完成率、试乘试驾率、订单成交率），服务管控类指标（如一次修复率、内部返工率、外部返工率、出厂及时性、备件周转率），组织能力建设类指标（如招聘达成率、培训完成率、岗位认证通过率、员工满意度、组织架构与流程优化、信息交流与共享通畅性）。

阶段性指标主要指集团公司各类会议临时安排的阶段性工作以及管理项目的导入实施。

中人网HR3000强成员王冬先生认为：在确定绩效考核指标后，绩效目标值以及权重的确定就显得非常重要，我们在收集企业历史数据的基础上，结合行业内标杆企业状况，综合市场增长判断并执行部门充分沟通后确定目标值和权重。

在实践操作中，如果20%的子公司通过努力可以超越指标、40%的通过努力可以达成、30%的可以达成70%～90%，剩余10%在50%～60%，我们基本判定这样的目标较为合理并达到预期。

对于目标权重比例，主要依据各子公司发展不同阶段以及当前业绩存在的问题而确定。对于成熟型子公司，一般财务指标权重占比不低于40%，过程管控类指标占比在40%左右，剩余20%主要分布在组织能力建设和内部治理考核上。对于起步阶段的子公司，财务指标权重一般控制在20%左右，内部运营和组织能力建设层面占80%，我们主要考虑的是起步阶段的子公司更应注重内部管理制度、流程、标准的建立和逐步完善，只有内部治理完善，客户满意度才能有根本的保障，后期的财务指标实现就不会有很多问题。因此，权重的设计不是集团一刀切，而是根据子公司不同发展阶段灵活调整。

而在部门层面绩效考核指标的确定方面，我们会召开绩效考核指标评审会对部门指标进行必要的评审，评审主要参考以下四个原则：

(1) 战略分解原则：部门指标能否承担承上启下的分解作用，将集团公司指标层层分解、层层落实。

(2) 跨部门协作原则：在部门横向层面，一些跨部门、跨团队的指标设定是否合理，能否促进跨部门协作。

(3) 数据收集可行原则：指标的定义清晰、计算公式明确、便于收集。

(4) 指标数量合理原则：一般绩效考核指标数量建议不超过10个，指标过多容易分散工作重心，且绩效激励作用会被严重削弱。

此外，直面难点才能让你的绩效考核指标体系公平有效。在确定公司财务指标过程中，销量与毛利的权重曾经困扰公司，公司的目标是实现销量与毛利指标的共同达成，子公司在市场淡季，为了确保销量指标达成，往往采取降价措施，在损失公司毛利的情况下达成销量，集团利润无法得到保障。为了引导子公司健康发展，集团及时调整思路，在总经理层面实行利润达成计提奖励，利润奖励占总经理年薪比例的40%，这样就极大调动子公司层面关注盈利，而不是盲目为了达成销量。

职能部门的业绩更多体现在服务与监督方面，这两方面的工作大多很难量化，对于职能部门绩效考核指标我们通过下面三个方式去确定：

(1) 公司主要经营指标与职能部门挂钩，权重在20%左右，对于经营指标超额完成的，也会给予超额奖励，这样引导职能部门尽可能在自己职能领域充分发挥服务支撑和监督作用，以利于实现整体盈利，否则，大河无水小河干枯。

(2) 从职能部门岗位职责中选取职能领域的绩效考核指标。

（3）从会议布置的阶段性工作中选取指标作为阶段性考核。

我们会以周、月、季度会议形式召开绩效反馈会，对绩效达成情况进行通报，并组织绩效分析，群策群力指出存在的问题，制订行动计划，进行改善，形成绩效闭环。

资料来源：王冬．千万别忽略考核指标的权重．（2016-06-25）[2021-05-01]．http://blog.ceconlinebbs.com/BLOG_ARTICLE_239977.HTM.

实操演练

任务要求

每个绩效指标在绩效考核指标体系中的重要性并不完全相同，通过加大某一指标的权重彰显该指标的重要性，引导被考核对象在工作中给予该指标相应的重视程度来获得较好的考核成绩。各小组已制定了小组关键绩效考核指标体系，明确了具体的考核指标，请对照绩效考核指标权重确定的依据和原则，讨论各项指标的权重是否合理，并运用主观判断法确定绩效考核指标权重。

任务一：针对项目三中所提炼的小组关键绩效考核指标体系，依据小组确立的目标和重点任务，运用经验法确定指标权重。

任务二：成立任课教师绩效管理小组，运用德尔菲法确定任课教师关键绩效考核指标的权重。

操作流程

任务一

1. 小组每个成员根据自己经验对各项指标的重要程度进行排序，最重要的指标前面标示 1，第二重要的指标前面标示 2……根据你认为的重要性程度依次标记。

2. 小组每个成员展示自己确定的重要性排序结果，并说明理由。

3. 小组讨论确定小组关键绩效考核指标的权重。

4. 小组总结经验法的优缺点。

任务二

1. 小组成员角色归位，由绩效考核专业人员、教师代表、学校管理人员等成立专家小组，用德尔菲法确定任课教师关键绩效考核指标的权重。

2. 组长向所有专家介绍已确立关键绩效考核指标体系中各指标的含义、教师职责及工作重点；各位专家根据自己的经验和相关资料，提出自己的权重分配意见，并说明理由。

3. 组长将每个专家的第一次意见汇总，进行对比分析后，分发给专家。专家对比汇总的不同意见，调整自己的权重分配。或请学校管理人员结合学院发展规划和对教师的要求进行解释评价，各位专家再次修改自己的权重分配意见。

4. 组织收集所有专家的修改意见，汇总整理后再次分发给各位专家，开始第二轮修改。……重复进行数次，直到每位专家不再改变自己的权重分配意见为止，所有专家的意见趋于一致，最终确定任课教师的绩效考核指标权重。

5. 小组总结德尔菲法的优缺点。

注意事项

1. 绩效考核指标权重的确定要基于企业战略目标、发展阶段、部门职责和工作重点来设定。

2. 主观判断法要求专家/决策者具有丰富经验和判断能力。

3. 使用德尔菲法确定绩效考核指标权重，收集意见和信息反馈是关键，一般重复进行三到四轮，直至各位专家意见趋于一致。

任务二
用比较法制定考核指标体系的权重

知识技能

课堂讨论

1. 前面我们介绍了确定绩效考核指标权重的两种主观判断法，请总结主观判断法的优缺点。

2. 用定量分析法确定绩效考核指标权重具有哪些优势，可能存在哪些困难。

知识准备

定量分析法是通过各种定量的方法将指标的相对重要程度量化为具体的权重值。本任务主要介绍成对比较法和倍数加权法。

一、成对比较法

（一）成对比较法的概念

成对比较法，又称“012”比较法，是将各绩效考核指标两两比较，然后将比较结果汇总得出权重。

（二）应用成对比较法制定权重的步骤

1. 列入绩效考核指标成对比较表，指标两两比较

将某考核对象的所有绩效考核指标列入成对比较表中，将绩效考核指标进行两两比

较，若行中指标重要性大于列中指标重要性，则得 2 分；行中指标的重要性小于列中指标的重要性得 0 分；两者重要程度相当则得 1 分。

比如，指标 1 和指标 2 相比时，指标 1 的重要性大于指标 2，则得 2 分；指标 2 和指标 1 相比时，指标 2 的重要性小于指标 1，则得 0 分；指标 1 和指标 4 相比时，两者的重要程度相当，则得 1 分。

2. 汇总各指标得分，计算权重

将各绩效考核指标的得分进行加总得到各指标得分，将各指标得分除以总分便求得各指标权重。示例见表 4－1。

表 4－1 绩效考核指标成对比较法

指标	指标 1	指标 2	指标 3	指标 4	合计	权重
指标 1	1	2	2	1	6	6/16
指标 2	0	1	2	0	3	3/16
指标 3	0	0	1	2	3	3/16
指标 4	1	2	0	1	4	4/16

（三）成对比较法的优缺点

成对比较法实施较为简单，便于操作，易于理解；但由于只能进行等额加权，无法区别两个考核指标之间重要性的具体差异，并且当指标数量较多时，运用成对比较法也较为耗时。

二、倍数加权法

（一）倍数加权法的概念

倍数加权法就是选择重要性最低的绩效考核指标作为比较基准，赋值为 1，然后将其他绩效考核指标与其进行重要性比较，得出重要性倍数，将各项指标倍数除以合计倍数，计算得出各项指标权重。

（二）应用倍数加权法制定权重的步骤

以某网店销售人员为例，绩效考核指标有职业道德、咨询量、平均响应时间、咨询转化率、成交额、退货率。假设平均响应时间的重要性最低，赋值为 1；其他指标的重要性与平均响应时间相比，重要性倍数关系如表 4－2 所示。六项合计倍数为 2＋2＋1＋3＋5＋2＝15，故各项考核指标权重分别为 2/15，2/15，1/15，3/15，5/15，2/15，最后换算成百分数即为各考核指标的权重。

表 4-2 倍数加权比较法

指标	与平均响应时间的倍数关系	权重	权重（%）
职业道德	2	2/15	13%
咨询量	2	2/15	13%
平均响应时间	1	1/15	7%
咨询转化率	3	3/15	20%
成交额	5	5/15	33%
退货率	2	2/15	13%
合计	15	15/15	100%

（三）倍数加权法的优点

与成对比较法相比，倍数加权法可有效区分各考核指标之间的重要程度。实际运用中，可以选择具有代表性的考核指标为比较基准，不一定是重要性最低的考核指标。

实例分享

某电力通信公司网络部的职能如下：

1. 参与中心战略规划的制定，为中心战略规划的制定与修订提供相关资料；
2. 参与中心企业文化的建设；
3. 负责本部门质量管理体系的运行与管理；
4. 制定电力通信交换、数据网络方面的规章制度、规程、条例，经批准后，负责组织实施；
5. 负责电力通信网交换、数据网络专业的安全运行；
6. 负责系统调度交换网、行政交换网的技术和运行管理；
7. 负责电视电话会议和电话会议系统的安全运行；
8. 负责综合语音系统设备的安全运行和管理；
9. 负责调度录音系统的运行与管理；
10. 负责因特网接入、MIS系统等设备的安全运行管理；
11. 负责省公司和所辖宿舍电话安装与管理；
12. 负责省公司用户线路架设与安装的管理；
13. 负责组织新建交换、数据网络设备投运前的验收工作；
14. 负责省公司端配线系统的管理；
15. 负责固定电话和移动电话的话费的具体承办工作；
16. 负责省公司行政交换网与省、市电信部门的对口管理及相关业务工作；

17. 参与全省电力通信网主干设备的大修、技改、重措项目的审查；

18. 参与全省电力通信网内设备、电路的大修、技改、重措项目的审批；

19. 参与全省电网主网通信发展规划的编制和审定，参与各分公司通信发展规划的审核；

20. 参与全省电网通信设备入网资格的审查和通信设备的招标工作；

21. 参与有关通信工程（包括新建、改建、扩建中的通信专项）的科研、设计审查和新建电路的试运行及竣工验收工作；

22. 完成领导交办的其他任务。

根据部门职责提取部门关键业绩指标，参见下表。

某电力通信公司网络部关键绩效考核指标

序号	指标名称	记分规定
1	网络运行安全性	按《网络运行安全规定》执行，满分为100分
2	行政交换运行率	达到99.99%，记100分 达到99.95%，记60分
3	调度交换运行率	达到99.99%，记100分 达到99.95%，记60分
4	电话会议开通率	按A、B、C、D标准记分
5	调度录音的正常运行	一次不正常，记0分
6	部门费用预算执行	预算内，记10分；预算超出，记0分

运用成对比较法确定各绩效考核指标的权重。假设网络运行安全性的重要性最高；其次是调度录音的正常运行；重要性排在第三位的是行政交换运行率、调度交换运行率；电话会议开通率、部门费用预算执行的重要性最低。参见下表。

某电力通信公司网络部绩效考核指标权重（成对比较法）

序号	指标名称	指标1	指标2	指标3	指标4	指标5	指标6	合计	权重	权重（%）
1	网络运行安全性	1	2	2	2	2	2	11	11/36	31%
2	行政交换运行率	0	1	1	2	0	2	6	6/36	16%
3	调度交换运行率	0	1	1	2	0	2	6	6/36	16%
4	电话会议开通率	0	0	0	1	0	1	2	2/36	6%
5	调度录音的正常运行	0	2	2	2	1	2	9	9/36	25%
6	部门费用预算执行	0	0	0	1	0	1	2	2/36	6%
合计								36	36/36	100%

运用倍数加权法确定各绩效考核指标的权重。假设部门费用预算执行的重要性最低，赋值为1；其他指标的重要性与该指标相比，重要性倍数关系如下表所示。六项合计倍数为5＋3＋3＋1＋4＋1＝17，故各项考核指标权重分别为5/17，3/17，3/17，1/17，4/17，1/17，最后换算成百分数即为各考核指标的权重。

某电力通信公司网络部绩效考核指标权重（倍数加权法）

序号	指标名称	与指标 6 的倍数关系	权重	权重（%）
1	网络运行安全性	5	5/17	29%
2	行政交换运行率	3	3/17	18%
3	调度交换运行率	3	3/17	18%
4	电话会议开通率	1	1/17	6%
5	调度录音的正常运行	4	4/17	24%
6	部门费用预算执行	1	1/17	6%
合计		17	17/17	100%

实操演练

任务要求

各小组成员运用经验法确定的权重差异较大，为进一步明确各指标权重，增强权重的精确性和准确度，各小组拟运用比较法再次对小组关键绩效考核指标体系和任课教师关键绩效考核指标体系的权重进行设计。

针对项目三中所提炼的小组关键绩效考核指标体系和任课教师关键绩效考核指标体系，分别运用成对比较法和倍数加权法确定权重，并与运用主观判断法确定的权重进行对比。

操作流程

1. 运用成对比较法对任课教师的绩效考核指标进行两两比较确定权重。

第一步，将任课教师的所有绩效考核指标列入成对比较表中进行两两比较，若行中指标重要性大于列中指标重要性，则得 2 分；行中指标的重要性小于列中指标的重要性得 0 分；两者重要程度相当则得 1 分。

第二步，将各指标的得分进行加总得到各指标得分，各指标得分除以总分即为各指标的权重。

2. 运用倍数加权法对任课教师的绩效考核指标确定权重。

第一步，选出重要性最低的指标作为比较基准，赋值为 1。

第二步，将其他指标与基准进行重要性比较，得出倍数。

第三步，将各指标倍数除以合计倍数，计算出各指标的权重。

3. 关于小组的绩效考核指标权重确定，操作流程同上。

4. 小组讨论总结：运用不同方法确定权重的结果有何不同，从操作性、精确性等方面进行比较。

注意事项

1. 使用成对比较法确定指标权重，比较基准可以选择有代表性的指标，不一定是重要性最低的绩效考核指标。

2. 运用成对比较法确定权重过程中，一定要细心严谨，反复检查，确保准确。比如，成对比较法中，对角线是1。如果对角线右上是2，则左下是0；如果对角线右上是0，则左下是2；如果对角线右上是1，则左下也是1。

任务三
用权值因子判断表法制定考核指标体系的权重

知识技能

课堂讨论

1. 如何从多个维度评价绩效考核指标的重要性？
2. 如何将不同评价人的分值进行汇总统计，进而制定较为精确的权重？

知识准备

一、权值因子判断表法

（一）应用权值因子判断表法确定权重的步骤

权值因子判断表法是从几个维度去评价绩效考核指标的重要性。具体操作步骤如下：

1. 组建专家小组

小组成员应包括人力资源专家、绩效考核指标所涉及的相关各方代表等，具体应根据管理需要确定。

2. 制定权值因子判断表

小组每个成员将绩效考核指标进行两两比较，分别填写评价权值因子判断表。绩效考核指标比较时可采用“4 分值”赋分法，非常重要的指标为 4 分，比较重要的指标为 3 分，同样重要的指标为 2 分，不太重要的指标为 1 分，相比很不重要的指标为 0 分，详见绩效考核指标对比赋分表 4 - 3。

表 4 - 3 绩效考核指标对比赋分表

赋分标准	非常重要	比较重要	同样重要	不太重要	很不重要
赋分值	4	3	2	1	0

将A、B、C、D、E、F所有考核指标以表4-4的形式列出，确定两个指标相比较时的分值。比如，指标A和指标B相比时，A显得非常重要，得4分；指标A和指标D相比时，A显得比较重要，得3分；指标A和指标F相比时，A显得同样重要，得2分；指标B和指标A相比时，B显得很不重要，得0分；指标D和指标A相比时，D显得不太重要，得1分；指标F和指标A相比时，F显得同样重要，得2分。两两比较完之后，计算每个指标的分值。

表4-4 权值因子判断表

指标	A	B	C	D	E	F	分值
A	—	4	4	3	3	2	16
B	0	—	3	2	4	3	12
C	0	1	—	1	2	2	6
D	1	2	3	—	3	3	12
E	1	0	2	1	—	2	6
F	2	1	2	1	2	—	8

3. 折算权重

对各位成员所填的权值因子判断表进行汇总、统计，将统计结果折算为权重。为使用方便，指标权重可进行微调、取整处理。

表4-5列出了8位评分人分别给出的每个指标分值。首先将各个评分人对每个指标的分值进行加总，计算出每个指标的得分总计，例如指标A的得分总计是15+14+16+14+16+16+15+16=122；然后计算平均得分，例如指标A的平均得分为122/8=15.25；最后计算指标权重=指标得分/各指标得分加总，例如指标A的权重为122/480=0.254 17；指标B的权重为89/480=0.185 42。

表4-5 权值因子统计表

指标	评分人								得分总计	平均得分	权重	调整权重	调整权重（%）
	1	2	3	4	5	6	7	8					
A	15	14	16	14	16	16	15	16	122	15.25	0.254 17	0.25	25%
B	16	8	10	12	12	12	11	8	89	11.125	0.185 42	0.2	20%
C	8	6	5	5	6	7	9	8	54	6.75	0.112 5	0.1	10%
D	8	10	10	12	12	11	12	8	83	10.375	0.172 92	0.17	20%
E	5	6	7	7	6	5	5	8	49	6.125	0.102 08	0.1	10%
F	8	16	12	10	8	9	8	12	83	10.375	0.172 92	0.18	15%
合计	60	60	60	60	60	60	60	60	480	60	1	1	100%

为使用方便，可以对指标权重进行微调、取整，也可以转换为百分数，例如将指标A的权重（0.254 17）调整为0.25，转换为百分数是25%；将指标B的权重（0.185 42）调整为0.2，转换为百分数是20%。

（二）“ABC”分类权重法

权值因子判断表法在实际应用时，有一种简化形式“ABC”分类权重法。ABC分类权重法的原理是“关键的少数和次要的多数”，即少数考核要素占据最重要的位置。它的步骤是：首先排队，将全部绩效考核指标分为A、B、C三类，其中A类占10%左右，B类占20%左右，C类占70%左右；其次加权，如赋予A类指标3的权重，B类指标2的权重，C类指标1的权重；最后计算各指标的权重系数。

例如，某公司行政专员的绩效考核指标包括文件处理及时率、服务响应时间、文件资料归档率、合同评审及时率等10个指标。首先按重要性依次排队，将全部绩效考核指标分为A、B、C三类。其次加权，例如评价人甲赋予文件处理及时率（A类指标）的权重为3；赋予服务响应时间（B类指标）的权重为2；赋予文件遗失率（C类指标）的权重为1……，详见表4-6。5位评价人都给出各个指标的权重。最后计算各指标的得分总计、权重，为使用方便可适当调整权重，详见表4-7。

表4-6 评价人甲给出各指标的权重

指标	指标分类	权重
文件处理及时率	A	3
服务响应时间	B	2
法律纠纷胜诉率	B	2
办公用品采购按时完成率	C	1
文件资料归档率	C	1
文件督办成功率	C	1
合同评审及时率	C	1
办公费用预算达成率	C	1
办公设备完好率	C	1
文件遗失率	C	1
合计		14

表4-7 权值因子统计表

指标	评价人					得分总计	权重	调整权重	调整权重（%）
	甲	乙	丙	丁	戊				
文件处理及时率	3	2	3	3	3	14	0.200 00	0.20	20%
服务响应时间	2	1	2	1	2	8	0.114 286	0.12	12%
法律纠纷胜诉率	2	3	1	2	1	9	0.128 571	0.12	12%
办公用品采购按时完成率	1	1	1	1	1	5	0.071 429	0.08	8%
文件资料归档率	1	1	1	1	1	5	0.071 429	0.08	8%
文件督办成功率	1	1	1	1	2	6	0.085 714	0.08	8%
合同评审及时率	1	1	2	1	1	6	0.085 714	0.08	8%

续表

指标	评价人					得分总计	权重	调整权重	调整权重（%）
	甲	乙	丙	丁	戊				
办公费用预算达成率	1	2	1	1	1	6	0.085 714	0.08	8%
办公设备完好率	1	1	1	2	1	6	0.085 714	0.08	8%
文件遗失率	1	1	1	1	1	5	0.071 429	0.08	8%
合计	14	14	14	14	14	70	1	1	100%

需要注意的是，权值因子判断表法仍是评价者凭主观对比打分，为避免因其不一定了解所有绩效考核指标而出现评判标准不一，实际中可以成立评估小组进行评价比较；或者通过给每位评价者赋以评价权重，防止不同人因对岗位和指标的认识不同而出现打分不同。

二、各种权重确定方法比较

无论主观判断法还是定量分析法，其本质都是以主观判断为基础，只是定量分析法引入了指标重要性比较判断标准，并将指标的重要性转化为量化数据，进而借助统计学的工具确定指标权重。

各种权重确定方法并无绝对优劣之分，实际管理中，应根据各种方法的特点和实际情况选择，详见表 4－8。

表 4－8　绩效考核指标权重确定方法比较分析

方法	成本	精确性	操作性	公开性	适用范围
经验法	低	低	强	弱	员工绩效考核指标权重确定
德尔菲法	高	较低	一般	强	企业、部门绩效考核指标权重确定
成对比较法	一般	一般	一般	较强	部门、员工绩效考核指标权重确定
倍数加权法	一般	较高	一般	较强	部门绩效考核指标权重确定
权值因子判断表法	一般	较高	较弱	较强	企业、部门绩效考核指标权重确定

实操演练

任务要求

某教育培训机构根据业务特点和运营目标，对培训机构的教师确定了 5 个绩效考核指标：续单率、试听成功率、员工流动性、投诉解决率、突发情况处理，每个考核指标的重要程度不同，因此还需运用合适的方法设置权重。

根据所学知识和技能，运用权值因子判断表法确定培训机构教师的绩效考核指标权重。

操作流程

第一步，小组每个成员将绩效考核指标进行两两比较，采用“4 分值”赋分法，填写权值因子判断表。

权值因子判断表（参考示例）

指标	续单率	试听成功率	员工流动性	投诉解决率	突发情况处理	分值
续单率	—	4	3	4	3	14
试听成功率	0	—	3	2	3	8
员工流动性	1	1	—	2	3	7
投诉解决率	0	2	2	—	4	8
突发情况处理	1	1	1	0	—	3

第二步，将小组每个评价人给出的指标分值进行汇总统计。首先计算每个指标的得分总值、平均得分，然后用每个指标得分除以指标得分总和，折算为权重，最后根据需要对指标权重进行微调，也可转换为百分数，见下表。

权值因子统计表（参考示例）

指标	评价人					得分总计	平均得分	权重	调整权重	调整权重（%）
	甲	乙	丙	丁	戊					
续单率	14	13	16	16	12	71	14.2	0.355	0.36	36%
试听成功率	8	7	8	5	7	35	7.0	0.175	0.17	17%
员工流动性	7	5	6	7	7	32	6.4	0.160	0.16	16%
投诉解决率	8	10	8	8	9	43	8.6	0.215	0.21	21%
突发情况处理	3	5	2	4	5	19	3.8	0.095	0.10	10%
合计	40	40	40	40	40	200	40	1	1	100%

注意事项

1. 采用权值因子判断法，可以从多个维度评价绩效考核指标的重要性。
2. 为使用方便，可以对计算出的权重进行微调、取整处理。
3. 明确各种权重确定方法的优劣势，在实际管理中应根据各种方法的特点和实际情况进行选择。

实例分享

对绩效考核指标体系设计权重，并进行赋分，达到可操作的目的。下面分别列举了研发人员、管理人员、一般员工的考核表。

某公司研发人员考核表

序号	考核指标	权重	内容界定	评分标准				数据来源/考核部门	得分
1	工艺文件制作的准确性	15%	工艺文件制作的出错次数	15分	10分	5分	0分	/PIE组长	
				0次	2次	5次	6次以上		
2	工艺文件制作的及时性	15%	以试产为基准	15分	10分	5分	0分	/PIE组长	
				试产前已完成	试产前已完成但有缺陷	试产前未完成	未制作		
3	部门协作满意度	15%	协作部门投诉次数	15分	10分	5分	0分	/PIE组长	
				无	1次	2次	3次		
4	生产异常解决的及时性	20%	依据异常的复杂性以及对生产进度的整体影响定性判定	20分	15分	10分	0分	/生产部主管	
				非常及时	比较及时	一般	不能解决		
5	生产线效率提升率	20%	(改善后人均产能－改善前人均产能)/改善前人均产能×100%	20分	15分	10分	0分	生产工艺改进次数/生产部主管	
				10%以上	5%～10%	1%～4%	0%		
6	完成上司布置的任务	15%	按要求完成的任务数/上级安排的任务总数×100%	15分	10分	5分	0分	/PIE组长	
				完成率100%	完成率≥98%	完成率≥96%	完成率<96%		

某公司管理人员考核表

序号	项目	权重	考核内容	分值	评分		备注
					自评	上级评定	
1	部门与团队建设	10%	能够科学地设置工作岗位，合理地分配工作任务，部门人员有团结协作精神	6 7 8 9 10			
2	目标与计划制订	15%	根据公司战略和上级领导指示，制订部门计划和目标，合理安排优先顺序和工作时间；为部属制定切实可行的、可衡量的和有期限的工作目标	6 7 8 9 10			
3	领导与激励	10%	能够激发部属工作热情，引导部属向既定目标发展，知人善任，赏罚分明，有威信	6 7 8 9 10			
4	决策及问题解决	15%	根据重要性、紧急性、收益性和可操作性进行决策，并能有效地组织实施，能够建立问题预防机制和措施，及时果断地处理突发事件	6 7 8 9 10			
5	沟通技巧	5%	能够简洁、清晰、有效、完整和有条理地与公司内部、部门和上下级之间，进行口头和书面意见的传输与表达	6 7 8 9 10			
6	绩效考核	10%	能够及时记录部属的工作表现，按公司考绩程序客观公正地开展绩效考核，考绩面谈和季度发展计划得到部属的认可	6 7 8 9 10			
7	培养部属	10%	能够为部属提供职业发展规划建议和支持，为部属制订年度辅导计划，经常给部属进行业务指导，部属工作能力提升明显	6 7 8 9 10			
8	组织协调	15%	能够果断地组织和指挥他人处理突发事件，科学部署工作，积极有效处理好部门内部、部门之间的工作关系，合理分配组织资源	6 7 8 9 10			
9	变革意识与学习能力	5%	能够针对公司的研发设计、市场营销、业务流程、管理流程、工作流程、工作品质和企业文化建设等工作方面进行改进、变革和创新，并带来成效	6 7 8 9 10			
10	以身作则	5%	严格遵守和执行公司的规章制度，维护公司利益，带头执行公司和上级领导的决定	6 7 8 9 10			

某公司员工月度考核表

被考核人：＿＿＿＿＿＿ 岗位名称：＿＿＿＿＿＿＿＿ 考核周期：

<table>
<tr><th>考核项目</th><th>考核指标</th><th>员工自评
（满分 100）</th><th>上级评分
（满分 100）</th><th>理由说明
（90～100 分或
60 分以下）</th></tr>
<tr><td rowspan="3">工作业绩
（70%）</td><td>目标达成率（30%）</td><td></td><td></td><td></td></tr>
<tr><td>工作完成质量（20%）</td><td></td><td></td><td></td></tr>
<tr><td>工作完成及时率（20%）</td><td></td><td></td><td></td></tr>
<tr><td rowspan="2">工作态度
（30%）</td><td>主动、积极性（10%）</td><td></td><td></td><td></td></tr>
<tr><td>责任心（20%）</td><td></td><td></td><td></td></tr>
<tr><td>员工评分
合计</td><td></td><td>上级评分
合计</td><td></td><td></td></tr>
<tr><td>最终得分</td><td colspan="4"></td></tr>
<tr><td>奖金系数</td><td colspan="4">＝（员工评分合计×30%）＋（上级评分合计×70%）＝</td></tr>
<tr><td>绩效面谈</td><td colspan="4">直接主管签名：＿＿＿＿＿ 被考核者签名：＿＿＿＿＿ 日期：＿＿＿＿＿＿＿＿</td></tr>
<tr><td>人力资源中心审核意见</td><td colspan="2"></td><td>上级主管核定意见</td><td></td></tr>
</table>

项目五

绩效考核方法

学习目标

知识目标

（1）了解绩效考核方法的概念及特点。

（2）熟悉各种绩效考核方法的优缺点及适用性。

（3）掌握各种绩效考核方法的操作步骤。

能力目标

（1）能够熟练运用各种绩效考核方法。

（2）能够准确分析绩效考核结果。

思政目标

（1）培养严谨细心、认真负责的工作态度。

（2）树立客观公正的意识，过程评价和结果评价并重。

思维导图

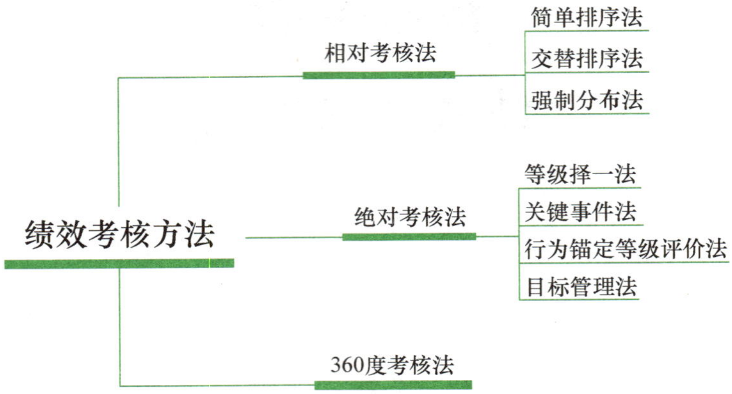

项目引例

G是某企业生产部门的主管，今天她终于完成了对下属人员的绩效考评，并准备将评价结果交给人力资源部。

该绩效评价表格标明了每位员工的工作数量、质量和合作态度等。表中的每一个特征都分为五等：优秀、良好、一般、及格和不及格。表中还显示所有员工都完成了本职工作。除了S和L两名新员工外，其他员工还完成了G交给他们的额外工作，因此G给其他员工的工作量都打了“优秀”。由于X曾对G做出的一个决策表示过异议，因此在合作态度一项，X被评为“一般”，但考虑到意见分歧只是工作方式方面的问题，所以G没有在表格的评价栏上进一步说明。另外，针对D家庭比较困难，G有意识地提高了对他的评价，想通过这种方式让D多拿绩效工资，将上级对下级的帮助落到实处。此外，C的工作质量不好，刚及格，但为了避免双方难堪，G把对C的评价提到了“一般”，这样，所有员工的评价分布于“优秀”“良好”“一般”。G觉得这样做可以使员工不至于因绩效考评低而产生不满情绪。同时，当上级考评自己时，下级的工作做得好，对自己的绩效考评也有利。

引例分析提示

绩效考核指标体系确定后，如何选用合适的绩效考核方法提高绩效评价的准确性呢？选用合适的绩效考核方法，可以获得准确的考核结果，进而为薪酬调整、培训开发和人员配置等人力资源管理决策提供重要依据。案例中部门主管对下属的考核评价随意，没有对关键事件进行描述说明，为了避免难堪而提高等级，这些做法都是不科学的。

任务一
用相对考核法分析考核结果

知识技能

课堂讨论

1. 如何选用合适的绩效考核方法来提高考核结果的准确性?
2. 相对考核法有哪些优点和缺点?

知识准备

绩效考核是对员工在工作过程中表现出来的工作业绩、工作能力、工作态度及个人品德等方面进行评价，并依此来判断员工与岗位的要求是否相称。一套好的绩效考核方法可以提高考核结果的准确性，并提供许多有效的信息，为薪酬调整、培训开发和人员配置提供重要依据。

绩效考核方法可以分为相对考核法和绝对考核法两大类，如图 5-1 所示。

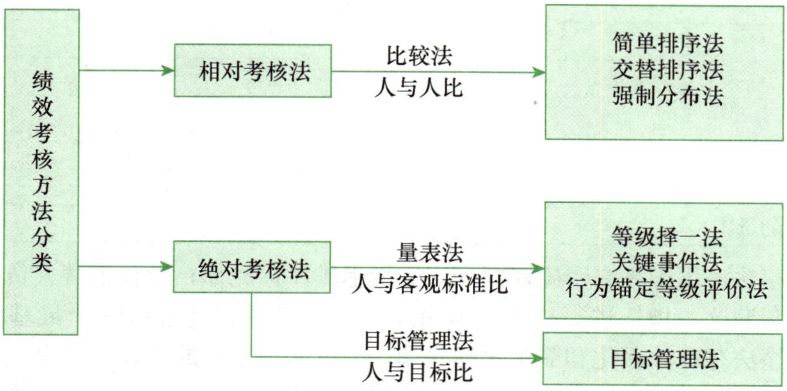

图 5-1 绩效考核方法分类

相对考核法也叫比较法，通过被考核人之间进行比较得出结果。主要包括简单排序法、交替排序法、强制分布法，下面重点介绍这几种方法。绝对考核表在本项目任务二中介绍。

一、简单排序法

（一）简单排序法的概念

简单排序法（Simple Ranking Method，SRM），亦称排列法、排队法、排名法，是一种相对比较的考核方法。主要是根据员工的整体工作表现，从绩效最好的员工到绩效最差的员工进行排序。

（二）简单排序法的做法

具体做法如下：选出最好的一个排在第一名，找出次优的排第二名，以此类推，直到将所有的员工排完为止。对难以区分出优劣好差的，可以并列排入。简单排序法可使用的样表见表 5-1。

表 5-1　简单排序法样表

部门：×××公司销售部	
员工人数：8 人	
排序得分说明：1 为最好，8 为最差	
方法：将绩效最好的员工姓名列在 1 的位置上，次优的员工姓名列在 2 的位置上	
等级排序	姓名
1（等级最高的员工）	
2	
3	
4	
5	
6	
7	
8（等级最低的员工）	

简单排序法适用于具有明确评判标准的指标排序。比如，考核销售人员的绩效，可以选取销售利润这一指标进行排序。但由于每一次排序只能选取一个最基本的衡量因素，所以排序法存在片面化和简单化的弊端。如对销售人员的考核，如果只考虑销售利润来排序，而放弃了开发新客户，或者忽视了团队建设，则有可能导致销售人员采用一切手段争夺贡献率高的老客户，对企业的长远发展产生不利影响。

二、交替排序法

（一）交替排序法的概念

交替排序法（Alternative Ranking Method，ARM），亦称选择排序法，是简单

排序法的进一步推广。交替排序法利用了人们“容易发现极端、不容易发现中间”的心理。交替排序法不仅用于上级评价，还可以扩展到自我评价、同级评价和下级评价中。

（二）交替排序法的做法

具体做法如下：第一步，在所有的员工中，首先挑选出最好的，然后找出最差的；第二步，找出次优的，然后找出次差者。以此类推，直至将被考核者全部排完为止。交替排序法的样本见表 5-2。

表 5-2 交替排序法样表

部门：______________	员工人数：8 人
评价所依据的要素：______________ 根据评价要素，将工作绩效最高的员工姓名列在 1 的位置，工作绩效最低的员工姓名列在 8 的位置；再将次好员工姓名列在 2 的位置，将次差员工姓名列在 7 的位置；以此类推，直到 8 名员工姓名都列出。	
评价最优员工： 1. ______________ 2. ______________ 3. ______________ 4. ______________	5. ______________ 6. ______________ 7. ______________ 8. ______________ 评价最差员工

三、强制分布法

（一）强制分布法的概念

强制分布法（Forced Distribution Method，FDM），亦称强制正态分布法、硬性分配法，即按照“中间大、两头小”的集中分布（通常是正态分布），对评价结果或考核者进行合并归类或归档。

（二）强制分布法的形式

强制分布法有两种形式：一种是直方图分布表示，即按直方图的形式按照归类归档要求将结果表示出来，如图 5-2 所示；另一种是百分比强制分布法，即用百分数的形式规定某评价档次人数占总人数的比率，如表 5-3 所示。

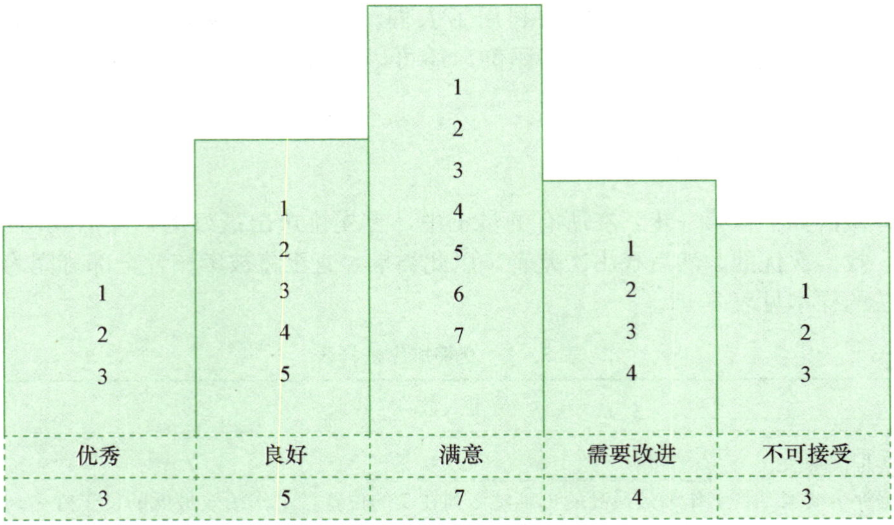

图 5－2　直方图强制分布法

注：阿拉伯数字表示强制规定的人数，即事先规定优秀 3 人，良好 5 人，满意 7 人，等等。

表 5－3　百分比强制分布法

等级	比例
优秀	10%
良好	20%
满意	40%
需要改进	20%
不可接受	10%

（三）强制分布法的优缺点

强制分布法的比例规定只是一个对总体比例的控制，具体到各部门，可以有一定的上下浮动。例如，有的部门可能只有几个人，很难严格按照比例分布进行评定。强制分布法的一个显著优点是等级清晰、区别明显，避免了宽厚性误差（不能给每个员工都评优秀）；其缺点是判定绩效的评分标准模糊，不能说明员工需要做什么，主观性较大。

实例分享

GE 公司的杰克·韦尔奇绘制出了著名的“活力曲线”，即按照业绩和潜力，将员工分为 A、B、C 三类，分别占比 20%、70%和 10%。

其中，A 类员工（20%）激情满怀，勇于担事，思想开阔，富有远见。他们不仅自身充满活力，而且有能力带动自己周围的人；他们能提高企业的生产效率，同时还使企业经营充满情趣。韦尔奇将他们称作具有“4E 领导力”的人：有旺盛的精力（Energy），能够激发（Energize）别人实现共同目标，具有对是非问题做出准确判断和果敢处理的决断力（Edge），以及坚持不懈地有效实现承诺的执行力（Execute）。四个 E 是由一个 P（Passion，激情）激发出来的。正是这种“激情”，也许是比其他任何因素都更为重要、更难能可贵的成功因素，也正是这个要素将 A 类员工和 B 类员工区别开来。对 A 类员工，要“奖励奖励再奖励”，提高工资、股票期权以及职务晋升。

B 类员工（70%）是公司的主体，他们的进步和提升是业务经营管理成败的关键，领导人的一项重要工作就是提醒他们每天思考一下自己为什么没有成为 A 类员工，并激励和帮助他们进入 A 类。对 B 类员工要根据具体情况确认其贡献，并提高工资。

C 类员工（10%）是那些不能胜任自己工作的人，他们往往打击别人，不能实现工作承诺，往往还要浪费管理者很多时间和精力来安抚他们，让一个人待在一个他不能成长和进步的环境里才是真正的野蛮行径或“假慈悲”。因此，对 C 类员工，不仅没有奖励，还要从企业中淘汰出去。

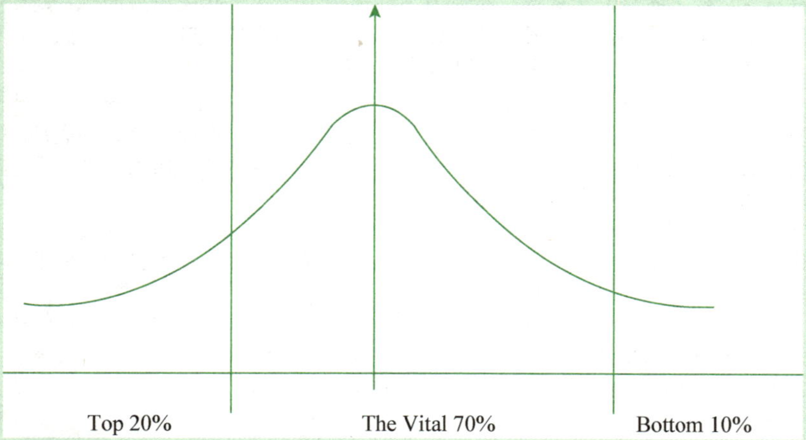

GE 公司的活力曲线

四、相对考核法的优缺点

相对考核方法都是人与人比，其优点是谁好谁差简单明了，对薪酬、职位调整具有决定作用；缺点是只能就某一衡量因素进行比较，具有片面性，而且在很大程度上取决于考核人对被考核人的看法，主观性比较大，这就需要考核人有能力做出客观公正的评价，使被考核人信服。

实操演练

任务要求

引例中，人力资源经理指出生产部门主管对本部门员工绩效考评存在的问题，并提出了修改建议。

使用所学的相对考核方法，对生产部门员工的绩效进行考评。

操作流程

第一步，确定考评等级。以 GE 公司的绩效考核标准为例，将员工的年度绩效结果分为杰出、优秀、良好、及格、不及格 5 个等级，见下表。

GE 公司的绩效考核标准（参考示例）

等级	描述	比例
杰出	具有超出完成正常工作定额的能力；经常对业务经营做出贡献，乃至成为某一领域的专家；能独立地用基础理论去解决本职工作以外的问题；曾被委托执行高水平的工作且成绩显著；在很困难的环境中工作也从未出现问题；能够及时抓住具有首创性、挑战性的工作目标，并取得成功。这个层级的员工属于精通业务、能稳妥处理事务、富有潜力的员工。	10%
优秀	在执行和完成具有挑战性工作目标时表现出色，每项工作都能及时、彻底地完成，成绩比预期的好，非常胜任本职工作，工作中能从全局出发；工作上值得信赖，只需稍加辅导和监督即可。	20%
良好	工作称职，具有足够的能力去完成所交予的工作任务，是承担项目的主要业务骨干；工作质量和数量都较好，不需要过多的辅导和监督。	40%
及格	经常不能满足所承担的职务的要求；不具备独立工作的能力，必须在辅导和监督下完成工作。若能适当调整工作，仍能够成为好职员。	20%
不及格	不能完成工作定额，生产的产品经常不合格；不具备独立工作的能力，过分依赖辅导和监督，自己不能做好工作；即使培训或调换工作，仍不会有好的表现。	10%

第二步，根据每个员工的考评成绩，从高到低排列。例如，10%的员工等级为杰出；排名在 10%～30%的员工等级为优秀；排名在 30%～70%的员工等级为良好；排名在 70%～90%的员工等级为及格；排名在 90%～100%的员工等级为不及格。

注意事项

1. 相对考核法只能就某一衡量因素进行比较，主观性较强。因此，要尽可能保证过程和结果的公平公正。

2. 强制分布法有助于避免考评者过分严厉或过分宽容的评估偏差，等级区别明显，克服了平均主义。适用于大企业的年终考评，不适合小范围内使用，如果某部门只有三五个人，每个人工作表现都不错，强制排列可能导致员工不认可，认为没有如实反映绩效。

任务二
用绝对考核法分析考核结果

知识技能

课堂讨论

1. 如何选用客观的绩效考核方法来评价工作绩效？
2. 试比较说明各种绩效考核方法的优缺点。

知识准备

绝对考核法即通过被考核人与客观标准或目标相比来评价结果。主要包括等级择一法、关键事件法、行为锚定等级评价法、目标管理法等。

一、等级择一法

等级择一法（Rank Alternative Method）即用有等级含义的短语来表示评价尺度，采用一些有等级含义的短语来表示各等级的内涵，然后由考评者根据被考评者的实际状况决定被考评者属于哪一个等级。

等级择一法使用方便而且开发成本小，没有烦琐的计算和深奥的专业考核尺度，一般人员都能快速掌握，是一种常用的考评方法。

等级择一法的缺点是：采用较为抽象的评价尺度，对员工工作行为的指导性较差；难以为绩效反馈提供具体的、易于接受的信息；对落实公司总体目标难以起到较大的作用。等级择一法量表见表 5-4。

表 5-4 等级择一法量表

被考核者		所属部门		考核者		考核日期	
考核指标	权重（%）	优秀	良好	满意	需要改进	不可接受	得分
工作数量	15						
评语							

续表

被考核者		所属部门		考核者		考核日期	
考核指标	权重（%）	优秀	良好	满意	需要改进	不可接受	得分
工作质量	15						
评语							
专业知识水平	10						
评语							
合作精神	20						
评语							
可靠性	15						
评语							
创造性	15						
评语							
工作纪律	10						
评语							
总得分							

二、关键事件法

关键事件法（Critical Incident Method，CIM），亦称重要事件法。关键事件是指那些会对部门整体工作绩效产生积极或消极的重大影响的事件。关键事件一般被分为有效行为和无效行为。关键事件法要求评价者平时通过观察及时记录下员工的各种有效行为和无效行为。应该注意的是，关键事件是指与被评价者的关键绩效考核指标有关的事件。因此，关键事件法重点强调观察、书面记录员工所做的事情、有关工作成败的关键事实。

例如，对客户经理进行评价，客户经理的一项关键绩效考核指标是获得客户的满意。针对这项关键绩效考核指标，他的主管人员记录下这样两类关键事件——

好的关键事件：该客户经理耐心地倾听客户的抱怨，回答客户的问题，认真地检查客户返回的产品，有礼貌地向客户做出解释和道歉，并立即给客户签署了退货单。

坏的关键事件：在业务最繁忙的季节里，该客户经理在休息时间过后迟到了 30 分钟才到办公室。他错过了4个来自客户的电话，并且已经有2名客户焦急地等在会客室中，他们是按照约好的时间来访的。

关键事件法，其核心作用是为绩效评价和绩效反馈提供充分的事实依据。通常情况下，关键事件法不会单独使用，往往与其他各类考核方法结合使用。关键事件法的优点在于：（1）为考核者提供了客观的事实依据；（2）具有较大的时间跨度，可以贯穿考评期的始终，是员工一年内的表现，不是短期表现；（3）考核的内容是下属特定的行为；（4）与年度、季度考核计划结合在一起，可以有效弥补其他方法的不足，为其他考核方法提供依据和参考。关键事件法的缺点有：观察和记录费时费力，无法在员工之间横向比较，无法为员工奖金的分配提供依据，容易因上级对下级的过分监视造成关系紧张等。

在使用关键事件法时，有一个关键的步骤就是将关键事件记录下来。推荐使用STAR法（星星法），即将记录的关键事件从情境、目标、行动、结果四个方面来描述。

S——Situation（情境），这件事情发生时的情境是什么。

T——Target（目标），为什么要做这件事情。

A——Action（行动），当时采取了什么行动。

R——Result（结果），采取这个行动获得了什么结果。

实例分享

李丽是某公司的物流主管。物流主管主要负责将客户从海外运来的货物清关、报关，并把货物提出来，然后按照客户的要求运到客户那里，并保证整个物流的顺畅。

这家公司很小，共有20位员工，只有李丽一人负责这项工作，公司里除了她再没有人熟悉这项业务了。可是在进行完一月份考评后，二月份就发生了一件事情：李丽80多岁的祖母半夜里病逝。她从小由祖母带大，祖母的病逝使她很悲伤。碰巧第二天，客户有一批货从美国运来，并要求清关后，在当天18点之前准时运到客户那里，而且这是一个大客户。李丽怎么做的呢？她把家里的丧事放在了一边，第二天早上9点准时出现在办公室，她的经理和同事都发现，她脸色铁青，精神也不好，一问才知道她家里出了事。但是她什么话也没有多说，一直忙着做进出口报关、清关的手续，把货及时从海关提出来，并且在17点钟就把这批货发出去了，及时送到客户那里。17点时她就提前下班走了，回去料理祖母的丧事，可公司却是18点才下班。

这是一个关键性事件，如果这件事她的部门经理没有发现，没有记下来，或者人力资源部也没有发现，那么在其他员工眼里，18点下班，她17点就走了，会认为她早退。但是如果部门经理善于观察，及时发现了这件事情，并知道了事情的原委，他会发现这是件很感人的事情。如果不是李丽的祖母去世，那么帮助客户快速办理货物就是一个物流主管正常的工作，是不会被记录下来的。但她置个人的事情于不顾，首先考虑到公司的利益，为了不让客户流失，克服了种种困难出现在办公室里，并提前完成了任务。这是要加分的一件事情，应当把这件事情记录下来。

S（情境）——李丽的祖母头一天晚上病逝。

T（目标）——为了第二天能把一批货完整、准时地运到客户那里。

A（行动）——她置个人的事情于不顾，准时出现在办公室，提前一个小时把货发出去了。

R（结果）——客户及时收到了货，没有损害公司的信誉。

三、行为锚定等级评价法

行为锚定等级评价法（Behaviorally Anchored Rating Scale，BARS），也称行为定位法、行为定性等级量表法或行为定位等级法，是基于关键事件的一种等级量化的评价方法，是关键事件法的进一步拓展和应用。行为锚定等级评价法将关键事件和等级评价有机地结合在一起，对每个等级运用关键事件进行行为描述，通过一张行为等级评价表，可以记录在同一个绩效维度中存在一系列的行为，每种行为表示这一维度中的一种特定绩效水平，将绩效按等级量化。因此它结合了关键事件法和等级评定法两者的优点。表 5－5、表 5－6 分别是对教师课堂教学技巧、销售部经理管理能力进行评价的行为锚定量表。

表 5－5　教师课堂教学技巧考核表

评价要素：课堂教学技巧	
定义：课堂教学技巧主要是指教师在课堂上有效地向学生传授教学内容的技巧	
等级	描述
9	使用多样化的教学方法，提高学生的自我学习能力。例如，有些内容采取让学生来讲解、教师点评的方法
8	鼓励学生提出不同的意见，引导学生进行创造性的思考
7	能将具有关联性的问题前后联系起来讲解，使学生形成完整的知识体系
6	讲解某些问题时，使用恰当的例子
5	讲解问题时重点突出
4	使用清楚、容易理解的语言讲课
3	对稍有难度的问题讲不清楚，并且对学生的不同意见不接纳
2	讲课乏味，枯燥，照本宣科
1	经常讲错一些重要概念

表 5-6 销售部经理管理能力绩效考核表

评价要素：销售部经理管理能力	
定义：销售部经理对销售人员的管理能力及成效	
等级	描述
9	能全权领导一个全天办公的电器销售营业部，并能把其中两名新工作人员培养成本部门的优秀人员
8	充分信任销售人员，并把很多重要工作交给他们，使他们具有很强的责任心
7	能够胜任培训销售人员的工作任务，满足每期的培训计划和培训大纲的要求
6	能够听取销售人员所提出的意见和合理化建议
5	能够及时提醒销售人员热情接待客户和用户，认真遵守工作纪律，在店面不交头接耳和闲谈
4	根据销售部的实际情况，能够制定并修订本部门的规章制度（在可能引起不满的情况下）
3	不论下属个人情况如何，都要求下属坚守岗位，甚至在其有身体不适或有私事要做的时候
2	能收回对某人某事的承诺，如下属曾被告知如果其对现在工作岗位不满意，可以调回原岗位的承诺
1	在可能违反公司薪酬制度的情况下，根据本部门销售情况，确定员工的薪资水平

建立行为锚定式评定量表的步骤如下：

第一，选定绩效评价要素。选取需要评价的要素，并对其内容进行界定。

第二，获取关键事件。由对工作比较熟悉的人（任职者或任职者的主管）提供一些关键事件，包括工作做得好的关键事件和工作做得不好的关键事件。

第三，将关键事件分配到评定要素中去。

第四，由另外一组对工作同样了解的人对关键事件重新审定、分配和排序。将这一组与前面一组对关键事件的分配基本一致（如，80%以上）的关键事件保留下来，作为最后使用的关键事件。

第五，评定关键事件，审核分配到各个要素的各个等级上的关键事件是否可以代表各自的要素和等级。

四、目标管理法

目标管理（Management by Objective）是由美国管理专家彼得·德鲁克于 1954 年在《管理的实践》一书中提出的，根据德鲁克的观点，管理必须遵循的一个原则是：每项工作都必须为达到总目标而展开。

目标管理法的核心是由员工和主管共同协商制定个人目标，个人目标依据企业目标和部门目标确定，以制定的目标作为考核依据，从而使个人目标与组织目标相一致。

目标管理法的应用步骤为：

第一，战略目标设定。考核期内的目标设定，首先是由组织的最高层开始，由最高层制定总体的战略规划，明确总体的发展方向，提出企业中长期战略目标和年度目标。

第二，分解目标，逐级传递，制定被考核者的工作目标。制定目标时，指标不宜过多；目标应是可观察、可测量的，例如：制定销售目标时，要用“将销售量提高10%”，而不是“努力提高销售量”；长期目标与短期目标共存；目标由管理者和员工共同参与制定；共同制定目标实现的步骤和时间框架。

第三，实施控制，必要时管理者和员工可根据业务或环境变化修改或调整目标。

第四，评价期间结束时，评估目标的完成情况。

第五，管理者和员工共同制定下一考核周期的工作目标和绩效目标。

实操演练

任务要求

引例中，人力资源经理指出生产部门主管对本部门员工绩效考评存在的问题，并提出了修改建议。

使用所学的绝对考核方法，对生产部门员工的绩效进行考评。

操作流程

以行为锚定等级评价法为例：

第一步，选定绩效评价要素。如选取准备工作作为评价要素，并对其内容进行界定。

第二步，获取关键事件，并将关键事件分配到评定要素中去。例如，请车间主管或工人提供一些关键事件，包括时间、物料、检查等准备工作开展情况，并分配到评定要素中。

第三步，通过讨论和审定，确定关键事件。

第四步，评定关键事件，看看分配到各个要素的各个等级上的关键事件是否可以代表各自的要素和等级。

参考示例见下表。

生产车间工人准备工作考核表（参考示例）

评价要素：准备工作的充分性	
定义：准备工作是指生产工作开始之前，做足必要的准备	
等级	描述

续表

7	总是提前开始工作，带齐工作所需的所有装备才去工作，穿戴整齐，在点名之前抽出一段时间检查上一班巡逻人员的活动以及各种新的公文。在点名过程中，将上一班巡逻人员的活动记录下来。
6	总是提前开始工作，带齐工作所需的所有装备才去工作，穿戴整齐，在点名之前检查上一班巡逻人员的活动情况。
5	提前开始工作，带齐工作所需的所有装备，穿戴整齐。
4	按时参加点名，带齐工作所需的所有装备，穿戴整齐。
3	在点名时还没穿戴整齐，没有带齐工作所需的所有装备。
2	点名时迟到，不检查装备或车辆是否存在损坏或需要修理的地方，不能在点完名之后立即去工作，而是不得不回到储物间、车上取齐必要的工作装备。
1	大多数时候在点名时间之后才赶到，不检查装备或车辆，也没有带齐工作所需的装备。

注意事项

1. 从改善绩效作用来说，目标管理法和关键事件法较为理想。注意目标制定的具体化和可行性，关键事件法为考核提供了事实依据，一般不会单独使用，往往与其他各类考核方法结合使用。

2. 考核者在使用量表评定等级时，容易产生晕轮误差和趋中误差。行为锚定等级评价法将量表上的等级尺度与行为表现的具体文字描述一一对应，通过行为表述锚定等级，使考评标准更加明确。

任务三
用360度考核法分析考核结果

知识技能

课堂讨论

1. 如何消除单一评价主体的个人偏好和主观意见偏差？

2. 为保障公平公正，全面获取各方信息，参与绩效评估的主体可以由哪些人组成？

知识准备

360 度考核法，又称全视角考核方法，是指由被考核者的上级、同级、下级和（或）客户以及被考核者本人担任考核人，从多个角度对被考核者进行全面的评价，再通过反馈程序，达到改变行为、提供绩效等目的的一种考核方法。

一、360 度考核主体的确定

360 度考核是针对特定的个人（通常是管理人员），由包括被考评者自己在内的多方面考评者来进行评价。360 度考核是帮助一个组织成员（通常是管理人员）从与自己发生工作关系的所有主体那里获得关于个人绩效信息反馈评价的过程，这些信息包括：来自上级监管者的自上而下的反馈评价；来自下属的自下而上的反馈评价；来自平级同事的反馈评价；来自本人的反馈评价；来自内外部客户和供应商的反馈评价。如图 5－3 所示。

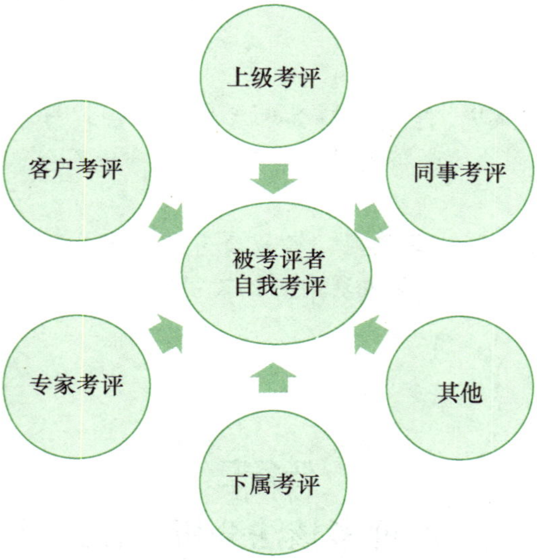

图 5－3　360 度考核主体示意图

360 度考核从多角度反映被考评者的绩效行为，使得考评结果更加全面、客观和公正。360 度考核不仅把直接上级的评价作为员工绩效信息的来源，而且将在组织内部和外部与员工有关的所有主体（包括员工本人）作为提供反馈信息的来源，这就增加了绩效评价和信息反馈的多主体性和全面性要求，在具体操作上更加科学和严谨。

360 度考核并非强调面面俱到。其核心要点是发挥相关考核主体的优点，克服其缺点，让最了解被考评者或其某一方面绩效行为的人来进行考核反馈。表 5－7 是对不同考评主体优缺点的分析。

表 5-7 不同考评主体的优缺点分析及比较

考评主体	优点	缺点
上级	了解企业发展战略与规划，具有明确的目标导向，熟悉企业业务流程和被考评者的工作重点与绩效要求，掌握全面信息	受个人判断能力和管理水平影响大，主观性强
下级	有利于上级详细了解具体业务需求和下属意见，促进上级管理者诊断和改进领导风格，获得基层第一手信息	可能因为从属关系而产生顾虑，不敢或不便反映真实的意见与信息，有时还可能出现故意贬低或曲意逢迎的情况
同事	彼此熟悉，对工作进程比较了解，评价和反馈意见针对性强，有利于改进绩效和团队协作	受组织文化、公司政治影响大，客观性、公正性需要通过一定的技术程序来保障
本人	最了解自己的工作情况和绩效行为，有利于及时改进和提高，对个人发展和组织承诺抱有积极期待	不易做到严于律己，由于利益驱动可能偏向于自我表扬和自我保护，还有可能过于保守，主观性和封闭性较强
客户	客户是企业服务的对象，也是利润来源，评价意见与反馈信息对公司和员工具有决定性意义，客观公正性强	比较分散，评价意见与反馈信息不易收集，可能需要花费较多的时间和精力，对日常经营管理和信息技术要求高
专家	掌握系统科学的绩效评价技术方法，能准确理解企业战略和绩效要求，比较全面地了解企业业务和人员状况，具有较强的科学性、客观性、公正性和时效性	对专家的选择和工作要求高。如果是深入企业的咨询专家，其评价意见与反馈信息就很有意义，否则可能流于形式、主观片面

实例分享

为了使绩效评估有更广阔的发展前景，结合员工发展的需要，强生公司建立了一个新的 360 度考评反馈系统。新系统使员工能够将自己的理解与上级、同事、下属和外部客户的观点做比较。

公司的管理人员认为贯彻这一系统的关键是选择适当的评估执行人。为了组建一个评估执行人群体，强生公司的员工列出与其交往的外部和内部关键客户，从中推选出 5～10 名组成评估执行人群体。每个员工的上级依然对评估负有最终的责任，同时还要确保员工所选的评估执行人适当，这么做可以防止被评估者选择支持他的客户或同事以求得较高的评定等级。

一旦经理决定了评估执行人人选，评估分类也应该做出清晰的定义。由于上司最了解员工个人的工作任务和目标，因此其他各类评估人员最好评估他所能够直接观察到的员工工作行为。强生公司的 360 度评估表包括员工是否：

- 在解决问题、做出决定和满足客户需求时具有时间观念？
- 清晰表达他的需求/期望？
- 与其他员工共享信息或帮助他人？
- 倾听其他员工的建议？
- 为满足未来需求而制订计划？
- 按计划执行任务？

评估人按照1（需要提高）～5（非常优秀）的评定等级对员工的上述项目进行评级。同时，评估人还可以在空白处填写评语。

员工的上司负责对资料进行整理，并做出最终的绩效评定。这一评定代表了不同评估者的意见和上司对员工工作的反馈。特别地，经理将得出一个平均分及其在各项的分布。

根据公司的经验，反馈不能仅仅看其表面价值。比如，当评估者给出极端高或者极端低的绩效评定结果时，必须引起高度注意。强生公司的经理人员认为，关键是要找出数据的变化趋势或模式。如果评估者的反馈信息比较模糊或存在问题，那么经理人员可以要求同一个评估者或其他评估者给出附加的反馈信息。经理人员在总结了全部数据之后，就可以安排正式的评估面谈了。

为了确保公正，评估者可以选择对他评估的反馈信息公开或匿名。如果评估者要求对他所提供的信息匿名，那么经理人员在评估面谈时必须确保这一点。然而，如果评估者愿意公开他的评估信息，则经理人员可以在评估面谈时引用评估者的反馈信息。

通过这种方式，公司期望360度绩效评估不仅是一个评估工具，更是一个促进交流、提高员工自身发展和改进工作的综合体系。

二、360度考核的实施步骤

在实施360度考核之前，首先要确定考核需要完成的目标，通过回答下面一些问题来确定多维度评价的焦点和适用的评估方法：

（1）是否希望被考评者增强对自身优势和发展领域的认识？

（2）是否希望被考评者在一项或多项素质技能方面更精通？

（3）是否希望被考评者对他们的上级、同事更信任，更乐于合作，维持良好的关系？

（4）这项反馈会给个人特定的、可测量的绩效行为带来关键的改变吗？

（5）是否在意多方参与的360度考核可能导致管理成本增加？

明确预期目标之后，进入360度考核评价环节：

第一步，确定考核主体。考核主体一般包括被考评者、上级领导、直接下级、同事或团队成员和其他的相关人员，以及内外部客户。不同考核主体可能强调个人素质能力和绩效行为的不同方面，比如上级领导趋于强调结果绩效和技术能力，而同事则更可能强调内部协作和人际关系等因素。

第二步，确定不同考核主体评分的权重。对不同的考核主体分别赋予不同的权重，一般来说，服务对象的权重最大。

第三步，确定不同考核主体的评价内容。确定不同考核主体分别在什么方面最具有发言权或最感兴趣。例如，业绩指标要与岗位职责密切挂钩，并且事先确定，尽可能量化和具体化，主要由直接上级来考核；发展指标与岗位要求挂钩，并与公司的价值观念、职业生涯规划联系，应由对被考核者比较了解的相关人员来考核，可以是上级、专家、同事、人力资源部门，也可以是下级或相关合作部门。

360 度绩效考核

实操演练

任务要求

对教师工作绩效的准确考核，可以帮助教师更快成长，帮助教师提高教学质量进而提升学生学习效果。

请设计教师 360 度考核体系，明确多元考核主体及不同主体的考核评价内容和所占权重。

操作流程

第一步，确定考核主体。对于教师工作绩效的考核，可由上级、同级、学生、专家和教师本人担任考核人，开展 360 度绩效考核。

第二步，确定不同考核主体评分的权重。学生作为教师最重要的客户或受众，对教师教学工作绩效的评价是最有发言权的，因此学生评分权重占 40%；接下来是上级，占 30%；同级、专家和被考核人自评分别占 10%。

第三步，确定不同考核主体的评价内容。以下表格依次列出了学生、上级、同级、专家以及被考核人自我评价内容，并附了评分结果。请学生认真做一遍，将表中错误的地方圈出来并改正。

教师工作绩效考核表（学生用权重：40%）

教师姓名及成绩：86×40%=34.4

项目		评估内容	项目评分			
			10	8	6	4
			优	良	中	差
教学态度	1	认真备课、授课，按要求布置作业并及时细心批改，组织好课堂讨论、考试、实践等教学环节		√		
	2	为人师表，教书育人，关心并严格要求学生	√			

续表

<table>
<tr><td rowspan="3" colspan="2">项目</td><td rowspan="3">评估内容</td><td colspan="4">项目评分</td></tr>
<tr><td>10</td><td>8</td><td>6</td><td>4</td></tr>
<tr><td>优</td><td>良</td><td>中</td><td>差</td></tr>
<tr><td rowspan="3">教学过程</td><td>3</td><td>讲授熟练，条理清楚，能够深入浅出，重点突出</td><td></td><td>√</td><td></td><td></td></tr>
<tr><td>4</td><td>板书清楚、安排合理、详略得当、一目了然，讲课能抓住要领，语言生动、快慢适中</td><td></td><td></td><td>√</td><td></td></tr>
<tr><td>5</td><td>课堂上积极与学生互动（提问、组织学生讨论发言等）</td><td></td><td>√</td><td></td><td></td></tr>
<tr><td rowspan="3">教学能力</td><td>6</td><td>不断充实更新教学内容，吸取学科研究新成果，反映教学改革新动向，信息量大，有创新意识</td><td></td><td>√</td><td></td><td></td></tr>
<tr><td>7</td><td>在批改学生作业时，能给出较准确的评价，能指出作业中出现错误的原因及纠正的方法</td><td></td><td></td><td>√</td><td></td></tr>
<tr><td>8</td><td>教学方法灵活，善于运用教具和多种教学技巧教学，充分调动学生学习的积极性，启发学生思维</td><td></td><td>√</td><td></td><td></td></tr>
<tr><td rowspan="2">教学效果</td><td>9</td><td>学习后，学生较好地掌握所授知识，课后完成作业较顺利</td><td></td><td>√</td><td></td><td></td></tr>
<tr><td>10</td><td>学习后，有助于学生分析问题、解决问题和联系实际能力的提高</td><td></td><td>√</td><td></td><td></td></tr>
<tr><td colspan="3">合计得分</td><td colspan="4">86</td></tr>
</table>

教师工作绩效考核表（上级用权重：30%）

教师姓名：83×30%=24.9

项目	序号	具体要求及评分细则	满分	评分
政治态度	1	会议、政治学习时间保证。缺席一次、记录缺一次扣0.5分。迟到、早退不给分	10	9
	2	参加会议。缺席一次扣0.5分	5	4
	3	对学生的知识掌握及身心健康全面负责。如对学生进行行为规范教育、安全教育，对相关班级的早操进行管理（少一次扣0.5分）	5	5
敬业爱岗	4	分管工作，活动正常得2分。有计划、总结且资料齐全得3分	5	4
	5	学校及上级布置的工作，不完成一次扣1分，扣完为止	5	5
	6	工作责任心强，出全勤。或遵守请假制度，并坚持早到校，一心扑在教育事业上	5	3
	7	积极参加培训。教研活动，次次参加，听课笔记达到规定次数（缺1次扣1分）	5	5

续表

项目	序号	具体要求及评分细则	满分	评分
遵章守纪	8	自觉遵守国家法律法规，不参加赌博等活动，言行不损害学校形象	5	5
	9	拒不服从学校工作分配者不得分。工作讨价还价或答应以后不按质完成，酌情扣分	5	5
	10	遵守请假制度。无故旷工，该项不得分	5	5
	11	事假半天、病假一天扣 0.5 分；每月迟到、早退 4 次以上超 1 次扣 0.5 分；擅离岗位 1 次扣 0.5 分；发生教育事故造成不良影响者，该项不得分	5	2
	12	值周值日，到岗尽职。环境整洁，偶发事件处理及时，记录翔实，酌情给分；失职造成重大事故，不得分	5	5
热爱学生	13	工作负责，与家长保持经常性联系。家长满意度高	5	3
	14	对差生辅导及时，辅导有记录、有效果	5	2
	15	尊重学生的人格，不剥夺学生的学习权利。对学生无体罚或变相体罚现象	5	5
廉洁从教	16	主动热情接待来访者。不向学生家长索取财物。不以获利为目的向学生推销产品	5	4
	17	上班时间不从事第二职业	5	4
为人师表	18	以身作则，语言文明，礼貌待人，文明办公。仪表举止端庄，不追求与教师身份不符的打扮	5	5
	19	集体荣誉感强。积极工作，积极宣传学校的成绩，言行规矩。同事间制造是非、打击先进的，酌情扣分	5	3
总分			100	83

教师工作绩效考核表（自评用权重：10%）

教师姓名：<u>90×10%=9</u>

一级指标（分值）	序号	二级指标（分值）	参考指标	评分
师德规范（10）	1	政治学习 依法治教（2）	积极参加政治学习和业务进修，参加各类学习和仪式时不做与主题无关的事；遵守学校各项制度；以身立教，躬身践行，遵纪守法，坚持原则，尊重学生的人格，严禁体罚或变相体罚学生。以自身高尚的道德情操陶冶和教育学生，做学生的良师益友	2

续表

一级指标（分值）	序号	二级指标（分值）	参考指标	评分
师德规范（10）	2	工作态度 公正廉洁（2）	勤奋工作，乐于奉献；实事求是，坚持原则，服从学校的工作安排，工作积极主动；平等对待每一位学生；廉洁从教，不利用职责之便谋取私利；不把自己承担的教育责任推卸给家长。维护学校的声誉	2
	3	仪态大方 文明修养（2）	整洁大方，体现教师形象和修养，衣饰得体，言谈高雅，举止文明，维护学校荣誉，努力创造团结协作、和谐向上的文明校风	2
	4	热爱学校 社区服务（2）	热爱学校，关心集体；讲有利于学校团结、进步、发展的话，做有利于学校团结、进步、发展的事；提倡爱心与奉献，积极参与所在社区公益服务活动，为社区内有需要的学生提供义务教育咨询和辅导，积极参与义务献血、捐赠和文明单位共建等活动	2
学识业务（10）	5	学历 指导教师（5）	学历：本科 0.5 分，硕士及以上 1.5 分；积极参与指导青年教师，认真负责，成效突出 3 分	4
	6	教研论文 科研课题（5）	全程积极参与市、区级科研课题的研究活动，并有论文或教育教学案例、教案说明、课件等可以展示的文件和资料等成果（3 分）；积极参与学校组织的课题研究活动，在一定程度上改进现有的教育教学实践（2.5 分）。参与校本课程的研究活动，成效明显（0.5 分）	3
教育能力（60）	7	关心同学 关系融洽（10）	关心爱护全体学生，尊重学生人格，能经常找同学谈心，指导帮助学生，结合教材，对学生进行思想品德教育、行为规范教育	8
	8	主动沟通 共同管理（10）	与所任教班的班主任经常沟通，共同分析学生思想、心理等状况，相互配合，促进学生全面发展。与家长沟通，参加家长会或家长接待会	9
	9	参与活动 融入集体（10）	能关心学生组织的班会、社团、社会实践等活动，每学期至少参加 2 次，准时参加年级组任课老师会议。认真负责晚自修值班	6

续表

一级指标（分值）	序号	二级指标（分值）	参考指标	评分
教育能力（60）	10	教学常规 职业规范（10）	认真执行各项教学常规制度，面向全体学生，热情帮助学生，对有学习困难的学生进行辅导答疑，学生反映良好。充分利用教育资源，关注控制教育成本，努力提高教育效益	8
	11	课堂教学 实践探究（10）	认真执行课程标准，注重三维目标的整体设计，精心组织教学内容和教学过程，促进学生学习方式的改善，充分利用数字化课程资源和信息化环境，促进学科整合和网络协同学习	6
	12	校本教研 专业进修（10）	积极参加各级各类学科活动和业务学习，能承担各类公开课的教学任务，分析和反思自己的教育理念、教学态度、教学行为和教学效果，提高教学与研究能力，按规定完成新一轮教师培训课程，提高教师素养和专业水平，努力承担各项教研任务，完成教科研项目，优势互补，资源共享，具有团队合作精神	8
主要成果（20）	13	论文课题 发表获奖（5）	全国或市级获奖（5 分）；区级或学会获奖（3 分）；核心刊物发表（3 分）；一般刊物发表（2 分）；内部刊物发表，对教育实践经验进行总结（2 分）	8
	14	教育质量 成绩显著（5）	任教班级学生高考成绩在全市名列前茅（5 分）；任教班级学生学习成绩有显著提高（4 分）；任教班级学生学习成绩有进步或在年级组名列前茅（3 分）	7
	15	公开教学 市区评价（5）	全国或市级公开课教学获奖（5 分）；区级公开课教学获奖（3 分）；校级公开课教学获奖（2 分）	6
	16	指导学生 竞赛得奖（5）	获全国等第奖或市级团体等第奖（5 分）；获市级等第奖（4 分）；获其他等第奖（2 分）	9
合计				90

教师工作绩效考核表（专家用 10%）

教师姓名：87×10%=8.7

<table>
<tr><th>听课人</th><th>任课教师</th><th>职称</th><th>授课班级</th><th>上课地点</th><th>时　间</th></tr>
<tr><td>陈××</td><td>李××</td><td></td><td></td><td>西 214</td><td>8:30—12:00</td></tr>
</table>

<table>
<tr><td colspan="2">课程名称或
学习领域</td><td colspan="2">绩效管理实训</td></tr>
<tr><td colspan="2">课题</td><td colspan="2"></td></tr>
<tr><th colspan="2">评价项目</th><th>评价要素
A5　B4　C3　D2　E1</th><th>评　价</th></tr>
<tr><td rowspan="3">教学
准备
10%</td><td>执行计划</td><td>看授课计划，比对实际所讲内容
A 与授课计划相符
B 不符，差 1～2 次课
C 不符，差异大
D 未执行计划</td><td>5</td></tr>
<tr><td>教案</td><td>看教案
A 有，纸质
B 有，电子
C 有，待查
D 课件替代
E 没有</td><td>4</td></tr>
<tr><td>课件</td><td>看课件
A 有，恰当，效果突出
B 无，但不影响教学效果
C 有，课件制作水平一般，效果不突出
D 有，电子板书
E 没课件，但按课程及内容难易程度应该有课件</td><td>5</td></tr>
<tr><td rowspan="2">教学
实施
50%</td><td rowspan="2">教学引入</td><td>教师对学生常规及教学环境
A 有提示有检查有记录有点评，效果好
B 效果较好
C 效果一般
D 效果较差
E 没有关注</td><td>3</td></tr>
<tr><td>教师复习 引课阶段
A 复习、新课连接自然，教学目标及学习任务明确，很好
B 较好
C 一般
D 较差
E 很差</td><td>3</td></tr>
</table>

续表

评价项目		评价要素 A5　B4　C3　D2　E1	评　价
教学实施50%	教法手段	A 符合行动导向的教学模式 B 传统方法，但也注意对学生能力培养，且有一定的效果 C 效果一般 D 效果较差 E 效果很差	4
		A 注意利用各种教学资源及教学媒体，且能够科学合理使用，效果好 B 效果较好 C 效果一般 D 效果较差 E 根本不用	3
	德育教育	A 教学中注意将对学生的职业道德教育有机融入学习内容中，且效果好 B 效果较好 C 效果一般 D 没有关注这个问题	5
	教学组织	A 关注为每个学生提供平等参与机会，对学习活动进行有针对性的指导 B 较好 C 一般 D 较差 E 很差	5
		A 课堂控制力较强，能很好控制学生实施进程，很好地把握学生完成任务的步骤与节奏 B 较好 C 一般 D 较差 E 很差	4
	教学评价	A 注意对学生的学习情况及时评价，点评到位，面向全体，实事求是且能以此激发学生兴趣 B 较好 C 一般 D 较差 E 很差	4
	作业	A 使用课业或工单，任务明确，注意提升学生能力 B 课业或工单设计水平一般 C 书本问答，要求规范，作业内容有选择和设计 D 仅能做到有作业 E 无作业	4

续表

<table>
<tr><th colspan="2">评价项目</th><th>评价要素
A5　B4　C3　D2　E1</th><th>评　价</th></tr>
<tr><td rowspan="5">教师能力 20%</td><td>语言</td><td>A 衣着、发式得体；说话有亲和力，音调清晰；语言表达流利，且有幽默感，引人入胜
B 较好
C 一般
D 较差
E 很差</td><td>4</td></tr>
<tr><td>教态</td><td>A 教态自然，肢体语言适当，注意关注所有学生
B 较好
C 一般
D 较差
E 很差</td><td>4</td></tr>
<tr><td>应变</td><td>A 反应机敏，能妥当处理偶发或突发事件
B 较好
C 一般
D 较差
E 很差</td><td>4</td></tr>
<tr><td rowspan="2">板书</td><td>讲授课
A 课件与板书有机结合，且能发挥各自的长处
B 板书有设计，规范、整洁
C 有板书，缺乏设计、不美观
D 无板书</td><td>4</td></tr>
<tr><td>活动课
A 教师的演示和示范规范，教具使用适时适度，效果好
B 较好
C 一般
D 较差
E 很差</td><td>4</td></tr>
<tr><td rowspan="2">教学效果 20%</td><td>兴趣提高</td><td>A 老师调动了学生的学习兴趣，学习气氛热烈，学生参与度高，课堂互动性好
B 较好
C 一般
D 较差
E 很差</td><td>4</td></tr>
<tr><td>目标达成</td><td>听课者认为本次课
A 实现了教学目标，学生完成了教学任务，对所学基础理论、基本知识、基本技能掌握良好
B 较好
C 一般
D 较差
E 很差</td><td>5</td></tr>
</table>

续表

评价项目		评价要素 A5　B4　C3　D2　E1	评　价
教学效果20%	笔记	查看学生笔记 A 有，且教师对如何记笔记一贯有要求，有批改 B 有，但整体要求不够规范 C 少部分学生没有笔记 D 少部分学生有笔记 E 教师对笔记没有要求	5
	作业	A 有纸质作业，次数符合课时量，教师批改认真 B 较好 C 一般 D 较差 E 很差	5
	教学科研	A 发表过 3 篇以上论文与出版 1 本专著 B 发表过 2 篇以上论文与出版 1 本专著 C 发表过 1 篇以上论文与出版 1 本专著 D 发表过 1 篇论文 E 没有发表过任何论文与出版专著	4
沟通与交流		定性描述评价： 讲课幽默风趣，能调动班级同学积极发言，有较好的应变能力。 让同学亲手实践，更容易让学生理解。	
		改进建议： 应该多讲一些理论的东西，让同学更好地理解。	

教师工作绩效考核表（同级用 10%）

教师姓名：　74×10%=7.4

评估内容			项目评分			
			5	4	3	2
			优	良	中	差
教学态度	1	治学严谨，为人师表，严格考勤，教书育人		√		
	2	熟悉大纲，精通内容，备课充分		√		
	3	情绪饱满，教学心态较好	√			
	4	热心辅导学生自学，不厌其烦地帮助学生解答疑难问题	√			
	5	热爱学生，公平对待每一位学生，师生关系融洽	√			

续表

评估内容			项目评分			
			5 优	4 良	3 中	2 差
教学内容	6	内容充实，无知识性错误，各项教学所需技能熟练	√			
	7	条理清楚，重点突出，抓住并解决难点问题		√		
	8	知识容量适中，讲解速度适当，学生能接受		√		
	9	注意吸收本学科发展的新信息并更新教学内容		√		
	10	有系统性，并注意与相关课程内容的联系			√	
	11	注意思想性、科学性与人文性的统一，理论与实践相结合			√	
	12	按要求布置作业，并认真批改，指出错误原因及纠正方法		√		
	13	严格保密考试试题，判卷严格、公平				
教学方法	14	语言表达清晰、简洁，板书工整、规范		√		
	15	教学方法灵活，课堂活跃，善于调动学生的积极性；重视启发学生思维，培养能力，学生有思考操作的机会		√		
	16	精讲巧练结合，重视引导学生把知识转化为能力	√			
	17	结合教学内容的特点，采用合适的教具和多种教学技巧教学		√		
	18	面向全体，较好地维持课堂秩序，注意反馈调节，机敏处理偶发事件	√			
	19	教学过程结构紧凑，时间分配恰当，不拖堂		√		
	20	按时完成教学任务，达到教学目的，各层次学生都学有所得，对教学反映良好	√			
	21	发表过 3 篇论文与出版 1 本专著，并进入各个大中小企业调研，有过企业工作的经历		√		
合计得分						

注意事项

1. 360 度考核法强调的是一个相关利益群体共同参与管理的过程，同时也是一个帮助管理者和员工开发、提高管理能力的过程。

2. 360 度考核不仅把直接上级的评价作为员工绩效信息的来源，而且将在组织内部、外部与员工有关的所有主体（包括员工本人）作为提供反馈信息的来源，增加了绩效评价和信息反馈的多主体性和全面性，在具体操作上更加科学和严谨。

3. 不同的工作职能、工作特征决定了选取什么样的方法进行考评。可以从工作的程序化程度、工作的独立性程度和工作环境的变化程度三个方面进行考虑。当工作环境的变化程度和工作的独立性程度都很低但工作的程序化程度很高的时候，由于考核的客观性程度很高，使用绝对考核法，即将员工的工作情况与客观的工作标准相对照的绩效考核方法就比较合理。当工作环境的变化程度和工作的独立性程度很高但工作的程序化程度很低的时候，由于考核的客观性程度很低，因此适合用非结构化的各类考核方法，如使用相对考核法——人与人之间进行比较的方法更为合理。

项目六

绩效反馈

学习目标

知识目标

（1）了解绩效反馈的目的和方式。

（2）掌握绩效面谈的内容、流程及操作方法。

（3）掌握绩效计划的制订方法。

能力目标

（1）能够根据绩效管理目标，制定绩效反馈方案，包括面谈方案、面谈提纲等。

（2）能够组织实施绩效面谈，应用面谈技巧实现反馈目标并提升反馈效果。

（3）能够与面谈对象商定客观有效的绩效改进计划。

思政目标

（1）树立服务意识、人才培养意识，从服务企业发展、帮助员工成长发展的角度，全面开展绩效反馈工作。

（2）树立担当意识，实事求是地反馈；培养真诚、尊重、平等待人的良好习惯，建立良好的绩效反馈、沟通改进的氛围。

（3）培养换位思考的思维方式，站在员工角度思考问题原因，并选择适合对方的方式进行绩效的反馈沟通，提高绩效反馈效能。

思维导图

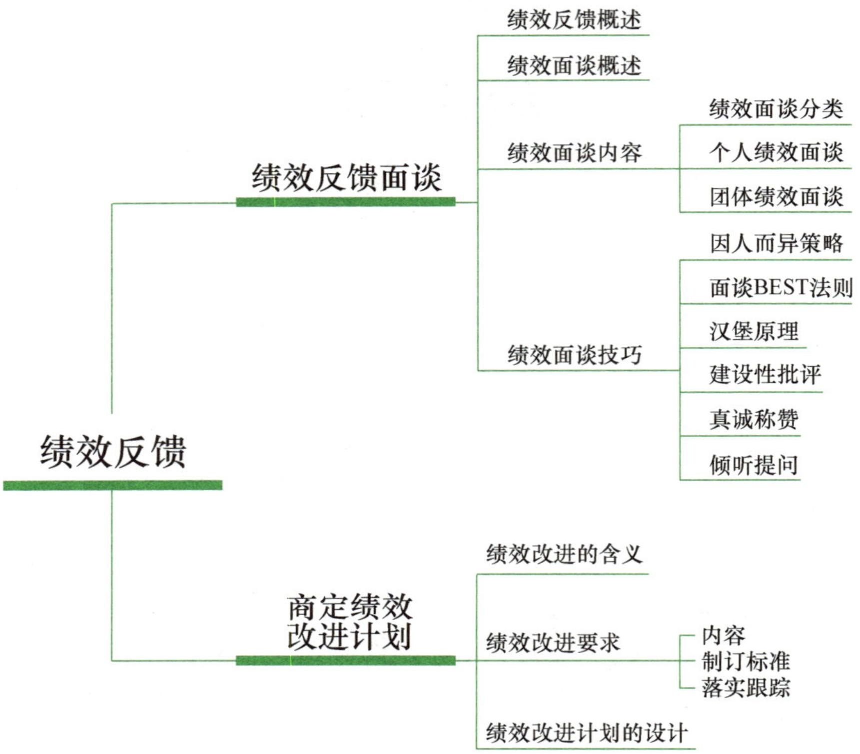

项目引例

企业人事主管绩效反馈面谈案例

人物：刘总，某制造型企业人力资源总监；王林，某制造型企业人力资源部人事主管，负责绩效薪酬和培训工作。

刘总：（匆匆寻找，自言自语）“王林刚才还在啊，你们有没有看到？（打电话）喂，王林啊，在哪里？到我办公室来一下，有个急事，赶快过来。”

王林：（匆匆赶来）“刘总，什么事情这么着急？我这里很忙，这个月的培训计划有点调整，正和A事业部孙总沟通呢。”

刘总：“那个事情先别着急，先坐，工作沟通嘛，缓缓没事，我这边上个月的考核截止时间快到了，这个工作是我们部门负责组织的，自己要是没按时完成，怎么去催其他部门呢，你说是吧。”

王林：“考核嘛！我做了的事情你反正知道，你看着办吧，别让我们吃亏就好。”（王林一副无所谓的态度）

刘总："你的工作好坏我心里有数，但程序也要走一下嘛！你先把上个月的工作谈一下吧。"

王林（瞪眼）："我不是已经把上个月的工作总结交给你了吗？"

刘总（惊讶）："是吗？我怎么没记得，我找找看。（刘总在一堆文件翻找）哦，你的这个工作总结写得太简单了，你还是讲讲吧！"

王林："我也没做准备，（稍微犹豫）我用一下这个吧。（从刘总手中拿过工作总结，开始讲）2019年12月年底，在公司领导的支持和帮助下，我基本完成了预定的KPI指标，工作总结上有数据，也有相关说明，你自己看吧，至于关键行为指标和临时任务指标，我的工作做了很多，也很忙，失误也是有的，主要是因为本人思想上不重视、工作能力有限。这个月我准备继续努力、发扬优点、改正缺点，争取不断改善。（作无辜状）唉，刘总，反正我的工作你也是知道的，我也不多说了。"

刘总："王林，你的工作我心里有数，你的成绩我也看得到，但是，你的缺点也有很多。比如说，上次去A事业部开会的时候，孙总就反映上个月的培训计划到现在还没有收到，由于没有培训计划，A事业部不知道该做哪些培训，所以上个月的培训一个也没做，这是你的责任吧？"

王林（作气愤状）："那个事情我和你也解释过了，我是太忙了给忘记了，我又不是故意的，这你也知道的，我手头那么多工作，一时忙不过来，忘记了也是能理解的吧，我下次记住就是了，在以后的工作中多加注意，不会再犯这样的错误了。"

刘总：（点头）"反正类似的事情以后你要注意，我以后不想再次听到这样的理由，好吗？还有，岗位说明书上规定，你有一条很重要的职责是组织实施和落实绩效管理制度。这个工作主要是由绩效薪酬专员做，但你作为部长助理，有责任督促绩效薪酬专员把这个事情做好，最近绩效考核的工作开展得很不好，很多部门的考核不能按时完成，考核结果也不能及时汇总，绩效分析做得也很马虎，这是你的责任吧？"（语气加重）

王林："最近绩效考核工作是开展得不好，这又不是我一个人的责任，是各个部门的部长不严格执行制度，有制度不执行，故意拖延，我也催过，但是效果不理想，我也拿他们没有办法。"

刘总："这个我知道，但我记得和你说过，让你在每次考核的时候都要全程参与，旁听考核面谈的过程，并做好记录，形成书面报告，但是好几个月过去了，我一份报告也没看到，而且我听说，你每次参加其他部门的考核面谈的时候都是坐一下就走，根本没有用心，就凭这一点，我在KPI的这一项就得给你扣分！"（作发火状）

王林："你要这样说我也没有办法，你是领导嘛！"

刘总："王林啊，工作上有失误不要推脱嘛，你的成绩我也看得到，反正月度考核也是走个形式。关键是下个月你有没有明确的改进计划……"

王林："你要给我一个方向嘛，你们上面不定下来我们怎么做啊？"

刘总（看手表）：“这样吧，我们先谈到这吧，反正我们也谈得差不多了，我会一碗水端平的。我这边还有些急事。不过，我看你这个月的绩效奖金肯定要受影响了！”

王林：“随你便吧！（王林摔门走了出去，边走边自言自语）刘总怎么这样说呢，我没有功劳还有苦劳呢，他根本不了解情况！”

资料来源：佚名. 一个典型的绩效考核面谈场景.（2020-03-06）[2021-08-08]. https://max.book118.com/html/2020/0129/6200120112002140.shtm.

引例分析提示

企业在做绩效面谈的时候经常会碰到类似的问题，面谈的目的本来是帮助员工改善绩效，但是，面谈的结果往往是不但没有帮到员工，反倒引发了员工的逆反情绪，造成了对立和尴尬的局面。那么，我们的绩效反馈到底哪里出了问题？可参考以下几个方面展开讨论：

1. 企业组织开展绩效面谈的目的是什么？
2. 为保障绩效面谈效果，需提前做好哪些准备工作？
3. 绩效反馈过程中，管理者可以借助哪些反馈技巧提高反馈效能，指导员工绩效改进？
4. 在绩效反馈中，如何通过面谈了解员工的发展意愿、管理需求，更好地激发员工的工作积极性，引导员工发展与组织发展相匹配？
5. 如何通过制度或流程保障绩效反馈工作的可持续？
6. 如何帮助员工将绩效改进计划落到实处，切实促进员工绩效提升？

任务一
绩效反馈面谈

知识技能

课堂讨论

1. 绩效反馈面谈对员工绩效提升重要吗？为什么？
2. 绩效反馈面谈怎样开展更有效呢？具体流程如何安排？
3. 可以采用哪些面谈技巧来提升反馈效果？

知识准备

在绩效管理活动中，绩效反馈是绩效管理为达到提升员工绩效水平的一系列活动中的最后一环，包括反馈和改进。管理者通过反馈将员工绩效考核情况反馈给员工，帮助员工了解个人考核情况，与个人预估情况的差距，也帮助员工了解到个人的岗位胜任水平与岗位工作标准要求之间的差距，以有针对性地实现下一步绩效改进，确保员工绩效改进的方向与企业发展需求相匹配，进一步提高企业人岗匹配度。

一、绩效反馈概述

（一）绩效反馈的概念

绩效反馈是指管理者在统计分析员工的各项工作任务、指标等完成情况后，将考核数据及总体岗位胜任情况反馈给下属，共同分析绩效表现中优秀、不佳的方面及原因，并结合组织发展需求及个人发展意愿，共同制订绩效改进计划的绩效管理过程。包括日常绩效反馈和正式周期性的绩效结果反馈，如半年度或年度绩效反馈活动。

绩效反馈包括绩效信息系统反馈、绩效面谈反馈、考核数据表格反馈等多种方式。随着信息化水平提升，企业越来越多借助各类信息化工具来及时反馈员工绩效表现，如绩效信息系统、绩效 App、绩效数据大屏等，将员工绩效相关的数据数量化呈现给员工。但是并不是所有员工的所有工作都可以量化，尤其是管理人员的绩效，因此无法全部数字化反馈。绩效反馈的重要目的是发现问题、找到原因、解决问题。我们需要结合上下级绩效面谈的方式来反馈，在沟通的过程中挖掘信息、寻找问题根源、发现管理改进需求、激发员工发展潜力，因此绩效反馈面谈的操作难度相对比较大，但极为重要。

（二）绩效反馈的意义

根据企业管理诊断发现，很多企业耗费大量的精力制定一套完整的绩效考核体系，包括各类考核指标、考核标准、计算模型等，但在绩效考核体系实施的过程中很少能及时将绩效表现反馈给员工，帮助员工改进绩效，员工们唯一期盼的反馈形式就是企业年终评优或年终奖的发放。因此，虽然有绩效考核体系，员工却并不清楚自己的表现好不好、哪里不好、为什么不好、如何做得更好。因此，绩效反馈对全员绩效水平提升十分重要，主要包括以下几个重要意义：

（1）有效的绩效反馈有利于提高绩效评价结果的可接受性。

（2）有效的绩效反馈有利于评价对象了解自身取得的成绩和不足。

（3）有效的绩效反馈有利于绩效改进计划的制订与实施。

（4）有效的绩效反馈能够为员工的职业规划和发展提供信息。

（5）有效的绩效反馈有利于团队成员互相学习、上下级绩效指导的落地。

与不同员工沟通

实例分享

绩效反馈的意义

管理学家亨利·法约尔曾做过一个实验：他挑选了20个技术相近的工人，每10人一组，在相同条件下，让两组同时生产。每隔一小时，他会检查一下工人们的生产情况。对第一组工人，法约尔只是记录下他们各自生产的数量，但不告诉工人们他们工作的进度。对第二组工人，法约尔不但将生产数量记录下来，而且让每个工人了解他们的工作进度。每次考核完毕，法约尔会在生产速度最快的两个工人的机器上插上红旗；速度居中的四个工人插上绿旗；最后的四个工人插上黄旗。如此一来，每个工人对自己的进度一目了然。实验结果是：第二组工人的生产效率远远高于第一组。

知名的思想先锋斯宾塞·约翰逊认为：人的首要动力就是对结果的反馈，“反馈是夺标的早餐”。

（三）绩效反馈的目的

企业绩效管理的目的是提升员工绩效水平。绩效反馈作为企业绩效管理活动的环节之一，其主要目标是围绕如何提升员工绩效水平的目标展开的，其内容如图6-1所示：

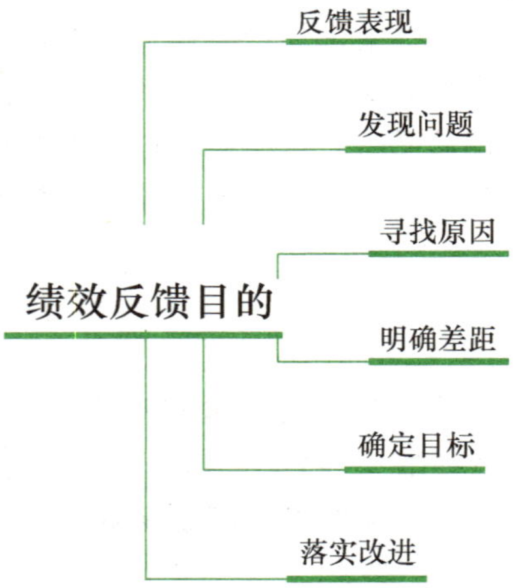

图6-1 绩效反馈目标内容

1. 反馈表现

帮助员工了解自己的阶段性真实表现，作为下一步绩效提升的重要依据。主要包括两个方面：一是对团队的绩效贡献；二是对团队绩效产生的影响。

2. 发现问题

发现问题是改进的关键。帮助员工了解自己在工作过程中的问题，结合考核任务目标中未完成、未达标、存在问题的内容，作为面谈重点。

3. 寻找原因

通过反馈沟通，帮助员工分析问题背后的原因。如果是客观原因，则讨论以后如何规避，或是否需要修订考核标准；如果是主观原因，需要分析是如何造成的，判断是工作方法的原因、沟通原因还是资源支持不够等原因。

4. 明确差距

帮助员工明确个人目标与真实表现的差距，作为下阶段改进方向。

5. 确定目标

结合企业发展需求和员工个人发展需求，帮助员工确定下阶段的改进目标。

6. 落实改进

帮助员工将改进目标细化为具体的改进计划，增强操作性，保障绩效改进落到实处。

（四）绩效反馈的原则

1. 反馈频率适中

传统反馈频率一般与企业绩效考核周期相对一致，半年一次或一年一次。实际上反馈应该是经常性的，而不是一年一次，借助信息化设备增加反馈频率，避免遗忘或意外情况，也便于及时根据市场需求变化、企业战略变化，引导员工更好成长。

2. 对事不对人

强调具体行为，而不是模糊的结论。反馈重在围绕工作事件的过程和结果进行分析反馈，而非对人的个性特征进行结论性的评价。

3. 强调正面反馈

管理者在反馈中应侧重用正面的肯定来认同员工的进步；要明确地指出受称赞的行为；当员工的行为有进步时应给予肯定；正面的反馈中应包含这种行为对团队、部门乃至整个组织的整体效益。

4. 慎重负面反馈

管理者在反馈过程中，需要反馈存在的问题和错误时，应强调对事，使批评能够被接受，并听取员工的分析和下一步计划，切勿指责、训斥等。

5. 能动性反馈

绩效反馈面对的对象是多种多样的人，为达到改进效果，可以因人而异，抓关键。避免形式化、机械死板的阐述，一切以帮助员工提升个人绩效水平为主要目标。

（五）绩效反馈的常用方式

绩效反馈方式包括绩效沟通、绩效面谈、系统反馈、绩效榜单等。其中：绩效沟通侧重于在工作过程中就某个具体目标、事件或困难等进行直接的沟通反馈，即时性较强，不拘泥于形式，也可在有关会议上通过语言或文字就某个工作进行沟通，以期解决当前的困难，推进工作进度；绩效面谈侧重于周期性、面对面地就本周期（季度/年度）整体绩效情况进行专门的谈话，较为正式地反馈该周期的绩效表现；系统反馈侧重于通过企业办公系统、ERP 系统或专门的绩效管理信息系统，以文字、评分、等级等方式对指标或重点工作完成情况的结果进行反馈，员工可随时登录个人账户查询绩效数据，便捷明确；绩效榜单侧重于就某阶段的绩效成果，以纸质榜单的形式张贴在会议室、楼道、食堂等公共场所，对优秀员工或优秀成果进行反馈和激励，有利于塑造企业的荣誉文化氛围。

反馈媒介包括语言表达、文字显示、系统推送、张榜公示等方式。随着信息化水平的提升，企业逐步启动绩效管理信息系统建设，通过系统周期性推送绩效考核信息到员工 OA 系统界面，十分便捷。有的企业在公司公共区域专设数字显示屏幕（如图 6－2 至图 6－6 所示），动态显示企业绩效数据，员工可以随时了解组织绩效情况，加深了一线员工对企业整体绩效以及发展现状的了解，也突出了员工的岗位工作价值对于企业发展的意义，提升了员工的责任感和成就感，增强了主人翁意识。

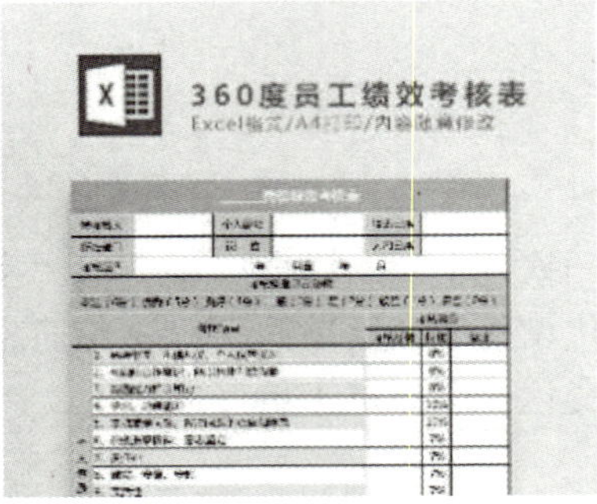

图 6－2　绩效考核表格

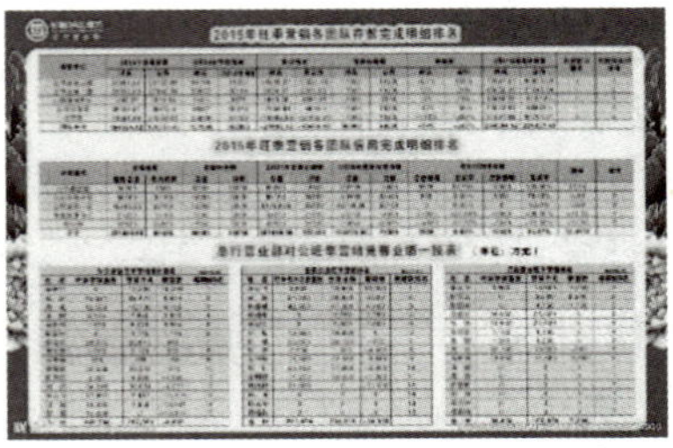

图 6－3　绩效榜单

图 6－4　绩效信息显示屏

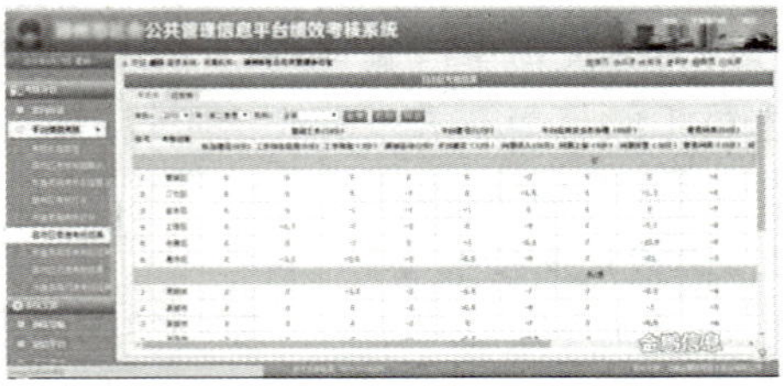

图 6－5　绩效系统电脑界面

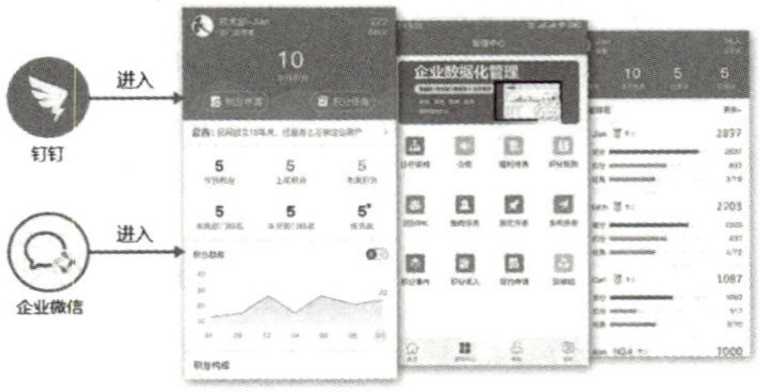

图 6－6　绩效 App 手机界面

企业需要借助信息化工具有效提升绩效反馈效率。目前仍然有很多企业是用纸质表格文档收集和反馈绩效数据，效率相对较低，即时性差。随着信息技术的发展，大量的管理信息系统、各类办公 App 的出现，可以实现员工随时随地打开手机了解个人月度/季度绩效表现情况，甚至可以精确到每一天，有助于了解个人表现与考核标准的差距，随时调整策略，为企业绩效管理效能的提升提供支撑（如图 6－7 所示）。数智引领，移动赋能。

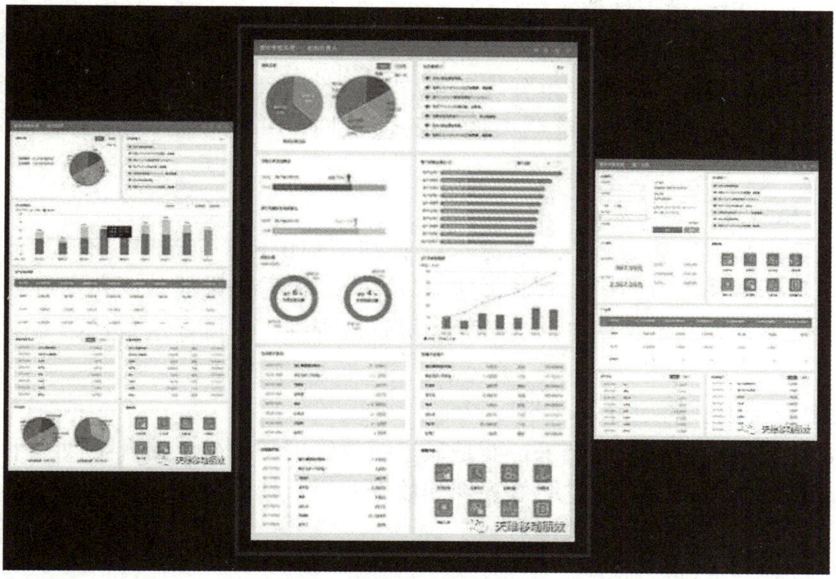

图 6－7　客户经理岗位个人绩效信息反馈界面

二、绩效面谈概述

（一）绩效面谈的概念

绩效面谈指管理者采用面对面的正式沟通方式进行绩效反馈，将员工阶段性的真实绩效表现反馈给员工，并就具体情况进行沟通交流，帮助员工发现问题、明确改进方向、制订改进计划，切实落实改进计划的过程。

绩效面谈，包括面谈需要达到的目的、面谈的内容流程、面谈的技巧等相关内容，每一个环节的内容技巧都可能影响双方是否能够高效实现面谈目的。因此，我们需要了解 3 个问题：为什么谈？谈什么？怎么谈？

（二）绩效面谈的重要意义

绩效管理的目的是提升团队及员工的绩效水平。员工需要明确自己的问题、挖掘问题的原因、找到改进的方法，并且把方法持续地落实到行动中，方可实现改进。

绩效反馈非常重要，是帮助员工面对问题的环节，也是直接上级作为职业经理人或者职业导师，来指导员工如何改进的重要过程。

（三）绩效面谈过程须达到的重要具体目标

1. 双方统一对绩效评估结果的认识

在绩效考核过程中，因为信息不对称等原因，员工对于上级的绩效评估等级或评价一般存在不认同的情况，容易产生分歧和矛盾。因此在绩效面谈过程中通过对绩效表现细节的深入沟通，更易于取得对结果的一致性认同，并利于下一周期的绩效管理和改进。

2. 肯定绩效成果和优点

工作成就感是工作动力重要来源之一，特别是知识性、创造性工作的80%动力来自内驱力，管理者在绩效面谈中对员工的绩效亮点、优秀成果的认可和肯定可以增加员工的工作成就感，即员工希望自己的努力和贡献被看到、认可，这是其努力工作的重要因素。

3. 指出有待改进的地方

绩效管理的初心不是考核员工，而是通过绩效管理帮助员工提升绩效水平，使其表现更优秀。在绩效面谈中，通过绩效表现和数据分析，帮助员工认识到工作过程中需要改进的地方，正是绩效提升的关键点。

4. 寻找原因和改进方法

员工只有深入了解出现问题的原因，才能找到真正解决问题的方法，才能将绩效改进落到实处。因此在绩效面谈的过程中，管理者应该基于个人丰富的经验和组织战略要求等，帮助员工找到原因，改进方法，明确改进的措施。

5. 传递组织愿景和期望

员工的工作提升方向如能与企业的发展愿景、战略方向保持一致，有助于获得更好的发展平台，为组织作出更大的贡献，管理者可以通过绩效面谈帮助员工更深入地了解企业战略发展需求，了解个人工作对于企业发展的价值，从而更好地激发员工的工作积极性。

6. 确定下一绩效周期的绩效目标

绩效目标的确定在上下级双方共同参与下，才能既贯彻战略目标，又结合实情，因此在基于上周期绩效情况基础上，管理者可以通过反馈面谈，更好确定适合员工的下周期目标，来引导后续工作的开展。

7. 为员工的职业规划和发展提供信息

员工的职业规划和发展依赖企业提供的发展平台，因此绩效反馈可以基于上阶段绩效情况，挖掘员工潜力，帮助员工找到更合适的职业发展路径，促进员工成长。

三、绩效面谈内容

（一）绩效面谈分类

绩效面谈主要包括团体绩效面谈和个人绩效面谈。

个人绩效面谈是直接上下级面对面的交流，一般一年一次，就全年绩效表现进行沟通，并计划下一年的绩效改进内容和职业发展内容。团体绩效面谈更多的是以团体绩效沟通例会的模式呈现，在会议过程中汇报上个周期的绩效任务完成情况，直接上级进行点评和指导，并指导完善下个周期的绩效计划。一般组织层面的团体绩效面谈一月一次，部门内部的团体绩效面谈一个月或者一周一次。在一些传统制造企业长期保持着开周例会、晨例会的习惯，这也是一种绩效面谈形式，在会议中，一起分析重点，分享经验，发现问题，寻找解决问题的方法，共同推进绩效提升。

（二）个人绩效面谈

个人绩效面谈的流程如图 6－8 所示。

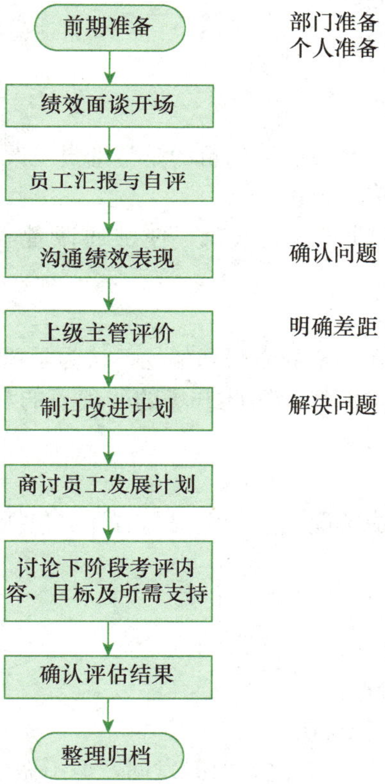

图 6－8　绩效面谈流程图

1. 前期准备

准备工作需要上级与员工共同准备。

（1）部门准备。

确定面谈时间、地点，员工绩效考核材料，面谈提纲，面谈记录表等；提前发布通知，告知员工绩效面谈的时间、地点、流程，以及需要准备的面谈资料。

关于面谈周期，季度考核应在考核结束一周之内安排面谈，面谈时间不少于 30 分钟；年度考核应在考核结束一周之内安排面谈，面谈时间应不少于1个小时。

关于面谈问题的先后顺序，需要结合职位要求和员工的表现，确定谈话顺序。首先列出被考核者的关键工作要素，进而根据考核者的管理目标确定重要性排列，依据被考核者的绩效作出有效性排列；最后，经过综合分析，确定基本的面谈议程。

（2）个人准备。

本阶段工作汇报材料，包括本阶段工作的完成情况、是否有亮点和问题、问题的原因分析、下一步改进计划等，同时需要先行计划下一阶段的工作任务，以及自己计划完成的目标和工作措施，明确需要的资源，或需要上级指导解决的问题等。

1）填写自我评价表；

2）准备好个人的发展计划；

3）准备好向主管提出的问题；

4）将自己的工作安排好。

2. 绩效面谈

（1）开场。

说明面谈目的，明确本次绩效面谈的目的是帮助员工改进提升。明确面谈的流程以及面谈需要解决的问题和形成的成果。

开场需要创造和寻求舒适开放的气氛，使被面谈者心情放松，保持自由轻松的交流。

★难点：切入主题的技巧。

员工对于绩效面谈会存在一定的紧张和偏见，认为是单纯为了考核自己，面谈结果会直接影响个人晋升或奖金发放等。因此开场的明确目的和良好气氛，对于建立信任、顺畅沟通十分重要。

（2）员工汇报与自评。

请员工结合近期工作完成情况，进行汇报与自评，包括：

1）重点工作完成情况；

2）工作亮点的分享；

3）未完成工作原因阐述；

4）其他需要改进的部分；

5）阐述自评等级，并举证说明；

6）上级要注意倾听，对不清楚之处及时发问，但不做任何评价。

★难点：过程控制，提高效率。

员工汇报工作容易出现照本宣科、找不到重点的情况，如浪费大量时间宣读工作细节以求展现个人工作量。对此，管理者须提前提出汇报要求，要求汇报重点工作和存在问题，并提前熟悉员工汇报材料，进行过程控制和汇报指导，从而提高面谈效率。

（3）沟通绩效表现——确认问题。

认真倾听汇报，全程积极反应，并诚恳探讨绩效表现的具体部分，确认问题，确保双方认可一致，并做好记录。

1）亮点工作。了解具体达到的效果，并探讨是否有推广的意义。

2）未完成工作。结合绩效考核数据，探讨是否因为标准过高未完成，是因为客观原因还是主观原因，未完成该工作对部门绩效的影响程度。一起找到主要原因，从而寻找解决问题的有效方法。

3）改进的部分。根据工作中出现的问题，归纳出需要改进提升的点。

4）记录员工不同的意见并及时反馈。关注绩效标准及相关绩效事实，着重探讨解决问题的方式方法。

★难点：负面反馈技巧。

直接上级对于员工未完成的指标或任务，可以因人而异，采用不同的方式反馈负面问题，切勿妄下结论。采用倾听提问、探讨的方式寻找原因，更能提高员工的自我认识和对于问题的接受度。具体可参见本任务“四、绩效面谈技巧”。

（4）上级主管评价——明确差距。

针对员工自评重点，结合沟通确认的信息，给予综合评价，并说明原因。

这里的评价是直接上级的评价，结合全年工作指标、任务的考核结果，给出的综合评价，这个评价除了具体的评价等级，还包括个人工作能力、态度等方面的评价，侧重该员工岗位胜任程度，即是否胜任以及哪些方面还待改进。

1）业绩评价：指出成绩和不足。

2）能力评价：指出优势和劣势。

3）根据事先设定的目标和标准进行评价。

4）成绩和不足方面要呈现事实依据。

★难点：评价的技巧 & 肢体表达的技巧。

评价的难度在于对问题不足的评价，如何就事论事地帮助员工接受自己的不足是改进的关键。从有利于员工未来职业发展的角度出发，集中于具体的事和工作改进方法指导。

（5）制订改进计划——解决问题。

基于绩效表现的分析和评价，结合不足和未来工作难点等，确定员工需要改进的方面，提出具有可操作性的改进措施（如通过培训、自学、工作方式优化等方法进行工作改进提升），并形成具体的“绩效改进计划”，明确下阶段的改进目标和具体改进任务，便于后续对员工绩效改进情况进行周期性的跟踪与评估，切实将绩效改进落到实处。绩效改进计划须明确以下内容：

1）改进方向及目标。

2）改进具体措施与任务。

3）改进时间安排和目标成果。

4）改进过程周期性跟踪督导措施。

★难点：如何确保绩效改进有效且可操作。

在明确绩效改进的问题和目标之后，改进方法是否合适十分重要，如果改进方法过于理论化，操作性不强，改进目标将难以落实。因此，需要结合企业的实际需求和资源平台灵活制订改进计划，例如操作实务方面，如果无法通过调整岗位获得，也可通过师带徒的形式参与到相关具体工作或项目中去，获得相关的实践经验和操作技能，确保绩效改进落实到位。切勿因为现实困难终止绩效改进的步伐，使员工失去绩效提升的积极性。

（6）商讨员工发展计划。

共同探讨员工本阶段绩效表现与职业发展计划的匹配性，分析是否需要修订员工个人发展计划，使得发展计划匹配员工个体特征和企业发展需求，持续推进员工职业发展。主要从以下三个方面进行计划：

1）阶段职业发展状况分析。结合本周期绩效表现和下阶段的工作计划，分析目前的工作内容、改进方向与目前的职业发展计划是否匹配，进一步思考下一阶段需要积累哪些方面的工作经验、改进哪些工作方法、学习哪些知识技能等，才更有利于个人的职业发展。

2）员工职业发展意向。结合本阶段绩效考核结果，初步判断原有职业发展规划路径是否需要调整，本阶段达到的目标是否符合职业发展的阶段性要求，目前还有哪些要求还没有达到，需要纳入下阶段的工作和提升过程中去。

3）团队人才培养辅助。将相关学习提升内容纳入部门的团队建设和人才培养计划中，通过团队平台为员工的职业发展提供资源，引导和帮助员工的发展目标与组织的发展目标相匹配。

★难点：如何引导员工个人发展与企业需求相匹配。

在激励员工成长发展的过程中，企业需要将未来发展对人才的需求和期待深入宣导给员工，指明前进的方向，鼓励员工成为企业所需的核心人才，并为核心人才的成长铺垫道路。

（7）讨论下阶段考评内容（工作重点）、目标及所需支持。

共同讨论下一阶段工作及改进是否需要帮助或支持，结合本阶段绩效表现形成下列内容：

1）下阶段工作重点及目标。探讨下阶段重点工作任务或指标的考核目标和标准是否合适，内容和要求是否明确。

2）完成下一阶段（年度/月度）重点工作任务所需的资源，如部门/岗位的配合、人财物资源等。

3）团队可以为工作完成、职业发展提供的资源或辅助。

4）确认下阶段的工作目标、阶段成果、达成时限。注意目标的可衡量性和可行性。

★难点：如何引导员工勇于承担重点工作任务，以及主动思考任务完成过程中的最佳方法和所需的资源和支持，这是员工绩效提升的重要环节。

在下一步绩效计划制订的问题上，国际上有许多经典管理方法可以借鉴，包括经典的目标管理方法，还有目前较为流行的 OKR（Objectives and Key Results，目标与关键成果法）管理方法。

（8）确认评估结果。

回顾所有问题和改进、发展计划，确定最终的年度考核等级，备注依据，整理面谈记录并备案，双方签字确认。

感谢员工参与，并给予鼓励。

3. 整理归档

绩效反馈面谈结束后，应将绩效面谈过程中的谈话记录、确认的绩效评估结果、商定的绩效改进计划等材料整理、分类、归档，作为下步绩效考核依据，同时作为员工下一步岗位调整、竞聘选拔、职业发展的参考依据，也便于岗位更换时新的直接上级了解员工。

实例分享

绩效反馈面谈案例

（开场，明确面谈目的，统一思想）

林总：王红军，今天我们打算花大约一到一个半小时的时间对你在过去半年中的绩效情况做一个回顾。在开始之前，我想还是先请你自己谈一谈我们做这个绩效评定的工作目的是什么，看看你是怎么理解的，看看我们的理解是否有不一致的地方。好，你先谈吧！

王红军：我自己是这么理解的，不知道对不对，我认为做绩效评定主要是为了发现我在哪些方面做得好，哪些地方做得不够好，今后还需要在哪些地方加强，我觉得这对我今后的工作很有帮助。

林：你说的基本正确。做绩效评定一方面是为了肯定你的成绩和优点，并对你的业绩给予实事求是的回报；另一方面，也是为了找出你的差距和今后发展改进的空间。通过业绩的评定，我可以发现今后如何为你的发展创造条件以及如何利用你的优势为组织做出更大的贡献。

既然我们的出发点是一致的，那么下面我们来看一看这次绩效评估的评分标准。我们必须首先对打分的标准有一致的意见，才谈得上讨论后面对每一个项目的打分。

林：我们的打分标准分成 A、B、C、D、E 五个等级。C 等就是合格的标准，会有比较多的人在这个等级上，而做得比较好、优良就是 B 等，只有极少数出类拔萃的能达到 A 等。

王：我在有的项目上可能给自己打分高了。

（在绩效沟通过程中，引导员工思考，进行自我评估修正，以及确定评价结果）

林：好，我们现在就来逐项讨论一下吧。你先说一下自己的每项工作完成得怎么样，给自己打分的依据是什么。

王：我的第一项工作目标是完善大客户管理规范，我觉得我这项工作完成得很好，在规定的时间之前就完成了，而且有了这个规范，现在的大客户管理比以前顺畅多了。所以我给自己打 A。

林：不错，我承认你这项工作完成得很好，但我觉得这个规范中还有一些地方需要进一步完善，所以我认为达不到 A 这样的等级，可以打 B。可能我打分过严的缘故。

王：是的，我同意您的意见，也觉得 B 更适合些，我开始给自己打的分太高了。

林：接下来……

王：我的第二项工作是关于团队建设的，这是我在这段时间花费精力比较多的一件事情，我觉得通过我的调整和组织，不仅完成了销售额，而且还没有增加人手，为公司节省了人工成本，所以给自己打了A。

林：让我再想一想，我原来给你打的是B，可能对你太苛刻了。好吧，这一项就以你的为准吧，打A。接着说后面的。

王：关于销售额方面，现在的大客户已经达到了32个，销售额在2.7亿元，客户保持率在85%，因此这一项我觉得是超出了工作标准的，我给自己打了B。

林：这一项没有太多可说的，我跟你的观点一致，因为这是有客观事实依据的。

王：最后一项是关于建立大客户数据库的，由于这件事情是企划部门负责做的，我们部门只是配合，我觉得我们还是配合得比较好的，因此，我给自己打了个B。

林：我从企划部的张力那里听说，这次做数据库你给了他很多的帮助，提供了大量有用的信息和建议，还在你们部门人手紧缺的情况下，抽出人员来支持他们，我觉得这样做是非常好的，这种团队合作精神是应该鼓励的，因此，我给这一项上打了A。

王：谢谢领导的鼓励。

林：最后的综合等级我给你的是B，你看有什么意见吗?

王：没有意见。

(上级评价+发展探讨)

林：下面我们来讨论一下你的主要优点和不足的地方，以及你今后的发展问题。你先自己谈谈吧!

王：我觉得我的主要优点是做事情比较认真、投入、负责任，对待同事、下属都比较热情，跟人合作的能力比较强。我的弱点就是有时做事的计划性不够好，不够细心。我今后的发展方向是想成为一个全面的管理者，其实我很想当总裁，“不想当将军的士兵不是好士兵”嘛。

林：我觉得你还有一个最大的优点就是凡事能够从整个组织的大局出发考虑问题，而不是局限在自己的小部门。另外，你有待提高的一个方面就是如何做一个管理者，你现在的很多事情都由你亲自去做，一个好的管理者应该善于调动别人的力量去完成工作，在这方面你还需要加强。我觉得你具有管理者的才干和潜能，因此你的将军理想我觉得是可行的。

王：谢谢领导。

林：好。现在我们来回顾一下今天谈话的内容，首先我们对本次绩效评定的标准达成了一致的意见，然后回顾了你在这半年中的工作绩效，接下来讨论了你的主要优缺点和今后的发展目标。我想，我们今天谈话的主要目的已经达到了，回去以后希望你自己制订一个今后半年的工作计划，我们另找一个时间再进行交流。谢谢你!

(同学们，该案例缺失商定改进计划并确定下阶段考评要求，如何制订呢？请进入下一个任务的学习……完善此次绩效面谈，真正将绩效改进落到实处。)

案例来源：顾鲁. 绩效案例. (2015-06-30) [2021-08-08]. https://www.hrloo.com/rz/13567826.html? from=subcribe&ivk_sa=1024320u.

（三）团体绩效面谈

团体绩效面谈一般以绩效沟通例会的形式呈现，一月或一周一次，团队成员坐在一起，就本周期的工作内容进行反馈和沟通协调。团体绩效沟通例会流程如图 6-9 所示：

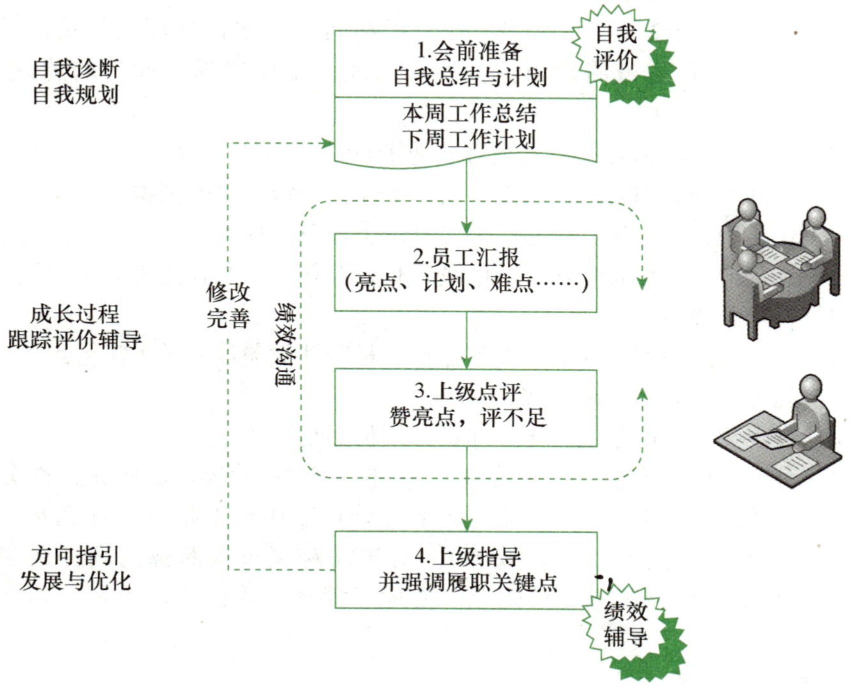

图 6-9 绩效沟通例会流程图

会议实施关键点包括：

1. 流程规范与过程管控

员工多的部门，切忌逐条汇报，避免会议冗长、效率低、占用过多工作时间，导致员工产生逆反心理，要挑选工作亮点及问题点作为员工汇报的核心。操作关键点：

（1）初期（前 1～3 次）：员工梳理工作内容、制订计划耗时较长，且需轮流汇报总结、计划和自评，上级给予指导和评价，要有耐心；

（2）后续：常规工作已基本成形，变动不大，可只汇报重点工作情况、亮点工作和问题工作，领导选择性点评，缩短时间，提高效率。

2. 总结自评与分解计划

员工根据本周工作完成情况，进行总结与自我评价，并填写自评说明，同时规划形成下周工作计划。操作关键点：

（1）绩效计划包括部室重点工作分解、部室督办工作落实、业务流程环节落地、岗位职责具体化等。

（2）绩效计划制订原则包括：一是“二八原则”，区分“重点工作”“常规工作”，切忌事无巨细。二是“SMART”原则，即计划、目标制定需“具体”“可衡量”“可达到”“相关”“有时限”。这既是过程绩效辅导的重要依据，也使结果（绩效成绩）令人信服。因此，下级的计划需上级审阅、指导、把关，切忌“走形式”。

3. 分析反馈与沟通辅导

员工在绩效沟通会议上，做本周工作汇报和问题反馈，自评工作情况须详细汇报（自评有亮点的工作需说明理由，自评有问题的工作需提出改进的建议）。操作关键点：

（1）阳光点评与方法指导。将上级评价重心转向“自我评价”，员工自我总结和评价过程更有助于其清晰认识自己的绩效状态，并作为上级评价的依据。

亮点类工作给予宣导表扬，作为年末“卓越工作”考核申请的基础（如通过某个小制度、小流程优化或合理化管理建议，解决了长期存在的问题，促进成本控制、效益提升或部室内管理提升等）；

问题类工作特别是频繁出现的工作问题点、长期绩效欠佳的员工需重点关注，持续追踪，采取措施逐个攻破，不走形式。

评价切忌过于复杂，简单地分三类即可，评价不是目的。

（2）角色分析与前馈控制。中层管理者将部门承担的公司级重点工作分解至岗位，强调工作中的重点和履职关键点，对部分难点工作给予指导，帮助员工厘清工作思路（预先控制，提高员工工作效率）。对于需跨岗位或跨部门合作的工作，明确责任角色（谁牵头、谁承担、谁配合）有助于提高工作效率。会后，员工根据部署完善计划。

4. 监督反馈

HR部门作为绩效例会的执行督导部室，要不定期检查监督各部室绩效例会落实情况（会议文件、会议召开等），进行辅导反馈，对内容不完善、效果不佳的提出整改建议，组织参观学习效果较好的部室会议来学习提升。

5. 结果应用

亮点工作的累计，一是作为薪酬绩效联动分配依据，二是作为后备选拔依据，三是作为员工职业发展的参考依据。让优秀员工从物质、精神、长远发展等多个方面得到激励，建立企业对优秀员工的尊敬和认可，提高全体员工工作学习的积极性。

团队绩效沟通需要以企业绩效提升和发展为目标，通过“绩效沟通例会”机制建设，实现过程绩效沟通的规范化，落实定性工作的标准和要求。同时还可将此过程与员工职业发展管理高效结合，为员工绩效水平提升、培养可持续支撑企业发展的核心人才队伍提供平台。

实例分享

绩效面谈提纲样例（简易版）

访谈目标：

1. 实现绩效管理与战略的联动作用，使高管明确绩效管理对组织战略的支撑作用。

2. 找到绩效考核在运行过程中的不足，为制定绩效考核方案提供基础性资料，实现绩效考核与薪酬的对接。

访谈者：

访谈对象：高层管理人员

访谈题目：

1. 您心目中的绩效考核是什么样的？

2. 请您描述一下公司今年要实现哪些目标，年度目标与组织战略之间的关系是什么，绩效管理在其中起到什么样的作用。

3. 与去年相比，今年的目标有哪些变化？实施的重点以及目标是否合理？

4. 您认为现行的绩效考核制度能否达到激励高管的作用，现行的绩效考核与高管的绩效回报关联性有多大，您能具体谈谈吗？

5. 公司从哪几方面考核您？有几项关键指标？

6. 您认为您所属部门绩效指标设计是否合理（是否单一、是否直指战略目标）？

7. 您的目标与您下级员工目标的关联性有多大？

8. 您认为下级员工都明确自己的工作目标吗？

9. 您是如何为下级员工做绩效面谈的，如何帮助员工提高绩效的？

10. 您认为现行的考核体系能否正确评价员工的绩效？

11. 针对现行的绩效考核方法，说说还存在哪些问题以及您的建议。

访谈阶段应注意的问题：

1. 让被访者了解访谈调查的目的，了解此次访谈的意义和价值是访谈获得成功的很重要方面。

2. 少说多听，可以适度追问（用被访者的言语和概念追问），不要有出现暗示和引导性的话语。

3. 要关注被访者的心理变化。

4. 严守保密原则，对于被访者的顾虑，可以通过对交谈内容的承诺来消除。

5. 对回答不做任何评价。

案例来源：廖亮．如何进行绩效访谈．（2015-04-29）[2021-08-08]．http://blog.sina.com.cn/s/blog_99b45fdf0102vrj4.html.

实例分享

员工绩效反馈面谈模板

考评区间：______年____月____日～______年____月____日　部门：__________

绩效面谈日期：________年____月____日　面谈主管：________

员工编号 Employee Code		员工姓名 Name		入职日期 Entry Date	
中心 Base		部门 Department		岗位 Position	

<table>
<tr><td colspan="4">第一部分：年度绩效沟通
Part 1：Communicate performance to employee</td></tr>
<tr><td>主要成绩/进步（业绩、能力、态度）</td><td>员工在这一年中所取得的成绩：
包括量化指标说明的业绩，以及不能量化的工作贡献
能力、态度方面可通过具体事例说明</td><td>要达到的目的：
让员工下阶段有信心实现更好的绩效</td><td>最后的效果说明下属岗位员工的信心是否被激发</td></tr>
<tr><td>有待改进的方面（业绩、能力、态度）</td><td>在这一年的工作中存在的不足：
包括量化指标说明的业绩，以及不能量化的工作贡献
能力、态度方面可通过具体事例说明</td><td>要达到的目的：
让下属员工明白自身存在的问题</td><td>最后的效果说明下属岗位员工接受认同的程度</td></tr>
<tr><td>培训建议</td><td colspan="3">结合员工认为自己需要加强的培训和上级对员工的培训建议来沟通</td></tr>
<tr><td>下阶段工作期望调整方面（任务、指标、需求）</td><td colspan="3">肯定员工的潜力和优势，以及这种潜力和优势对履行好职责的作用
激励员工在下年确立更高的目标要求
（如果绩效考核低的员工，可与其一起分析原因，并根据他的实际情况适当调整任务指标，不要给其造成过重的心理压力，形成负面效果）
询问员工在工作和学习上的要求，以及能给予的建议、承诺。让下属形成完成更高目标的信心和热情
（注意：不要给予不切实际的承诺；承诺的事情事后一定要兑现。）</td></tr>
<tr><td rowspan="2">工作意向调整</td><td>是否变动</td><td colspan="2">□不变动　□变动：__________</td></tr>
<tr><td>1～2 年内，希望发展的方向</td><td colspan="2">咨询员工近 2 年内的工作发展规划
同时可征询员工对于单位部门工作的建议、提升单位部门业绩的思路
让员工感到被尊重，同时获得好的建议</td></tr>
</table>

<table>
<tr><td>职业生涯规划建议</td><td colspan="5">员工谈自己的职业规划或培训需求，以及对管理工作的建议；上级肯定该员工的成绩，说明该员工的发展潜力，以及其努力方向
上级真诚地给出建议</td></tr>
<tr><td>最终考评结果通报
Final Appraisal Result</td><td>分数
Score</td><td></td><td>等级
Level</td><td colspan="2"></td></tr>
<tr><td rowspan="2">员工对其考核等级的意见</td><td colspan="5">□满意 □基本认可 □不满意</td></tr>
<tr><td>具体意见：</td><td colspan="4">注意聆听技巧，记录员工不同意见并及时反馈。</td></tr>
<tr><td colspan="6">第二部分：C、D级员工绩效改进计划
（C、D级员工为不符合现岗位要求的员工，必须制订及完成以下绩效改进计划，也包括能力、态度）
Performance Improvement Plan for the employee graded with C/D, C/D level is ineligible for the current positions</td></tr>
<tr><td></td><td colspan="3">改进事项（要有具体＼可执行＼可评价的目标和任务，以保证业绩的切实改进）
Improvement Plan（specific，achievable，measurable）</td><td>完成标准
Benchmark</td><td>时限
Time period</td></tr>
<tr><td>1</td><td colspan="3" rowspan="4">结合前面的内容探讨问题产生的原因，从有共识的地方开始谈起，注意不要形成对峙的局面
关注绩效标准及相关绩效事实
考虑改进计划的可执行性（所制定标准和时限等）</td><td></td><td></td></tr>
<tr><td>2</td><td></td><td></td></tr>
<tr><td>3</td><td></td><td></td></tr>
<tr><td>4</td><td></td><td></td></tr>
<tr><td colspan="6">员工声明：本人同意按照以上设定的改进事项/任务/目标严格执行，并以完成结果作为未来绩效评价的主要参考依据</td></tr>
<tr><td colspan="3">员工签字：
Signature by employee
（重申下阶段考评内容和目标，之后让员工确认后签字）
年（YY） 月（MM） 日（DD）</td><td colspan="3">主管签字：
Signature by superior
（面谈结束，给员工鼓励并表达谢意）
年（YY） 月（MM） 日（DD）</td></tr>
<tr><td colspan="6">说明：
1. 请您在本表签字确认已收到本次考核结果的反馈。
2. 本签字并不表明您对此结果的认同与否。在考核申诉期内，您仍有权根据公司规定履行相关绩效考核申诉流程。</td></tr>
</table>

备注：

1. 所有参与绩效评价的员工，其上级主管应进行绩效面谈，且双方均需在面谈表上签字。
2. C、D级员工还需完成第二部分的绩效改进计划。
3. 签字版本的存档：由人力资源专员保存。
4. 人力资源部将对各部门的面谈结果进行抽查。

四、绩效面谈技巧

绩效面谈是管理者与下属面对面的以提升绩效为中心的谈话，在实际操作中，往往会遇到一些困难或者问题，导致面谈与想要达到的目标有一定的差距，无法达到帮助员工提升的效果，甚至可能激化管理矛盾，导致员工离职、产生强烈的不满意情绪等，严重影响了整体绩效水平，因此管理者应该重视绩效面谈工作，重视训练面谈技巧，提升个人的绩效管理水平。

参考引入案例，总结发现绩效面谈效果不佳的主要原因包括以下几个方面：

（1）管理者不重视绩效面谈，将其当做例行填表类事务，缺乏准备和技巧训练；

（2）绩效面谈没有充分的考核数据依据，空谈或谈直接印象，无法获得员工的认同，员工认为考核结果不公平和主观片面；

（3）管理者在反馈中缺乏技巧，激发员工负面情绪；

（4）管理者不擅于或不重视正面反馈，使得员工没有工作积极性或成就感；

（5）管理者不重视倾听，无法理解员工对考核的思考和未来发展的意愿等，无法找到激励员工的关键点和留任员工的关键。

基于以上问题，管理者应充分学习因人而异策略、面谈 BEST 法则、汉堡原理、建设性批评、真诚称赞、倾听提问等方法技巧，提升绩效面谈效率和效果。

（一）因人而异策略

管理者可根据员工的业绩水平和工作态度进行分类，采取不同的面谈策略提升面谈效率，帮助员工更好接纳、认同、提升个人绩效表现。

针对不同类型的员工需要选择不同的面谈策略。依据工作业绩和工作态度一般可将员工分为以下四种类型，如图 6－10 所示。

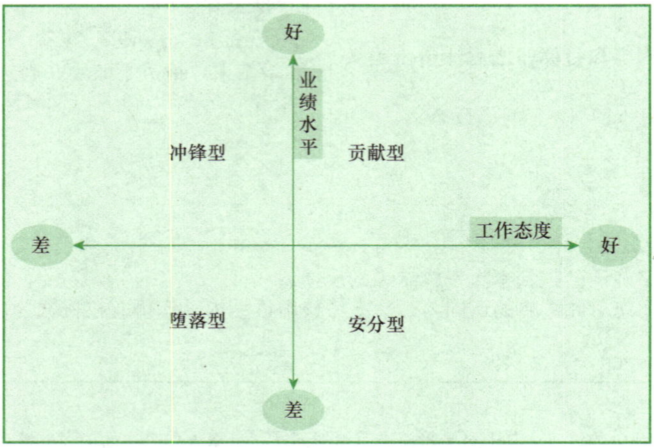

图 6－10　绩效面谈策略矩阵图

1. 贡献型（工作业绩好+工作态度好）

贡献型员工是创造良好团队业绩的主力军，是最需要维护和保留的。

面谈策略应当是：在企业激励政策允许的前提下予以奖励，提出更高的目标和要求。

2. 冲锋型（工作业绩好+工作态度差）

冲锋型下属不足之处在于工作态度忽冷忽热，时好时坏。

面谈策略应当是：通过良好的沟通建立信任，通过日常工作中的辅导改善其工作态度。

3. 安分型（工作业绩差+工作态度好）

安分型下属工作态度不错，兢兢业业、认认真真，对上司、公司有很高的认同感，可工作业绩就是上不去。

面谈策略应当是：以制订明确的、严格的绩效改进计划作为绩效面谈的重点；严格按照绩效考核办法予以考核，不能因为态度好代替工作业绩不好，更不能用工作态度好掩盖工作业绩不足。

4. 堕落型（工作业绩差+工作态度差）

堕落型员工可能会想尽一切办法来替自己辩解，或从外部因素找原因，或主动承认工作没做好。

面谈策略应当是：重申工作目标，强化员工对工作成果的认识。

（二）面谈 BEST 法则

绩效面谈的 BEST 法则主要是在绩效面谈中重点强调四个方面：

- 描述行为（Behavior Description）
- 表达后果（Express Consequence）
- 征求意见（Solicit Input）
- 着眼未来（Talk about Positive Outcomes）

1. 具体地描述员工的行为

管理者应该耐心、具体地描述相关的行为（所说，所做）；对事不对人，描述工作任务完成的情况，而不是对员工个性进行主观判断。

2. 描述这种行为所带来的后果

管理者应该客观、准确地描述员工行为带来的绩效结果，不应擅自夸大或隐瞒，不指责。

3. 征求员工的看法

管理者需要善于倾听，而非一味猜测或主观判断，应该听取员工的自我评价、自我改善、未来发展等方面的想法。从员工的角度来看问题，更容易找到绩效改进的关键点。

4. 探讨下一步的做法

管理者可以与下属共同探讨下一步的改进做法和发展方向，针对员工迷惑的地方提出建议，并说明这种建议的好处。

实例分享

BEST 法则案例

B：小张，这是你第三次在做应收账时出现错误了。

E：这不但影响你这个季度的绩效，而且销售部门对财务部门的意见更大了。

S：你觉得应该如何改进呢？

T：这样对你和部门的形象都有帮助，值得考虑。改进对我们很重要。

实例分享

负面反馈的技巧

负面反馈的关键词：描述而不判断。

关于负面反馈，有一个小示例："小王醉酒"。

判断式的反馈："小王喝醉了酒来上班，还酗酒滋事，闹得公司鸡犬不宁。"

描述式的反馈："小王喝了酒，满身酒味，走路东倒西歪，碰倒了桌子，文件撒了一地，说话声音很大，引起了很多人的关注。"

这两种说法是一个意思吗？不是。显然，第一种是判断，小王喝了酒，至于醉没醉，谁也不知道。第二种是描述，相比较而言，第二种比较容易接受。

关于负面反馈，有一个成熟的模式：BEST 法则：

（1）描述行为。明确清楚地告诉他到底做了些什么，利用实际的例子，用客观和明确的词语描述行为。

（2）表达后果。直接地表达感觉或对状况的反应，用平和的语气去表达，并询问对方的感觉或反应。

（3）征求意见。询问员工的意见或提出认为应该继续的行为或要更改的行为，建议要具体，是针对个人的行为而非其个性。

（4）着眼未来。向他指出该行为改变后的积极效果，对个人带来什么好处。

例如一名员工在准备一份提交给客户的资料时搞错了一个数据，经理发现了，打算给一个负面的反馈，经理是怎样做的呢？

首先，向员工描述错误行为的事实。B："小王，你做的这份资料里有一个数据错了，这个数据是……"

其次，向员工阐述这种行为可能带来的不良后果。E："提交给客户的每一份文件都是客户了解我们的窗口，想想看，如果你是客户，发现公司给你的资料有错误，你会对这家公司形成怎样的印象，所以说我们的每一个行为都会影响我们在客户心中的形象。"

接下来，征求员工对于改正错误的意见。S：“小王，你说该怎么办吧。”

最后，鼓励员工的改进措施对于公司的价值。T：“对！如果我们每个人每时每刻都能这样做，这对于公司发展是非常重要和有利的。”

BEST法则又叫“刹车”原理，是指在管理者指出问题所在并描述了问题所带来的后果之后，在征询员工想法的时候，管理者就不要打断员工了，适时地“自我刹车”，然后，以聆听者的姿态，听取员工的想法，让员工充分发表自己的见解，发挥员工的积极性，鼓励员工自己寻求解决办法。最后，管理者再做点评总结即可。

案例来源：一个典型的绩效考核面谈场景.（2020-05-26）[2021-08-08]. https://wenku.baidu.com/view/2b6d879268eae009581b6bd97f1922791788be67.html.

（三）汉堡原理

汉堡原理（Hamburger Approach）是指在进行绩效面谈的时候按照以下步骤进行：

（1）先表扬特定的成就，给予真心的鼓励；

（2）然后提出需要改进的“特定”的行为表现；

（3）最后以肯定和支持结束。

可参考以下案例进行项目训练。

实例分享

汉堡法反馈案例：培训专员绩效面谈

第1步　先表扬，真诚鼓励

“小王，上月工作中，你在培训计划编制、培训机构选择、培训老师评估、培训工作组织、培训档案管理等方面做得不错，不但按照考核标准完成了工作，而且还做了不少创新，比如在××工作中提出了××建议，这些建议对我们公司的培训管理起到了很大的帮助作用，值得提倡……”

前面我们谈的是你工作中表现好的方面，这些成绩要继续发扬。

第2步　提出须改进的行为表现

另外，我在你的考核中也发现了一些需要改进的地方，比如培训效果评估，这个工作一直是我们公司的难点，以前做得不好，在你的工作也存在这个问题，比如，很多培训没有做效果评估，有的培训虽然做了评估，但都停留在表面，这样就容易使培训流于形式，不利于员工素质的提升，我想听听你对这个问题的看法。”

“我是这么想的，培训效果评估……”

第3步　肯定与支持

“嗯，不错，我同意你对这个问题的想法，那么我们把它列入你的改进计划，好吗？”

汉堡原理的作用在于提醒管理者，绩效面谈的作用在于帮助员工改善绩效，而不是抓住员工的错误和不足不放，因此，表扬优点，指出不足，然后肯定和鼓励，才是最佳的面谈策略。

* *

汉堡法反馈案例：会计岗位绩效面谈

有一位会计，有一段时间总是迟到，财务部经理依据汉堡原则对她进行了批评。

第一步，表扬特定的成就，给予真心的肯定。经理找到会计，笑着说："小王，最近工作做得不错，账目上没有出现什么差错，上级领导很满意。"会计面露喜色。第一步就完成了。

第二步，提出需要改进的特定的行为表现。"但是你最近总是迟到，这个星期已经迟到三次了吧?"会计点头。"销售部的同事找你报销，几次没找到你，对你很有意见。"会计面有歉意。第二步完成了。

第三步，最后以肯定和支持来结束。"你一向工作是很认真的。希望你能改了迟到的毛病，如果有什么困难可以提出来，大家帮你一起解决。"第三步就完成了。

后来，这位会计果然不再迟到。

案例来源：绩效面谈的汉堡原理.（2012-11-25）[2021-08-08]. https://wenku. baidu. com/view/4154d0db76eeaeaad1f330b4. html.

（四）建设性批评

管理者有人才培养的责任，因此在发现员工有错误的时候，需要及时指出，不能因为担心破坏人际关系而回避，否则将无法帮助员工真正意识到自己的问题，难以改进提升和发展。

美国加利福尼亚大学洛杉矶分校的心理学家亨得利·文辛格对批评做了大量的研究，发现了七个要素能够有效地促进建设性的批评，有助于将批评实施得更为有效：

（1）建设性批评是战略性的（抓住影响全局的/关键性的因素）；

（2）建设性批评要维护对方的自尊；

（3）建设性批评应发生在恰当的环境中；

（4）建设性批评是以进步为导向的；

（5）建设性批评是互动式的；

（6）建设性批评是灵活的；

（7）建设性批评能够传递帮助的信息。

通俗来说，我们通常需要指出不足的方面，必须给予一定的警示来引起员工的重视，这个时候需要注意做到以下几个方面：

（1）宽以待人；

（2）从观点一致的问题谈起；

(3) 批评也要注意员工的面子；
(4) 因人而异；
(5) 对事不对人；
(6) 不要翻旧账；
(7) 批评员工，也批评自己；
(8) 要批评，也要表扬；
(9) 以理服人，不可以权压人；
(10) 批评以信任为本。

实例分享

正面反馈的技巧

正面反馈的关键词：具体。

一旦要求具体地说明一个事情，很多人就犹豫起来，甚至开始左顾右盼了。很多时候，经理在反馈时并没有充分准备，就直接把话说出去了，这种做法会降低反馈的效果。以“小王的市场报告”为例：

笼统的反馈：“小王表现不错，非常敬业，最近连续加班，工作很卖力，辛苦了，接下来好好休息一下，调整调整。”

具体的反馈：“小王，你最近工作很投入，为了编写市场分析报告，连续加了一周的班，并且在开会之前完成了报告，而且质量相当高，整个报告思路清晰，框架合理，结构完整，特别是市场分析和市场展望部分，紧密联系公司的实际，提出了相当棒的分析思路和解决办法，而且使用了几个比较实用有效的分析工具，这对我们下一步的市场会议起到很大的帮助作用，我想这个工作对你个人的发展也是相当有帮助的，最近两天，别闲着，写个总结，提高一下自己。”

第一种说法，会有一些效果，小王会感激领导对他的关心，觉得领导不错，但这种感觉不会持久，过后就忘记了。

第二种说法，才是小王期待的，对工作本身的反馈才是员工愿意听到的，也是对员工最有帮助的。员工愿意听到概括性的表扬，更愿意了解经理对自己工作上的看法，当经理对工作的具体内容提出了针对性的看法时，员工才会真正受到激励。毕竟贡献不能停留在表面，所以正面反馈的时候，“具体”是一个关键词。

总结一下，正面反馈的步骤：

- 具体地说明下属在工作上的细节；
- 细节反映了下属哪方面的品质；
- 这些表现所带来的结果和影响。

案例来源：绩效面谈，让员工内心不再抗拒.（2010-12-16）[2021-08-08]. https://wenku.baidu.com/view/a4fee351ad02de80d4d840b0.html.

（五）真诚称赞

作为管理者，应用人所长，擅于发现下属的优点。如果管理者专找下属的缺点，必将破坏上下级之间的信任和团结。很多管理者认为绩效面谈就是为了找下属的错误和缺点，导致员工对绩效管理产生厌恶心理。因此，管理者应以下属的长处为中心，以下属能做什么为出发点。

德鲁克先生在《卓有成效的管理者》中提到，管理者对下属的工作负有责任，用人所长是管理者的责任。仅仅专注人之所短，不仅愚不可及，更是有亏职守。应尽量发挥下属的长处，帮助下属更好发展。用人所长，是卓有成效的管理者必备的一种素质，是一个组织工作是否有效的关键。

“赫洛克效应”指出及时对工作结果进行评价，能强化工作动机，对工作起促进作用。适当表扬的效果明显优于批评，而批评的效果比不予任何评价好。因此管理者须擅于使用表扬，来强化员工的工作积极性。

实例分享

赫洛克效应

心理学家赫洛克（E. B. Hunlock）曾做过一个实验，他把参与者分成四个组，在四种不同诱因的情况下完成任务。第一组为受表扬组，每次工作后予以表扬和鼓励；第二组为受训斥组，每次工作后严加训斥；第三组为被忽视组，不予评价只让其静听其他两组受表扬和挨批评；第四组为控制组，让他们与前三组隔离，不予任何评价。结果是前三组的工作成绩均优于控制组，受表扬组和受训斥组明显优于被忽视组，而受表扬组的成绩不断上升。

这就是著名的“赫洛克效应”，它告诉管理者：“对于工作结果及时给予评价，能够强化工作动机，对工作起到促进作用。适当表扬的效果显然比批评要好，而批评的效果要优于不给予评价。”

（六）倾听提问

管理者需要在面谈过程中主动提问并倾听，员工自己分析问题原因比管理者直接指出更有成效。倾听员工的个人工作困难，可以为员工下阶段绩效提升提供相关资源或帮助；倾听员工的管理体验，可以为管理者个人的绩效提升提供很好的帮助；倾听员工的发展意愿，可以发现员工的需求点，更好地挖掘员工潜力和激发员工的工作动力，并为员工提供需要的发展支持。善于倾听，才能真正地激励员工、留住员工、改进绩效。

绩效面谈中，如何提问也是很重要的，优秀的经理通过提问题，帮助员工思考，让员工自己找答案。下面是一些提问的关键点：

1. 当你没有准备好听取回答的时候，不要提问

有时候，人们在提出问题时只愿意听到他们心目中的理想答案。当你问一个问题的时候，必须愿意倾听所得到的任何问答，并且不要有过激反应。

2. 以“为什么”开头的问题容易让人们产生防御心理

你可以用不容易引起防御心理的说法来代替“为什么”这个词。比如，与其说“为什么你经常迟到”，倒不如试试说“是不是在来上班的路上发生了什么特别事情，使你不能准时到达”。

3. 不要用问题来间接表达你的意思

比如，“你不觉得自己应该更加勤奋地完成工作吗?”这是反问句——貌似问句，而实际上起到了陈述句的作用，即“我想要你更加勤奋地工作”。用来起到陈述或要求作用的问句会引起员工的逆反心理。

4. 避免复合问句

复合问句包含几个部分，实际上是几个问句合在一个句子里。复合问句很让人迷惑，并且容易得到低质量的回答。例如：“你为什么周五经常迟到，而周三经常早退呢?”这就是两个问题，而且你不可能两个问题都得到很好的答案。把几件事情分开，让问题变得简单详细。

5. 对方在回答问题时，不要打断他

这是一个总的原则，但也有一些例外。如果对方的回答过火了，完全离题了，或者带有侮辱和污蔑性质的时候，你就可以打断他，并重新调整谈话的重心。打断对方的时候态度要友善，调整谈话重心的时候不要表现出失望情绪。

知识链接

新面谈互动技术——前馈式面谈

前馈式面谈（Feedforward Interview，FFI）在实践中被证明是一种新的有效的面谈技术。面谈中主要由被面谈者讲述，主面谈者由此对被面谈者的能力、目标、认知与行为产生新的认识。通过面谈，双方重新考虑对方及自身状况，加深相互的理解。

FFI 的理论基础源于心理学的“沉浸体验”。FFI 源于“肯定式质询”。“肯定式质询”是一种综合的组织互动技术，是一种关注组织变革与组织成长的管理手段。从广义上讲，它是一个系统的发现过程，通过搜寻人群间、组织内以及其他相关群体中的最好的、最美的一面，而实现个人与群体、成员与组织共同发展一种方法。肯定式质询聚焦于使组织正常与成功运作的积极因素，而不是组织中存在的问题或错误，其核心组成部分是肯定式面谈技术。

FFI 基于以下四个方面进行面谈框架的设计：（1）结合情景事件记忆的特点，引出成功故事；(2) 使用双赢策略，增进员工与组织之间的和谐；(3) 在过程中积极倾听；(4) 通过加强对不一致的认知，引发加速改变的动机。具体面谈框架如下表所示：

FFI框架	指导与思考
步骤 1：引出成功故事	
开场白：相信在工作中，你肯定会有成功经历，也会有失败经历，今天，我们主要谈论的是你工作中的成功经历。	两人相对而坐，最好中间没有东西，手里也不要有纸笔之类的东西，以便能够将心思完全集中于面谈过程。
询问被面谈者以下问题： 1. 能否告诉我一件你工作中发生的事件，在这件事情当中，你觉得自己处于最佳状态，充满活力，乐在其中，在结果还未知的时候，你对整个工作的过程就感觉非常满意？	被面谈者在这所引出的故事是整个互动的基础。因此，确保听到一个十分具体的故事（如一些包括时间、地点和行为的具体细节）非常重要，而不仅是一个事情的大概；积极倾听：用自己的话进行概括，并把故事重述。然后问“这是我听到的整个故事吗”，并问“你还有别的需要补充的吗”（如果对方有修正或补充，同样也概括重述）。
2. 如果让你把那个过程重新经历一遍，你愿意吗？	如被面谈者回答“愿意”，接着问问题，因为这故事值得深入。如回答“不愿意”，那么再询问一个被面谈者愿意重新经历的故事。
3. 这次经历中感觉最好的时刻是什么，那时你是怎么想的？	确保你听到一两个最佳时刻的具体细节，这个问题也是为了帮助被面谈者回答下一问题。
4. 当时你感觉怎么样？（包括你心理与身体的反应）	如果被面谈者描述积极情感，将这种情感反馈并继续；如果描述的是消极情感，再询问一个故事，并重新从问题 1 开始。 当人们被问到去描述他们在特定情境下感觉怎么样时，他们常回答的是想法，而不是情感体验。如果出现这种情况，继续追问他们的想法。 有一些被面谈者使用宽泛的词语描述情感（如：我感受不错），追问他们感觉的具体细节，包括身体上的感觉。 积极倾听：将情感反馈给被面谈者。
步骤 2：发现个人成功密码	
5. 你做这事时条件怎么样？你觉得取得这种成功是因为你的能力与优势吗？	为了找到促使这事成功的条件——他的个人成功密码，很重要的一点是尽量发现不同的条件。当故事的目标已经清楚了，可以用这个故事的最佳时候代替“这个故事”，例如，如果这个故事的最佳成果是“达成了协议”，那么可以问“是什么导致能达成协议”。
6. 别人对这件事的成功有什么帮助？	确保被面谈者对周围的支持也有所分析，如他人或组织的支持因素等。
7. 组织的什么因素促使这件事成功？	积极倾听：将条件反馈给被面谈者，并通过问题促进其发现更多的因素，如“还有其他的吗”，一直到确认被面谈者脑海中所认为的条件都已经得到确认。

FFI 框架	指导与思考
步骤 3：前馈式问题	
向被面谈者强调： 看起来，你刚说的那些是导致你能达到成功（故事中的关键成就如工作的愉悦、最佳绩效或杰出的领导力等）的主要要素。	
接着问： 如果是这样的话，想想你当前的行为、优势与最近的计划（如下个季度），你认为在什么程度上这些要素还能继续发挥作用?	根据情境不同，这个问题或是进行详细讨论，或是留给被面谈者独自反思。

资料来源：张丽华．前馈式面谈：一种新的人员互动技术．中国人力资源开发，2010（2）．

实操演练

任务要求

阅读分析绩效反馈案例。

绩效面谈冲突案例

某日上午，客户服务经理吴静把长达几页的绩效考核表格分发给 7 名下属，提醒这两天是公司例行的月底绩效考核周期，要求员工在两天内填好并上交给她。同时，吴静还告诉她的下属：公司将在今年开始实施每月的考核结果与年度的奖金发放、末位淘汰挂钩的制度。

出乎吴静的意料，当天下午，这些复杂的考核表格全都悉数上交，所得的自评分数均介于 70～80 分，这是一个既没有优秀又没有普通的分数段。更让她哭笑不得的是，有 3 名员工在自评后，在上司评分栏里签下了自己的名字。也就是说，不管上司给予什么样的评分，员工在事前就已经表示了同意。

在下班前，吴静召集员工开了一个简短的通气会，就员工在考核结果的上司评分栏签名的做法，认为是对她的信任并表示感谢。但她同时指出，这种提前签名的做法有悖于以往的考核管理，是不合理的。她要求员工重新拿回表格，再做评估与衡量后，合理地打出自己的分数后再返回给她。同时吴静再次强调：HR 已经明确发文，考核结果将作为年底奖金发放及末位淘汰的参考依据！

第二天下午，吴静顺利地回收了 7 名员工的考核表格。结果却让她非常为难：员工自评全都在 80 分以上！这意味着，部门员工的绩效表现均为优，而这不符合 HR 制定的强制分布原则：每个部门只有 20%的员工得优。

吴静根据月初制定的 KPI 指标，逐一对 7 名员工进行了评分。最后，她和往常一样，把考核表格发还给员工，交代员工如有异议，可找她做绩效面谈。

由于在过去，考核结果并没有与收入直接挂钩，中层经理及员工一直都不重视考核结果的应用，绩效面谈也一直流于形式化，最后是如果员工对上司的评分没意见，就干脆把绩效面谈这个流程也省掉了。

但这一次，却因为李小茹的面谈，让吴静尴尬得差点下不了台。李小茹主动找吴静要求面谈时，吴静是有心理准备的，因为入职 4 个月的李小茹的绩效评分在最近三个月都不是非常理想，这个月吴静给了她一个最低分。

李小茹非常坦诚地问她的上司：这个月她的 KPI 指标完成情况的确不够理想，也遭到了几个客户的投诉，得了部门的最低分，她心里非常难过。但她希望知道自己如何做，才能避免这种情况。

面对充分准备的李小茹，缺乏绩效面谈准备的吴静显得手足无措，一时无言以对。她只是简单地安慰李小茹，她会考虑下一个月度调低对她的考核指标，帮助她把工作做得更好，也会动员其他同事给她提供一些帮助。至于如何调整考核指标、提供什么样的帮助，吴静表示自己正在考虑中。

李小茹对吴静的态度感到不满，认为自己在这种情况下非常无助，的确希望自己的直接上司在工作改进上提供指导性的帮助。但吴静的答复对她没有任何价值。她认为，这样下去自己肯定是第一个被淘汰的员工。她再次直截了当地问吴静：怎样帮助自己改善绩效？感到异常无助的李小茹，把绩效面谈的情况及结果以邮件的方式告诉了 HR 经理，对公司的绩效考核目的及直接上司的绩效面谈方式均提出了质疑。她认为，部门经理对绩效改善的漠不关心，是对她工作不满意的前兆。

而吴静的逻辑是，尽管公司一再强调月度考核结果会与年底的奖金及末位淘汰挂钩，但实际起作用的，只是年终的考核结果。吴静对李小茹的投诉非常反感，认为自己已经做出了多个承诺，会帮助她在未来的时间做好工作，李小茹实在犯不着告诉 HR 经理。后来二人的关系一直处得不甚愉快，李小茹的工作绩效也没有起色。

案例来源：佚名．绩效面谈之争．(2007-06-21) [2021-08-08]. http://www.wjhr.net/Information/Read.aspx? id=898.

请同学们结合以上的绩效面谈方法学习，阅读并分析：

1. 谈谈这个案例中的绩效面谈存在哪些问题。

2. 如果是你，将如何更好地完成这次绩效面谈，帮助员工有效改进提升，请据此形成你的面谈方案。

3. 现场与同组同学进行绩效反馈演练和展示。

操作流程

1. 结合背景情况，进行问题分析，并撰写绩效面谈方案。
2. 分组模拟，按照方案开展绩效反馈面谈。
3. 各组同学观看面谈，记录过程中的问题，并进行反馈点评。
4. 结合模拟面谈实践和问题反馈，优化面谈方案并提交。

注意事项

1. 面谈方案尽量目标明确、内容全面有条理。
2. 面谈过程可借鉴面谈技巧，参照面谈方案，提高效率。

3. 面谈方案的完善，可参考被面谈者的感受和旁观者的意见。

任务二
商定绩效改进计划

知识技能

课堂讨论

1. 绩效反馈面谈过程中，管理者如何帮助员工针对问题确定有效的改进目标?
2. 绩效改进计划表如何设计，能够更好地引导员工思考改进?
3. 可以通过哪些措施来帮助员工落实绩效改进计划?

知识准备

员工绩效改进包括个人工作方法、个人能力、工作态度等多个方面的改进，管理者需要与员工一起确定提升目标，将目标分解为具体的提升计划，并从组织的角度为员工的绩效提升提供平台、指导和支持，保障绩效改进提升落到实处。

一、绩效改进的含义

绩效改进是企业绩效管理的初心，帮助员工切实改进绩效须贯穿企业绩效管理活动始终。绩效改进需要借鉴目标管理、PDCA 循环管理等方法，将一个大的改进方向或目标细化为具体的绩效改进计划和动作，并明确完成目标，同时提供跟踪辅导、评估反馈等辅助措施，系统性地落实绩效改进目标。

绩效改进的计划制订和落地跟踪环节在企业绩效管理中容易被忽略，很多管理者认为敲定了年度绩效考核结果，绩效管理工作就圆满结束了，员工会自行改进。实际上员工的绩效改进和职业提升都是需要一些细化的指导和资源的支持的，而管理者有责任、义务帮助下属发展，企业也能够在员工提升发展的过程中实现发展。

管理者需要向员工说明企业绩效和发展愿景，鼓励员工结合企业需求主动设计自己的绩效改进计划和下一步职业发展计划，并及时将阶段性绩效考核结果反馈给员工，帮助员工认清现状，并能结合目标和现状的差距，给员工提出建设性建议，帮助员工脚踏实地改进提升。

二、绩效改进计划的内容、制订标准和落实跟踪

（一）绩效改进计划的内容

从企业的角度，员工的绩效改进提升是为了进一步提高人岗匹配度，提高人才队伍对于企业发展的支撑能力；从员工的角度，员工的绩效改进提升是为了进一步提升个人的胜任水平，获得更多的发展机会，提升个人的成就感。

因此，绩效提升需要从企业、员工两个角度共同出发，由管理者和员工沟通商定，以更好地满足绩效改进的目的。具体指向包括两个方向：一是现任职岗位的匹配力提升；二是未来发展的目标岗位的胜任能力的提升。从胜任能力的角度，一般包括知识、技能、操作实务等维度，改进主要从以下几个方面考虑：

（1）知识的拓展。是否因为相关知识欠缺而没有实现工作突破。

（2）技能水平提升。是否因为技能水平熟练程度影响工作效率。

（3）工作方法改进。是否因为工作方法而影响协调沟通及具体落实。

（4）实践经验的丰富。是否因为缺乏相关实践经验而工作效能偏低。

（5）工作学习积极性。是否有相关困难、需求需要解决或者满足。

（6）目标发展储备。目标岗位是否是需要的或者合适的。

（7）其他。

（二）绩效改进计划的制订标准

绩效改进计划是围绕绩效改进目标制订的计划，计划是否有效、是否具有可操作性十分重要。一个可操作性强的计划需要符合 SMART 原则，即改进计划是否具体、可衡量、可达到，是否与目标具有相关性，是否明确时间要求。

（1）计划提升需要做的内容，包括参加培训、参与项目、轮岗等，一定要具体可操作。

（2）计划内容完成的时间合理。

（3）计划内容所要达到的标准或者效果明确、具体，用数据说话，便于反馈评估。

（4）计划执行过程需要什么资源。

（5）计划执行过程中可能存在的困难，提前预控。

（三）绩效改进计划的落实跟踪

制订好计划后，管理者需要继续关注计划是否得到执行、执行效果如何、是否切实帮助员工提升绩效、是否需要根据效果优化调整、执行过程中是否有什么困难需要解决或者支持等问题。管理者需要对员工的绩效改进过程给予长期跟踪、关注、辅导。为此一些企业设计了师带徒机制，为员工在绩效改进过程中提供一对一的对接指导和支持，切实跟踪员工的改进落实。

绩效改进计划的落实跟踪常用方式包括：

1. 阶段性汇报、自评

将绩效改进计划上升到工作计划的高度，同步阶段性汇报、评估，来确保计划不被忽略，不是说说而已。

2. 直接上级或职业导师的指导、反馈

为员工确定改进的绩效经理人，跟踪辅导，确定辅导责任和义务，并落实到阶段性的辅导目标和任务。

3. 阶段性的计划优化提升

督促绩效经理人与员工进行周期性的沟通交流，评估改进效果，来判断改进计划是否合理有效和是否需要优化调整，更好地帮助员工提升。

4. 周期性的计划完成情况总体汇报

将员工绩效提升计划的完成情况纳入部门年度工作汇报和考核的重点内容，体现对该项工作的重视，这也是部门负责人是否重视团队建设和人才培养工作的重要标志。

5. 亮点展示、学习借鉴

周期性地了解员工绩效改进情况，奖励或鼓励改进突出的员工，并将改进亮点展示，供其他员工学习参考，营造良好的绩效改进、互相学习进步的工作氛围。

6. 制度化跟踪落实员工绩效改进过程

通过制度约束，使绩效改进成为一种习惯，也将该项工作定位为企业人力资源管理的核心工作，提供制度保障，引导全员重视绩效改进工作，提升绩效改进效能。

三、绩效改进计划的设计

在明确绩效改进方向的基础上，设计绩效改进计划模板，组织员工结合岗位工作需求和职业发展需求填写，并提交上级审阅，双方沟通确定，便于后期的跟踪指导。直接上级可以结合企业的发展需求、培训资源、晋升渠道、人才需求等，为员工的改进提升提供指导，引导员工改进提升与企业发展需求相匹配，并在员工进步的过程中，及时地给予鼓励、表扬，激发员工改进提升的积极性，推动员工提升个人的职业能力。

（一）选择绩效改进要点的原则

总的原则是：容易改进的优先列入计划；不易改进但亟须改进的列入长期计划，不亟须改进的暂时不要列入计划，如表 6－1 所示。

表 6－1 选择绩效改进要点的方法

绩效	不易改进	容易改进
亟须改进	列入长期改进计划，与绩效薪酬联动落地	第一选择，先做
不亟须改进	暂不列入改进计划	第二选择（有助于其他困难的绩效改进）

（二）考虑解决问题的途径

员工：向主管或有经验的同事学习，观摩他人的做法，参加企业内外的有关培训，参加相关领域的研讨会，阅读相关的书籍，选择某一实际工作项目，在主管的指导下训练等。

主管：参加企业内外关于绩效管理、人员管理等的培训，向企业内有经验的管理人员学习，向人力资源管理专家咨询等。

环境：管理者可以适当调整部门内的人员分工或进行部门间人员交流，以改善部门内的人际关系氛围；在企业资源允许的情况下，尽量改善工作环境和工作条件。

（三）制订绩效改进计划

制订绩效改进计划，并填写绩效改进计划表，一般需要包括以下内容：

（1）员工基本信息；

（2）明确绩效改进计划制订的目的，统一思想；

（3）明确本阶段的改进周期，以及计划制订、落实的责任人，包括员工、管理者；

（4）本阶段绩效评估信息，包括评估数据分析以及问题说明、评价结果等；

（5）本阶段绩效改进执行计划，包括计划内容、目标、时间、要求等；

（6）本阶段绩效改进结果评估，包括管理者对改进效果分析、认证、评估，并对下一阶段的工作安排提出合理的建议；

（7）签字确认。

（四）绩效改进计划的实施和评价

在制订了绩效改进计划之后，管理者应该通过绩效监控和沟通，实现对绩效改进计划实施过程的控制。这个控制的过程就是监督绩效改进计划能否按照预期的计划进行，并根据评价对象在绩效改进过程中的实际工作情况，及时修订和调整不合理的改进计划。

绩效改进计划作为绩效计划的补充，同样需要评价和反馈。绩效改进计划开始于上一个绩效评价周期的结束，结束于下一个绩效评价周期的开始。

绩效改进计划的完成情况反映在员工前后两次绩效评价中的评价结果中。

如果员工在改进后的绩效评价中得到的评价有显著的提高，就在一定程度上说明绩效改进计划取得了一定的成效。

实例分享

绩效改进计划模板 1

绩效改进计划表

员工姓名		员工工号		考核等级	
所在部门		任职岗位		考 核 人	
绩效改进沟通记录					

<table>
<tr><td colspan="6">年度主要绩效表现：</td></tr>
<tr><td colspan="6">绩效改进重点方向：</td></tr>
<tr><td colspan="6">绩效改进具体方案：</td></tr>
<tr><td colspan="3">员工确认签字：</td><td colspan="3">考核人确认签字：</td></tr>
<tr><td colspan="6">HR 人员：</td></tr>
<tr><td colspan="6">绩效改进计划表</td></tr>
<tr><td>日 期</td><td colspan="4">具体改进计划完成情况或改进后的工作成果</td><td>备注</td></tr>
<tr><td></td><td colspan="4"></td><td></td></tr>
<tr><td></td><td colspan="4"></td><td></td></tr>
<tr><td></td><td colspan="4"></td><td></td></tr>
<tr><td></td><td colspan="4"></td><td></td></tr>
<tr><td colspan="6">绩效改进效果反馈</td></tr>
<tr><td colspan="3">考核者评价：</td><td colspan="3">员工自我评价：</td></tr>
<tr><td colspan="2">员工： 日期：</td><td colspan="2">考核者： 日期：</td><td colspan="2">HR 人员： 日期：</td></tr>
</table>

实例分享

绩效改进计划模板 2

绩效改进计划表

<table>
<tr><td>员工姓名</td><td></td><td>员工工号</td><td></td></tr>
<tr><td>所在部门</td><td></td><td>任职岗位</td><td></td></tr>
<tr><td>直接上级</td><td></td><td>入职时间</td><td></td></tr>
<tr><td colspan="4">绩效表现应改进的重点方向及目标</td></tr>
<tr><td colspan="4">1.
2.
3.
……</td></tr>
<tr><td colspan="4">改进须达到的工作成果或绩效结果</td></tr>
<tr><td colspan="4">1.
2.
3.
……</td></tr>
<tr><td colspan="4">改进具体措施及时间计划（包括应提高的具体项目，为什么，如何提高，谁何时做什么等）</td></tr>
<tr><td colspan="4">1.
2.
3.
……</td></tr>
<tr><td colspan="4">考评周期：________个月，自________年________月________日起至________年________月________日止。
第一阶段考评日期：______________　第二阶段考评日期：______________
确认签名：
被考评人：__________________　日期：________
直接上级：__________________　日期：________</td></tr>
</table>

<table>
<tr><td>第一阶段考评
日期：__________</td><td>结果：超出预期　达标　仍需改进　未达标</td></tr>
<tr><td colspan="2">评语：</td></tr>
<tr><td colspan="2">被考评人确认签字：__________　　直接上级确认签字：__________</td></tr>
<tr><td>第二阶段考评（终极考评）
日期：__________</td><td>结果：超出预期　达标　仍需改进　未达标</td></tr>
<tr><td colspan="2">评语：</td></tr>
<tr><td colspan="2">被考评人确认签字：__________　　直接上级确认签字：__________</td></tr>
<tr><td colspan="2">最终决定：
绩效改进效果满意，结束绩效改进计划
延长工作绩效改进及培训计划，增加__________个月（周期）
调整工作岗位至__________
辞退
其他：__________</td></tr>
<tr><td colspan="2">综合评语：</td></tr>
<tr><td colspan="2">被考评人确认签字：__________
直接上级确认签字：__________
人力资源部确认签字：__________</td></tr>
</table>

实例分享

绩效改进计划模板3

绩效改进计划书

提示：在填写计划书前请认真仔细阅读以下填写指导说明

1. 当员工表现不佳被部门列入留岗查看人员时，部门经理通过与员工制订绩效改进计划来提高和改进员工绩效表现。

2. 绩效改进计划时间间期为3个月。考核结果将会直接影响公司对员工的处理意见。

3. 各级人员工作职责划分：

部门主管

➢ 与员工沟通，对员工进行整体业绩评价，指出绩效不佳项并分析和说明原因。（此处经部门主管和被评估人签字确认后生效）

➢ 与员工共同制订绩效改进计划，并明确改进的效果/目标值。其中，改进计划要根据绩效不佳项来制订，如需培训，相关培训安排需要在评估间期以内。（此处经部门主管和被评估人签字确认后生效）

➢ 审查绩效改进计划的完成情况，并就绩效改进期间的表现是否合格给出最终的评估结果。

员工

➢ 签字确认绩效改进执行计划表中第一、二部分所列示的内容。

➢ 定期与部门经理沟通，及时反馈信息。

事业部总经理

➢ 对最终的考评结果及处理意见进行审批。

4. 其他：

➢ 员工个人记录第一部分和第二部分的内容，由双方签字确认生效；部门经理记录第三部分内容，并将其提供给人力资源部作为后续流程的支持文档。

➢ 绩效计划书一式两份，一份留存部门、另一份留存人力资源部。在绩效改进计划期结束后由部门统一交送人力资源部。

员工信息

员工姓名：________________　　部门/车间：________________

班　　组：________________　　入职时间：________________

年终绩效排名：________________　　年终绩效等级：________________

直接主管：________________　　部门经理：________________

第一部分：当前阶段绩效评估

评估间期：　　年　　月　　日—　　年　　月　　日

绩效不佳表现描述（业绩不佳的具体说明）：

____

____

____

____

____

绩效不佳原因分析（根据绩效不佳原因，进行详细的阐述和说明）：

□专业技术________________________________

____

□个人兴趣________________________________

____

□工作回报________________________________

____

□教育培训________________________________

____

□内部沟通________________________________

____

□工作价值________________________________

____

□其他________________________________

____

被评估人签字：____________ 部门经理签字：____________

第二部分：绩效改进执行计划

绩效改进计划开始时间：________ 绩效改进计划结束时间：________

（提醒：绩效改进计划时间间期为 3 个月）

列明预期的结果与具体时限，在此时限内该员工必须实现其承诺达到的结果，以落实绩效改进计划。

改进计划	期望结果	计划完成时间	改进结果
			□进行中 □符合期望要求 □未达到期望要求

被评估人签字：＿＿＿＿＿＿＿＿　　　　部门经理签字：＿＿＿＿＿＿＿＿

第三部分：绩效改进计划的最终结果

部门经理关于绩效改进计划最终结果的评价：

＿＿＿＿＿＿＿＿＿＿＿＿＿＿＿＿＿＿＿＿＿＿＿＿＿＿＿＿＿＿＿＿＿＿＿＿

＿＿＿＿＿＿＿＿＿＿＿＿＿＿＿＿＿＿＿＿＿＿＿＿＿＿＿＿＿＿＿＿＿＿＿＿

＿＿＿＿＿＿＿＿＿＿＿＿＿＿＿＿＿＿＿＿＿＿＿＿＿＿＿＿＿＿＿＿＿＿＿＿

＿＿＿＿＿＿＿＿＿＿＿＿＿＿＿＿＿＿＿＿＿＿＿＿＿＿＿＿＿＿＿＿＿＿＿＿

□员工已经达到了改进计划的要求

□员工没有达到改进计划的要求，留岗查看不合格者建议采取以下措施：

a 部门内部调岗：＿＿＿＿＿（新岗位名称/调动时间）

b 根据公司岗位空缺进行内部应聘

c 降级、降薪

d 离职

e 其他建议：＿＿＿＿＿＿＿＿＿＿＿＿＿＿＿＿＿＿＿＿＿＿＿＿＿＿＿＿

第四部分：签字审批

评估人签字：

部门经理：＿＿＿＿ /＿＿＿＿

（签字）/日期

审批人签字：

总经理：＿＿＿ / ＿＿＿

（签字）/日期

案例来源：百度文库—绩效改进计划书. https://wenku. baidu. com/view/172617c7e3bd960590c69ec3d5bbfd0a7856d5e5. html.

实操演练

任务要求

阅读分析绩效反馈案例。

小王的苦恼

某家电公司。一个角色是公司的人力资源部经理李林，负责公司的人力资源管理工作；另一个角色是人力资源部招聘专员小陈，主要负责招聘工作，是被考核者。

小陈来公司也有一年多的时间了，平日里都能认真完成自己的手头工作，做事非常努力，但为人沉默寡言，与公司其他部门的人员接触较少，是个埋头苦干的角色。前一段时间，小陈给几个有岗位空缺的部门招了一些人员，就能力而言，大多比较优秀，但都存在一个问题：适应性比较差，在工作中经常出现问题，影响了部门的整体业绩。这个考核周期结束后，李林就提前一周给小陈打电话，叫她下周三上午到他办公室进行上季度的绩效反馈面谈。面谈前，小陈已经写好了上季度的工作报告，并且提前交给了李林。

绩效反馈面谈情景和对话如下：

李经理和小陈在会议室，李经理将季度绩效考核情况有关结果拿给小陈看。

李经理：小陈，听说你最近交男朋友了，见过的人都说温柔又帅气，什么时候带来让大家都瞧瞧呀。

小陈：呵呵，改天有时间一定带来炫耀炫耀。

李经理：你说的啊，我可就等着了。好了，咱们先说正事。这次绩效面谈主要是针对你这季度的表现，找出好的地方和不足的地方，你有什么问题也可以提出来，以便更好地进行以后的工作。你看看，这是这季度的绩效考核结果，你这季度的任务完成得不错，我发给你的任务及时完成了，工作态度也很认真，大家有目共睹。

小陈：这是我应该做的，经理，但为什么我的绩效考核分数相比其他人低了许多？

李经理：这次绩效考评季度进行的几次招聘活动，各部门将新录用员工的情况反映给我，各部门经理对新录用员工的工作情况不是很满意。他们虽然能力比较强，但适应工作比较慢，在工作中经常出现问题，影响了部门的整体业绩。这表明你这几次招聘的质量不是很好。部门主管们希望在招聘时，你能和他们进行更多的交流沟通，更充分了解他们的需求，为公司招到更适合的人员，能够为公司带来更多的效益。

小陈：我想要和他们沟通，但不是时间冲突就是部门经理不在，我也就不了了之了。而且这方面也不能全怪我，各部门提交的空缺岗位的工作说明书不是很完整，招聘中各部门主管有的提前离开面试现场，也在一定程度上影响了招聘质量。

李经理：嗯，确实也有你说的原因，不过适应能力在考核指标中占比重较高，以后的工作中要更关注招聘的质量，特别注意那些比重较大的关键指标。你这几次的工作中也确实是疏忽了跟其他部门的沟通，我希望你以后可以更注意一下。沟通良好的话对你以后的晋升也会有所帮助。

小陈：嗯，我确实有这样的不足，这方面我会多加努力。

李经理：这几次工作中，有没有遇到其他方面的困难？

小陈：几次招聘工作中部门拨给的费用很有限，很多工作都不能更好展开，我尽力在有限的资源支持下把工作做好，但结果还是不尽人意，招聘质量不能保证也有这方面的原因。

李经理：费用这方面你控制得很好，但不能因为控制成本，而降低了质量。要是招聘费用确实不足，你可以跟我汇报，我尽力帮你再多申请一点。有问题了不要总是自己一个人扛，要提出来大家一起商量啊。不过成本方面确实是我的疏忽，以后我会更注意成本这一块。其他方面还有什么问题吗？

小陈：其他的倒还好，没什么问题了。

李经理：那好，咱们今天先到这，今后的工作你还要继续努力，把绩效提上来。以你这样的工作态度和能力，再多多注意沟通的话，前途是不可限量啊。

小陈：呵呵，谢谢李经理，今后我会更努力工作的。

案例来源：绩效研究微信公众号. https://mp.weixin.qq.com/s/MeL0TY0w3IOKUsM_I2aEtQ.

请结合本案例思考：

1. 绩效面谈在绩效管理中有什么样的作用？人力资源部门应该围绕绩效面谈做哪些方面的工作？

2. 本次绩效面谈主要反馈了哪些绩效表现问题？导致这样结果的原因何在？怎样做才能避免这些问题的产生？

3. 请结合以上思考，从帮助改进提升绩效的角度，制订一份绩效面谈计划，设计绩效面谈提纲，模拟演练绩效面谈过程，并商定绩效改进计划。

操作流程

1. 结合任务背景，设计绩效改进计划模板；
2. 根据案例整理绩效反馈面谈问题重点、原因及改进方式；
3. 模拟开展绩效面谈，重点在面谈过程中商定绩效改进计划；
4. 各组同学观看面谈，并提出改进意见。

注意事项

1. 绩效改进计划应符合绩效提升需求，明确具体，内容结合工作实际，并明确改进时间和预期改进效果。

2. 为保障绩效面谈改进计划后续的落地执行，应注意进行周期的反馈和跟踪评估机制的设计。

项目七

绩效考核结果应用

学习目标

知识目标

（1）了解绩效考核结果的应用领域和应用意义。

（2）掌握部门、中层干部、员工绩效考核结果在薪酬、人岗匹配等重点管理活动中常见的应用方法。

（3）熟悉绩效考核结果应用的相关法律法规知识。

能力目标

（1）能够熟练进行绩效考核结果的分层分类统计、分析。

（2）能够协助制定部门、中层干部、员工层级的绩效考核结果在薪酬、人岗匹配等方面的应用规则及方案。

（3）能够有效落实执行绩效考核结果应用方案，并有效宣导、收集意见，为下一步制度优化奠定基础。

思政目标

（1）培养实事求是、不弄虚作假的职业道德，确保考核结果真实性。

（2）培养依法行事、严守秘密的职业道德，严格按照规章制度执行考核结果应用方案，包括绩效奖金方法、职位晋升、干部选拔等，公平、公正。

（3）树立大局意识，从企业整体人才队伍建设的角度，通过绩效结果的应用来引导员工积极向上，与时俱进，成长发展。

思维导图

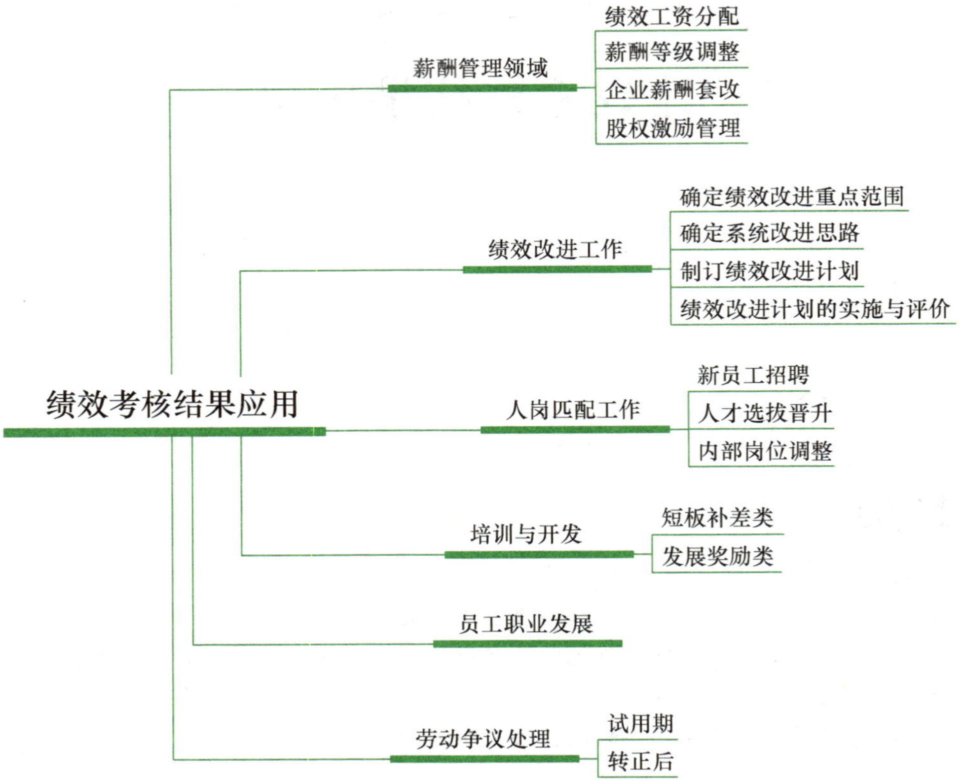

项目引例

绩效考核效果不理想的原因分析

原因一：考核没有与目标保持一致

企业想达到什么目的，就应该考核什么。企业考核内容是企业组织文化和管理理念的具体化，但有些企业没有清晰的考核标准，考核了一些无关紧要的项目，该考核的却没有做。

原因二：考核没有侧重点

考核内容不可能包括被考核岗位的所有工作内容，考核应选择岗位工作的主要内容进行，不可能面面俱到。绩效考核是对员工工作的考核，对与工作不是密切相关的其他任何内容都不要进行考核。

原因三：考核指标千人一面

确定和找到每一职位的关键业绩指标是考核成功的基础。可以邀请专家对公司整体价值创造业务流程进行分析，找出对公司影响较大的指标。

原因四：考核目标不合适

从人们的主观愿望和企业的发展需求上看，都希望业绩是递增的，但是就某一个企业而言，必须客观一些，当企业的外部经营环境变差或者企业自身的经营能力受到严重影响的时候，关键指标非但不能上升，保住现在的业绩就非常不错了。同时指标要有可操作性，应有明确的定义和计算方法，易于取得可靠的初始数据。

原因五：考核指标没有细化

为了提高考核的可靠性，考核的尺度应该尽可能细化。例如，对于员工“工作主动性”指标的考核，如果只采用主观尺度，可能有这样几种标准：很好、较好、一般、较差和很差。但如果采用细化尺度考核时就会很细，考核的准确度也会增加。

原因六：考评人员不合适

很多企业中都是大家互相评，或让群众给领导评，这是经常采取的办法。现在很多企业采取的方法就是人跟人相比、互相评先进这样一种做法，或者是完全由领导说了算，或者是说完全由员工说了算，这都是有问题的。

有的企业仅仅把考评作为直线部门主管的事或 HR 部门的事。有的 HR 部门在绩效评价方面只负有协调设计和执行评价方案的责任，而最重要的实际操作则由直接管理人员负责。事实上，评价方案的成功，必须靠 HR 部门和直线部门结合起来实施。

原因七：考评准备工作没有做好

在 360 度反馈评价系统中，参与者之间的高度信任以及针对他们的培训是必需的。公司应针对直接考核者开办专门的考核培训课程，并在培训中强调：绩效评价是全面的，并且是一个连续的过程。

原因八：考核中缺乏交流沟通

考核不是目的，而是一种手段。它的目的应该是通过考核来促进企业的绩效、经营业绩的提高和员工能力的开发。大部分企业在考核时根本没有做反馈，就是说考核完了并没有向被考核的人反馈意见：“你的表现怎么样，我对你的期望是什么，你的差距是什么，你应该怎么努力，我应该给你提供什么样的帮助。”

整个评价体系中最重要的是建立评价沟通机制，考核执行者应不断地保持与员工的交流，创造一个公开的环境。双向沟通是考核双方双赢的前提和基础，是绩效考核的生命线。

原因九：考核过于苛刻

许多企业把考评表格制定得非常详细，对员工要求的指标制定得过于苛刻，其结果往往是劳而无功，被考核者怨声载道。

原因十：考核不跟奖惩挂钩

考核应该将提高工资和晋升职务紧密结合。以通用电气（GE）为例，GE 公司的职员每年经考核后，确定为五个等级。相对较好的三级人员将获得职务或工资上的提升，第五级的职员要受到超级提拔。对结果相对较差的前两级职员不是简单地辞退了事，而是首先搞清他们工作不好的原因，然后给予他们再工作 6 个月的机会。在改进工作期间，公司对这部分人分三种情况处理：重新分配工作；减少他们原承担的责任，降级使用；工作无法改进则解雇。

原因十一：错误的考评观念

考评者通常认为“员工不喜欢考评”，但其实员工最怕的是赏罚不明，或者根本没有赏罚。没有考评，自然也就无从赏罚，认为自己干得出色的员工肯定会受挫。员工也希望通过考评知道自己哪里需要改进。

上级跟下级应该利用考核的机会进行交流，这种沟通应该是经常性的，而不仅仅在年终，应该每周都进行。这时候的管理者就真正成为一个教练，成为一个指导者在帮助员工，这种上级与下级的关系也就变成非常融合，非常默契。

原因十二：失当的考评技能

一些管理者缺乏激发雇员动机的考评技能，在考核过程中，管理人员经常把员工置于局外。许多管理者认为，没有什么事需要跟员工讨论，认为对下属工作的考核，没有必要让他们知道结果。其实，管理者既要通过沟通和教练来提高员工的知识和技能，还要帮助改善员工态度、个性、人格、内驱力、社会动机等方面的做法。

引例分析提示

企业绩效管理制度设计和实施旨在更好地提升全体员工的绩效水平，推动企业的发展。绩效结果的反馈和应用是激励员工的关键环节。阅读以上案例，请参考以下几个角度开展讨论、分析、思考：

1. 绩效结果的应用对于企业人力资源管理的重要意义是什么？

2. 绩效结果是否应用到员工的薪酬分配、培训开发、晋升选拔等方面，对于绩效管理本身是否有影响？

3. 绩效结果定量应用在奖金分配中，如何操作？需要注意哪些方面？

4. 绩效结果定性应用在人才选拔晋升中，如何操作？需要注意哪些方面？

5. 绩效结果应用规则制定，从企业劳动争议风险规避角度，具有什么意义？

6. 绩效结果应用方案实施，从维护员工利益角度思考，需要坚守哪些原则？

分配制度与绩效问题

任务

绩效考核结果在人力资源管理领域的应用

知识技能

课堂讨论

1. 你认为绩效结果的应用重要吗？为什么？

2. 绩效结果可以应用到人力资源管理的哪些方面？可以起到什么样的相应引导作用或管理效果？

知识准备

绩效考核的总体目标是提升企业团体绩效，提升企业员工个人绩效水平，使企业的人力资源队伍越来越优秀。为了激励员工努力提升绩效、努力学习成长，在企业人力资源管理体系中还有非常重要的一个环节，就是将绩效考核结果应用到人力资源管理的各个模块，有针对性地激励员工和引导员工成长。

绩效考核结果应用范围一般包括薪酬分配、工资等级调整、岗位调整、职位晋升、教育培训、员工奖惩、绩效改进等多个领域。绩效考核结果应用是人力资源管理体系中重要且核心的环节。本任务中我们将一起学习了解如何将绩效考核结果具体应用到企业人力资源管理各个环节。结果应用领域示例如图 7-1 所示。

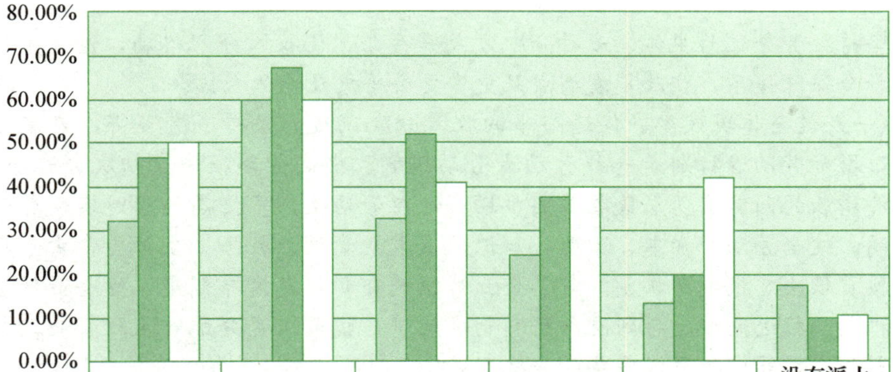

	调薪	奖金分配	职位晋升	岗位调动	裁员或辞退	没有派上用途
高管	31.90%	60.20%	32.60%	23.90%	13.20%	16.70%
中层	46.30%	66.80%	51.20%	37.60%	19.60%	10.00%
普通员工	49.80%	60.40%	40.70%	39.10%	41.00%	10.60%

图 7-1 结果应用领域

资料来源：www. chinaHRD. net.

企业一般会在绩效管理制度中明确结果应用的方向，引导员工重视个人绩效提升，包括后续确定绩效奖金水平、评优评先等。从表现形式的角度，主要分为定量和定性两类：

（1）定量方式。绩效考核成绩或者等级直接用于确定绩效工资额度，包括是否能够上浮，上浮的具体比例为多少。或直接确定是否能够调整薪酬等级，调整几级，并在绩效或相关的管理制度中具体明确规定绩效考核结果应用规则，清晰、直接，激励效果比较明显。

（2）定性方式。绩效考核结果灵活应用于企业引导员工成长、干部队伍选拔等方面。例如，将员工的绩效考核结果进行深入分析，了解员工需要哪些方面的培训学习才能更好地提升个人绩效水平，分析员工在哪些方面的发展潜力较大，可以进一步纳入哪类岗位后备库进行提前培养，确保人才梯队的建设和人力资源队伍的可持续支持。在干部选拔过程中，虽然不会因为绩效优秀直接选拔，但会充分考虑应聘者近三年的绩效成绩，同时结合其他方面的履职能力评估数据，推断该应聘者在这个岗位上的胜任潜力。这些应用方式虽然并不直接具体，但却关系到员工管理的方方面面，逐渐成为新时代帮助员工成长的重要手段，在激励方面具有长效性。

知识链接

企业分配与绩效联动相关政策

国有企业工资分配机制要求与业绩、绩效挂钩，按劳分配。

一、2020年5月《中共中央 国务院关于新时代加快完善社会主义市场经济体制的意见》分配机制相关内容如下：

……

坚持按劳分配为主体、多种分配方式并存，优化收入分配格局，健全可持续的多层次社会保障体系，让改革发展成果更多更公平惠及全体人民。

（一）健全体现效率、促进公平的收入分配制度。坚持多劳多得，着重保护劳动所得，增加劳动者特别是一线劳动者劳动报酬，提高劳动报酬在初次分配中的比重，在经济增长的同时实现居民收入同步增长，在劳动生产率提高的同时实现劳动报酬同步提高。健全劳动、资本、土地、知识、技术、管理、数据等生产要素由市场评价贡献、按贡献决定报酬的机制。完善企业薪酬调查和信息发布制度，健全最低工资标准调整机制。推进高校、科研院所薪酬制度改革，扩大工资分配自主权。鼓励企事业单位对科研人员等实行灵活多样的分配形式。

……

二、《国务院关于改革国有企业工资决定机制的意见》国发〔2018〕16号相关内容：第二部分关于改革工资总额决定机制中

（四）完善工资与效益联动机制。企业经济效益增长的，当年工资总额增长幅度可在不超过经济效益增长幅度范围内确定。其中，当年劳动生产率未提高、上年人工成本投入产出率低于行业平均水平或者上年职工平均工资明显高于全国城镇单位就业人员平均工资的，当年工资总额增长幅度应低于同期经济效益增长幅度；对主业不处于充分竞争行业和领域的企业，上年职工平均工资达到政府职能部门规定的调控水平及以上的，当年工资总额增长幅度应低于同期经济效益增长幅度，且职工平均工资增长幅度不得超过政府职能部门规定的工资增长调控目标。

……

（五）分类确定工资效益联动指标。根据企业功能性质定位、行业特点，科学设置联动指标，合理确定考核目标，突出不同考核重点。

……

第四部分关于完善企业内部工资分配管理中

（十）深化企业内部分配制度改革。国有企业应建立健全以岗位工资为主的基本工资制度，以岗位价值为依据，以业绩为导向，参照劳动力市场工资价位并结合企业经济效益，通过集体协商等形式合理确定不同岗位的工资水平，向关键岗位、生产一线岗位和紧缺急需的高层次、高技能人才倾斜，合理拉开工资分配差距，调整不合理过高收入。加强全员绩效考核，使职工工资收入与其工作业绩和实际贡献紧密挂钩，切实做到能增能减。

实例分享

YJ 公司绩效管理制度（摘录）

……

第十二条　部门考核结果应用

部室年度考核等级划分为“优秀”“合格”“基本合格”“不合格”四个等级，考核等级与划分条件的对应关系如下：

绩效考核等级确定标准

年度考核等级	条件
优秀	需同时满足： 1. 年度考核得分≥85 且排名前 20%； 2. 未出现岗位严重禁止行为
合格	需同时满足： 1. 年度考核得分≥70 分； 2. 未出现岗位严重禁止行为
基本合格	年度考核得分在 60～69 分
不合格	年度考核得分＜60 分

部室考核结果是部室中层干部年度考核成绩的重要组成部分，且作为部室员工评优评先、绩效工资计发的重要依据。

……

第十八条　员工考核结果应用

（一）年度绩效考核等级作为年度绩效工资发放的依据，也作为中层干部“职员等级”和“岗级、薪档”调整的重要依据。

（二）个人年度绩效考核结果为岗位调整、职位晋升、教育培训、奖惩等的重要参考，且为绩效水平提升与绩效改进的依据。

……

一、绩效考核结果在薪酬管理领域的应用

绩效考核结果常常应用在薪酬分配中，包括部门或员工的月度/季度绩效奖金分配、年终奖分配、薪级的动态调整等。

根据公平理论，员工对于薪酬的满意程度不仅会受到获取薪酬的多少影响，还会受到感受是否公平影响，包括外部公平、内部公平、自体公平。而公平标准的衡量与绩效考核结果在薪酬分配中的应用息息相关。

知识链接

公平理论

亚当斯公平理论由美国心理学家约翰·斯塔希·亚当斯（John Stacey Adams）于1965年提出：员工的激励程度来源于对自己和参照对象（Referents）的报酬和投入的比例的主观比较感觉。

公平理论的模式（即方程式）：

$$Qp/Ip=Qo/Io$$

式中，Qp代表一个人对他所获报酬的感觉，Ip代表一个人对他所做投入的感觉，Qo代表这个人对某比较对象所获报酬的感觉，Io代表这个人对比较对象所做投入的感觉。

其中员工所做投入可以通过绩效考核结果进行衡量。因此绩效水平与报酬的相对比较，会极大影响员工对于薪酬分配公平与否的感受，甚至会影响到员工的工作积极性和留任意愿。

（一）绩效工资分配应用

企业为了激励员工努力提升绩效水平，通常在企业薪酬结构中设计绩效工资模块，占比一般在30%～70%，该比例随部门类型、岗位业务类型不同，占比有所不同。绩效工资的发放依据就是绩效考核结果。根据绩效考核结果应用方式不同，主要分为以下几类：

1. 个人绩效考核分数直接用于确定绩效工资

绩效考核结果为百分制分值的，一般可采用团队内部二次分配的方式进行绩效工资分配，实现优劳优酬，常用分配公式如下：

个人绩效工资＝团队绩效工资标准×(个人绩效分数/团队绩效分数总和)

2. 个人绩效考核等级应用于确定分配系数

绩效考核结果为A、B、C、D这样的等级制的，一般不同等级对应不同的绩效工

资系数，例如优秀对应绩效工资系数为 1.2、良好 1.1，或直接规定相应等级上浮或下调的绩效工资比例，来实现优劳优酬。

例如，某集团公司的奖金分配办法中，规定绩效奖金系数是根据不同的绩效等级设定，奖金由季度奖、年度奖和特殊贡献奖组成。季度奖是对员工本季度工作绩效的回报，依据员工月平均工资水平和本季度个人绩效等级确定。季度奖金系数是指集团公司季度奖金总额占季度工资总额的比例，该比例原则上不高于 15%。季度绩效考核等级与奖金系数对照表如表 7-1 所示：

表 7-1 季度绩效考核等级与奖金系数对照表

绩效考核等级	A	B	C	D	E
绩效奖金系数	1.5	1.3	1.0	0.8	0

绩效工资计算公式如下：

绩效工资=绩效工资标准×绩效工资系数

年终奖是对员工本年度工作绩效的回报，年度奖金系数为年终奖金额占全年工资总额的比例，原则上不超过 15%。年度绩效考核等级与奖金系数对照表如表 7-2 所示。

表 7-2 年度绩效考核等级与奖金系数对照表

绩效考核等级	A	B	C	D	E
年终奖金系数	1.4	1.2	1.0	0.7	0.4

3. 个人绩效结果应用于确定绩效奖金上调幅度

绩效结果形式为优秀、良好、称职、不称职这样的等级制的，可以应用于确定不同的绩效奖金的调整幅度，如表 7-3 所示。

表 7-3 年度绩效考核等级与绩效工资浮动标准对照表

考核等级	优秀	良好	称职	不称职
绩效工资浮比	上浮 5%	上浮 2%	不调整	下调 10%

绩效工资计算公式样例如下：

$$\text{个人年度绩效工资}=\frac{\text{个人绩效工资标准}\times(1+\text{个人绩效浮动比例})}{\sum[\text{部室内科员绩效工资标准}\times(1+\text{个人绩效浮动比例})]}\times\text{部门年度绩效工资标准}\times(1+\text{部门绩效浮动比例})$$

【例】某部门共 4 名员工，分别为 R_1、R_2、R_3、R_4，其年度绩效工资标准皆为 8 万元，年度绩效考核等级分别为优秀、良好、称职，该部门年度绩效考核等级为优秀，那么 4 名员工的年度绩效工资应为：

$$S_{R_1}=\frac{8\times(1+0.05)}{8\times(1+0.05)+8\times(1+0.02)+8+8}\times(8+8+8+8)\times(1+0.05)=8.67$$

$$S_{R_2}=\frac{8\times(1+0.02)}{8\times(1+0.05)+8\times(1+0.02)+8+8}\times(8+8+8+8)\times(1+0.05)=8.42$$

$$S_{R_3}=\frac{8}{8\times(1+0.05)+8\times(1+0.02)+8+8}\times(8+8+8+8)\times(1+0.05)=8.26$$

$$S_{R_4}=\frac{8}{8\times(1+0.05)+8\times(1+0.02)+8+8}\times(8+8+8+8)\times(1+0.05)=8.26$$

实例分享

RA公司薪酬管理制度（摘录）

……

第十六条　部门正职绩效工资

年度绩效工资＝绩效工资标准×(1＋个人绩效浮动比例)

1. 绩效工资标准

总经理(主任)绩效工资标准＝支行行长平均业绩年薪×绩效系数

绩效系数根据总经理（主任）所承担工作的价值差异确定，按所在部门的类别确定绩效系数，如下表所示。

部门绩效系数表

部门类别	部门名称	绩效系数
核心业务部门	信贷业务部、公司业务部……	1.1
业务保障与业务支撑部门	风险合规部、信息科技部、人力资源部、办公室……	1.0

对于部门在市级职能考核中位列一等的，调高部门负责人绩效工资0.1个绩效系数，连续两年位列三等的，调低部门负责人绩效工资0.1个绩效系数。

除总经理（主任）以外，其他中层岗位绩效工资标准＝所在部门总经理（主任）绩效工资标准×绩效挂钩系数

其中，挂钩系数如下表所示。

岗位绩效挂钩系数表

岗位名称	绩效挂钩系数
副总经理（副主任）主持工作	0.98
副总经理（副主任）	0.75
总经理（主任）助理	0.60

2. 个人绩效浮动比例

根据个人年度考核等级确定绩效浮动比例，如下表所示。

绩效考核等级对应工资浮动标准表

个人年度考核等级	A级（优秀）	B级（良好）	C级（称职）	D级（不称职）
绩效工资浮比	上浮5%	上浮2%	不调整	下调10%

个人年度考核等级根据《×××总部绩效管理办法》相关规定执行。

……

4. 部门考核结果应用于部门绩效奖金上调幅度

员工绩效工资除与个人绩效考核结果挂钩以外，还可与团队绩效考核结果紧密相关。如在企业奖金分配中根据部门考核等级确定部门绩效系数，用于进一步调整绩效奖金的分配额度，来激励部门员工为了团队的绩效提升而共同努力。计算公式如下：

个人绩效工资＝个人绩效工资标准×个人绩效考核系数×团队绩效考核系数

若公司按照部门绩效考核结果对绩效奖金总体打包，并在部门内部进行二次分配，则计算公式如下：

$$\text{个人绩效工资}=(\sum \text{部门全体员工绩效工资标准}\times\text{部门绩效考核系数})\times[\text{个人绩效工资标准}\times\text{个人绩效考核系数}\div\sum \text{部门全体员工(绩效工资标准}\times\text{绩效考核系数)}]$$

5. 部门考核结果应用于业绩类绩效奖金调整

若员工岗位属于销售类岗位，承担较多的量化指标，则计算方式更为具体，且挂钩程度更加紧密。奖金计算基数一般根据产量、销售额、利润、费用节约等确定，奖金数额就是再根据前述指标乘以一个提成比例。

（1）产量提成奖金。

某生产企业的酿造车间奖金总额为吨产品提成13.2元，超额完成任务吨产品提成为19.8元；灌装车间吨产品提成为33.3元，超额完成任务吨产品提成为50元。

（2）销售额、利润提成奖金。

销售提成奖金是激励企业销售员工的主要方法之一，以某企业业务员奖金发放为例，其奖金计算公式为：

$$\text{业务员奖励工资}=\text{超额销售收入}\times K_1+\text{超额销售利润}\times K_2$$

式中，K_1 是超额销售收入提成比例，超额销售收入＝本月实现销售收入－0.8×$\sum$（各种产品的底价×各种产品目标销量）；本月实现销售收入根据实际回款额计算；超额销售收入提成比例 K_1 的具体数值见表7-4。

表 7-4　奖励提成比例

职位	超额销售收入提成比例 K_1	超额销售利润提成比例 K_2	销售收入提成比例 K
市场营销部增强材料组	0.25%	2.5%	NA
海外市场部增强材料组	0.25%	2.5%	NA
市场营销部玻璃布组	NA	NA	0.007 5%
海外市场部玻璃布组	NA	NA	NA

K_2 是超额销售利润提成比例，超额销售利润$=\sum$(各种产品销售价格－各种产品的底价)×各种产品实际销量，实际销量根据本月回款的合同计算。超额销售利润提成比例 K_2 的具体数值见表 7-4。

奖金最低为零，如果计算结果为负数则以零计。

如：

$$市场营销部玻璃布业务员奖励工资=本月实现销售收入\times K\times P$$

式中，K 是销售收入提成比例，本月实现销售收入根据实际回款计算。

P 是奖励价格调整系数，是玻璃布产品出售价格超过或低于产品底价时对奖励进行的调整。$P=1+[销售额\div\sum(各种产品的底价\times各销量)-1]\times 5$，即当出售价格超过或低于底价的 1%时，奖励增加或减少 5%。

(3) 费用节约提成。

企业通常会在责任书中约定各种费用总额，节余部分按照一定的比例作为项目组人员的奖金，费用总额占合同额的比例以及奖金占费用节余的比例等具体数值在责任书中约定。

(4) 根据目标责任书或其他规定计算奖金。

本案例中经营管理部奖金的计算就是根据目标责任书的约定，在完成责任目标的前提下，根据新增合同额的完成情况确定的。

(二) 年度薪酬调整应用

绩效考核结果可作为调整员工固定薪酬的依据。这部分薪酬是以员工的劳动熟练程度、所承担工作的复杂程度、责任大小及劳动强度为基准确定的。表 7-5 是某公司依据连续五年绩效考核结果所确定的加薪比例。

表 7-5　某公司基于五年综合绩效的加薪比例

绩效考核等级	带宽位置			
	<25%	25%～50%	50%～75%	>75%
优秀	13%～15%	12%～13%	11%～12%	10%～11%
中等	11%～12%	10%～11%	9%～10%	8%～9%
合格	9%～10%	8%～9%	7%～8%	5%～6%

企业薪酬等级调整的参考依据一般以绩效考核等级为主，具体应用方法如以下案例所示，优秀、良好晋升薪级，不称职降低薪级，或者将绩效考核等级转换为积分，积满一定分数进行薪级的调整。

实例分享

××××公司薪酬管理制度（摘录）

……

第五章 薪酬调整

第十条 工资调整原则

（一）根据全行年度经营业绩指标完成情况、效益实现情况及外部劳动力价格水平，由薪酬与绩效管理领导小组适时适度对全行工资总额进行调整，并报党委会决议。

（二）重点考虑员工对本行的贡献、业绩导向，对于表现优秀的员工加大薪酬调整幅度。

（三）年末考核为“优秀”的机构，薪酬与绩效管理办公室可适当增加其优秀员工的比例（不超过该机构人数的5%）。

第十一条 工资调整规则

（一）绩效考核调整

根据员工绩效考核结果，进行职员等级和岗级、薪档调整。

1. 职员等级调整

根据员工绩效考核结果和综合能力素质提升情况，进行职员等级调整，具体标准如下表所示。

职员等级调整标准表

年度考核等级	职员等级调整
优秀	升2级资格
良好	升1级资格
称职	不变
不称职	降1级资格

……

2. 岗级薪档调整

根据年度绩效考核结果，实行绩效积分升级制，进行薪档动态调整。具体调整办法如下表所示：

岗级薪级调整标准表

年度考核等级	积分标准	岗级薪级升（降）办法
优秀	3	积满3分升1岗级，积满2分升1薪档，每2年积分一清零
良好	1	
称职	0	出现一次，下调1薪档； 若连续两次“称职”，相当于“不称职”，可视情况进行岗位调整
不称职	0	1. 下调至该岗位起始岗级对应薪档； 2. 若连续两年不称职，可视情况解除劳动合同等处理

薪酬与绩效管理办公室根据当年市场环境、本行经营效益、工资标准执行情况及各单位考核结果等，制定升级方案，报薪酬与绩效管理领导小组审批后执行。

（三）企业薪酬套改中的应用

在企业薪酬改革的套改过程中，员工的绩效表现往往是确定套改等级高低的重要依据。一般考虑近三年的绩效考核等级，确定初始套改等级的高低差异。或按照考核排名区分套改等级。

1. 绩效考核结果应用于确定薪档套入等级

如表7－6所示，不同的绩效考核结果排名对应不同的薪档套入标准。

表7－6　绩效考核结果——初始套入岗级及薪档调整标准

同层级任职年限	绩效考核结果排名前20%	绩效考核结果中间水平	绩效考核结果排名后20%
5年以下（不含5年）	岗级＋1，薪档不变	岗级不变，薪档不变	岗级不变，薪档不变
5～10年（不含10年）	岗级＋1，薪档＋1	岗级不变，薪档＋1	岗级不变，薪档不变
10～15年（不含15年）	岗级＋1，薪档＋2	岗级不变，薪档＋2	岗级不变，薪档＋1
15年及以上	岗级＋1，薪档＋3	岗级不变，薪档＋3	岗级不变，薪档＋2

2. 绩效考核结果应用于确定薪档套改积分

如表7－7所示，不同的绩效考核等级在薪档要素积分中对应不同的积分标准，从而实现员工的差异化套级。根据不同的年度考核结果累计积分，根据积分进行调整。

表7－7　绩效考核结果——初始套入薪档调整标准（积分制）

考核结果	占比	对应积分	升级规则
优秀	20%	2分	积满2分升1档。升档后剩余积分可累计至次年
良好	30%	1分	
合格	不限制	0分	
不合格		－1分	

（四）股权分配中的应用

绩效考核结果也常常应用在企业股权激励中。企业在股权分配过程中，为了激励各部门、员工努力完成绩效目标，股权的分配并非一次性配完，而是分年度根据年度绩效考核结果确定具体配比，如表 7－8 所示，在公司绩效目标完成，部门绩效考核也完成的情况下，可以 100%授予当年的股权比例，若是部门绩效未完成，则只能授予一部分股权，来激励各部门努力完成当年的绩效目标任务。

表 7－8 绩效考核结果——股权比例标准

公司绩效目标	部门绩效目标	授予比例
完成	完成	100%
	未完成	50%
未完成	完成	30%
	未完成	0

绩效考核结果同时可应用于股权退出机制的设计中，例如某事业部规定：连续半年未达成公司制定的绩效目标的 90%，或者个人绩效目标的 90%，事业部有强制其退股的权利，以原价退还其股金，无利息无分红。

企业还可以将绩效目标任务设定三线制：必达线、目标线、卓越性，达到卓越线的获得超额奖金，具有转化认购股份的权利，从而突出对持续做出突出贡献的员工的奖励。低于必达线则失去认购资格，如表 7－9 所示。

表 7－9 绩效考核结果——股权比例标准

部门绩效目标完成情况	奖金比例	股权授予比例
卓越线	150%	可选择奖金全部转化认购股权
目标线	120%	可选择 30%奖金认购股权
必达线	100%	无认购股权资格

实例分享

某设计院绩效考核结果应用相关制度摘录

一、季度绩效考核结果应用

第一条 季度绩效考核结果主要用来确定执行年薪制的公司管理层、各部长以及执行季度绩效工资制各岗位的季度绩效工资。

$$\frac{\text{公司管理层}}{\text{季度绩效工资}}=\frac{\text{季度标准}}{\text{绩效工资}}\times 3\times\frac{\text{测设一部、测设二部、岩土部}}{\text{季度绩效考核系数平均值}}$$

各部长季度绩效工资＝季度标准绩效工资×3×部长季度绩效考核系数

其他执行季度绩效工资制各岗位季度绩效工资＝季度标准绩效工资×3×个人季度绩效考核系数×部门季度绩效考核系数

季度标准绩效工资由所在岗位确定，不同岗位具体数值见《薪酬管理制度》（略）。

部门季度绩效考核系数、部长季度绩效考核系数、个人季度绩效考核系数根据考核结果确定，等于绩效考核分数除以100。

各部门、各岗位的季度绩效考核表见《绩效考核表》等文件。

第二条　季度考核不合格者，降1级岗位工资。

二、项目绩效考核结果的应用

第三条　项目绩效考核结果主要用来确定项目奖金，奖金计算及分配规则见《薪酬管理制度》及项目目标责任书中相关规定。

三、年度绩效考核结果的应用

第四条　年度绩效考核结果主要用来确定各岗位的年度绩效工资。

公司管理层年度绩效工资＝年度标准绩效工资×12×公司年度绩效考核系数

各部长年度绩效工资＝年度标准绩效工资×12×公司年度绩效考核系数×部长年度绩效考核系数

其他各岗位年度绩效工资＝年度标准绩效工资×12×公司年度绩效考核系数×部门年度绩效考核系数

年度标准绩效工资由所在岗位确定，不同岗位具体数值见《薪酬管理制度》。

公司年度绩效考核系数根据《公司经营目标责任书》确定，由公司董事会进行考核并经股东会讨论通过。

四、年度绩效考核结果的其他应用

第五条　年度绩效考核结果可以用来作为年终奖金和总经理奖励基金发放的依据。

第六条　岗位提升：年度绩效考核等级可作为公司提升员工岗位的重要依据。

第七条　工资晋级、降级：年初综合管理部根据公司发展状况提出员工工资晋级方案，经总经理办公会议批准，根据员工季度、项目、年度绩效考核结果判定是否晋级、降级。

第八条　年度绩效考核不合格员工，若合同期满，下一年度公司不再与该员工签订劳动合同；若合同未到期，该员工转换到其他称职岗位或待岗，待岗发放最低生活保障标准工资，待合同期满，公司不再与该员工签订劳动合同。

第九条　员工培训：各部门在年度绩效考核结束后15天内，参考绩效考核所反映的员工能力素质状况编制年度培训需求计划，报公司综合管理部。综合管理部编制年度培训计划。

案例来源：admin. 某设计院绩效考核结果应用.（2017-08-25）[2021-08-08]. http://www.bjsmzx.com/page/pj/599.php.

二、绩效考核结果在绩效改进工作中的应用

绩效考核的目的就是改进团队和员工的绩效，绩效管理的重要环节之一就是开展绩效改进。改进的方向需根据绩效考核结果确定。管理者需要与员工对考核期内员工所存在的不足达成共识并对考核结果分析，提出改进措施，同时将改进措施和员工实际情况相结合，制订出有针对性的绩效改进计划，这样一方面是帮助员工提高能力，另一方面是为下一个绩效考核周期做好准备，提升绩效管理的效率。

在绩效改进过程中，管理者应该作为员工的绩效合作伙伴，以“帮助者”和“支持者”的身份，与员工共同制定绩效目标，共同探讨成功的办法，共同分析实现目标的障碍和困难并排除之，最终实现“投资于人”的目的，使绩效管理落到实处。

绩效考核结果在绩效改进工作中的应用主要包括确定绩效改进重点范围、确定系统改进思路、制订改进计划和绩效改进计划的实施和评价。

（一）确定绩效改进重点范围

企业对绩效考核结果进行多维分析，可以有效指导员工的绩效改进，从而促进员工队伍提升。主要可以从以下三个维度思考：

1. 与同类员工比较（横向比较）

用员工的绩效结果与同岗位其他员工比较，可分为三类：

A1 类：绩效结果排名前 30%的员工；

A2 类：绩效结果排名中间 50%的员工；

A3 类：绩效结果排名后 20%的员工。

2. 与自己比较（纵向比较）

用员工现在的绩效结果与过去的绩效结果进行比较，可分为三类：

Z1 类：绩效持续提升的员工；

Z2 类：绩效保持稳定的员工；

Z3 类：绩效呈下降趋势的员工。

3. 与标准比较

用员工的实际绩效结果与绩效标准相比较，可分为三类：

Q1 类：绩效水平超过卓越线，即远超过预期标准；

Q2 类：绩效水平处于目标线左右，即符合预期标准；

Q3 类：绩效水平处于必达线左右，即不符合或刚刚达到容忍底线。

结合以上三种分类，其中 A3、Z3、Q3 这三类员工则是绩效改进的重点员工群体。

（二）确定系统改进思路

绩效考核结果是员工工作态度、工作能力以及实际工作表现的总体反映，仅仅从某项技能或业务的具体改进不一定可以有效推进绩效的提升，只有站在企业的高度，整体

盘点分析，准确确定方向，开展绩效改进工作，才能提升团队整体的绩效水平。系统性的改进思路如图 7－2 所示：

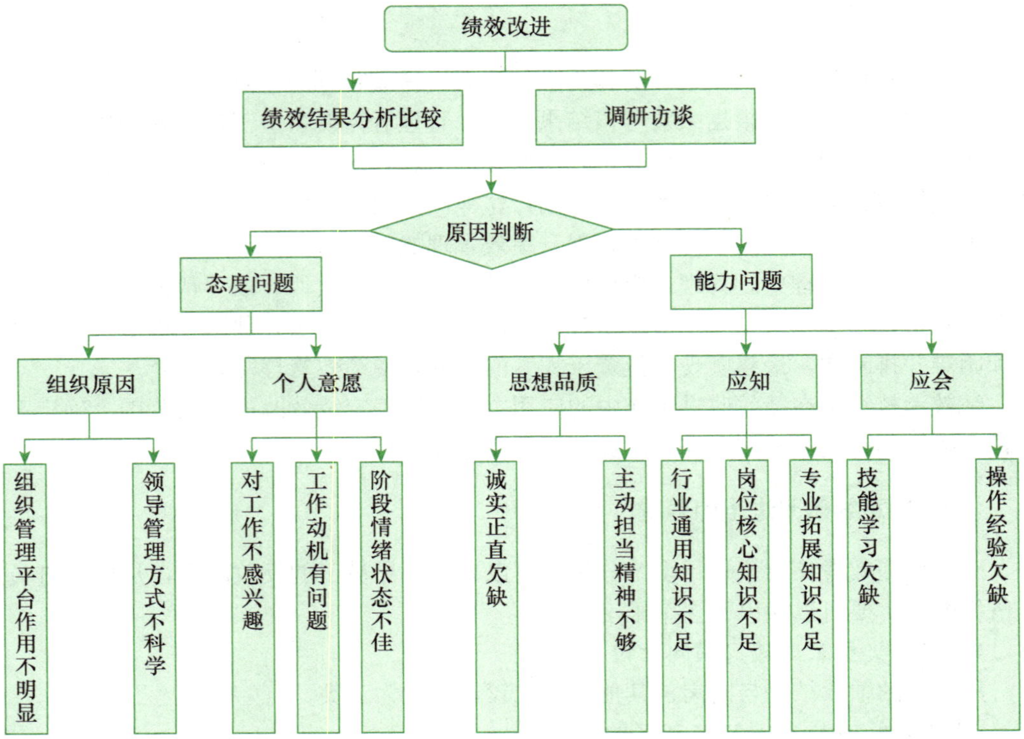

图 7－2　绩效考核结果应用于系统改进逻辑图

在系统分析确定改进方向的基础上，再填写员工绩效诊断表，如表 7－10 所示，为下一步制订绩效改进计划提供依据。

表 7－10　绩效诊断表

影响绩效的维度		绩效不良的原因	备注
员工	思想品质		
	应知		
	应会		
	提升意愿		
主管	辅导		
	其他		
环境	内部		
	外部		

（三）制订绩效改进计划

绩效改进计划的制订包括以下三点内容：

1. 明确绩效改进要点，选择绩效改进方法

选择绩效改进方法的原则：容易改进的优先列入计划，不易改进的列入长期计划，不急于改进的暂时不要列入计划。

2. 考虑解决问题的途径

根据绩效诊断表所分析的绩效问题及问题成因，从员工、主管、环境三个维度进行解决方案的思考。

员工：向主管或有经验的同事学习，观摩他人的做法，参加企业内外的有关培训，参加相关领域的研讨会，阅读相关的书籍，选择某一实际工作项目，在主管的指导下训练等。

主管：参加企业内外关于绩效管理、人员管理等的培训，向企业内有经验的管理人员学习，向人力资源管理专家咨询等。

环境：管理者可以适当调整部门内的人员分工或进行部门间人员交流，以改善部门内的人际关系氛围；在企业资源允许的情况下，尽量改善工作环境和工作条件。

3. 制订完整的绩效改进计划

通过上述方法，直接主管和员工明确了绩效改进要点、方法以及待改进问题的改进途径后，可以制订完整的绩效改进计划。

完整的绩效改进计划包括以下部分内容：

（1）员工基本情况、直接主管的基本情况以及该计划的制订时间和实施时间。

（2）上周期的绩效评价结果和绩效反馈情况，确定需要改进的方面。

（3）明确需要改进和发展的原因。

（4）明确写出员工现有绩效水平和经过绩效改进之后的绩效目标。

实例分享

绩效改进计划表

<table>
<tr><td colspan="2">姓名</td><td>王华</td><td>职位</td><td colspan="2">销售代表</td></tr>
<tr><td colspan="2">直接主管</td><td>刘利</td><td>部门</td><td colspan="2">业务一部</td></tr>
<tr><td>有待发展项目</td><td>发展原因</td><td>目前水平</td><td>期待水平</td><td>改进措施</td><td>时间</td></tr>
<tr><td>客户沟通技巧</td><td>与客户沟通是销售代表的主要工作，本人在这方面有较大的欠缺</td><td>客户沟通评估分数2.5分</td><td>3.5分</td><td>● 参加“有效的客户沟通技巧”培训
● 自己注意体会和收集客户反馈
● 与优秀的销售人员一同会见客户
观察学习他人与客户沟通是好的做法</td><td>2022年3月</td></tr>
</table>

续表

医疗沟通技巧	销售人员需要了解较多的产品知识。而本人以前对这些方面的知识接触甚少	专业知识评估分数3分	4分	● 阅读有关的书籍、资料 ● 参加产品部举办的培训班 ● 向他人请教	2022年5月
撰写销售报告	销售人员需要以书面的形式表达销售情况，与主管和同事交流信息	销售报告评估分数3分	4分	● 学习他人撰写的销售报告 ● 主管给予较多的指点	2022年8月

（四）绩效改进计划的实施和评价

在制订了绩效改进计划之后，管理者应该通过绩效监控和沟通，实现对绩效改进计划实施过程的控制。这个控制的过程就是监督绩效改进计划能否按照预期进行，并根据评价对象在绩效改进过程中的实际状况，及时修订和调整不合理的改进计划。

绩效改进计划作为绩效计划的补充，同样需要评价和反馈。绩效改进计划开始于上一个绩效评价周期的结束，结束于下一个绩效评价周期的开始。

柯氏四级培训评估模式提出四个阶段：

阶段1：反应。员工对改进活动的反应如何？客户和供应商的反应怎样？

阶段2：学习或能力。实施后，员工了解或掌握了哪些以前不会的知识或技能？

阶段3：转变。改进活动对工作方式是否产生了所希望的影响？工作中是否开始运用新的技能、工具、程序？

阶段4：结果。改进活动对绩效差距的影响是什么？差距的缩小与经营行为具有正向相关关系吗？

三、绩效考核结果在人岗匹配工作中的应用

企业的人岗匹配工作包括新员工招聘、试用期转正上岗、员工双聘、中层干部竞聘、后备干部选拔等。企业在人岗匹配选拔筛选的过程中，为确保选拔匹配度高，首先要参考员工历年岗位绩效考核结果，对员工的历史绩效进行统计分析，以此为基础预测员工在新岗位上的胜任潜力，选拔出业绩比较稳定和优秀的员工，纳入岗位后备人员名单，如图7－3所示。

通过分析历史考核结果，发现员工工作表现和其职位的适应性问题，查找出原因并及时进行职位调配。员工在某方面的绩效突出，可以让其在该方面承担更多的责任，如果员工在某方面的绩效不够好，可以考虑通过职位的调整，使之从事更加适合的工作。

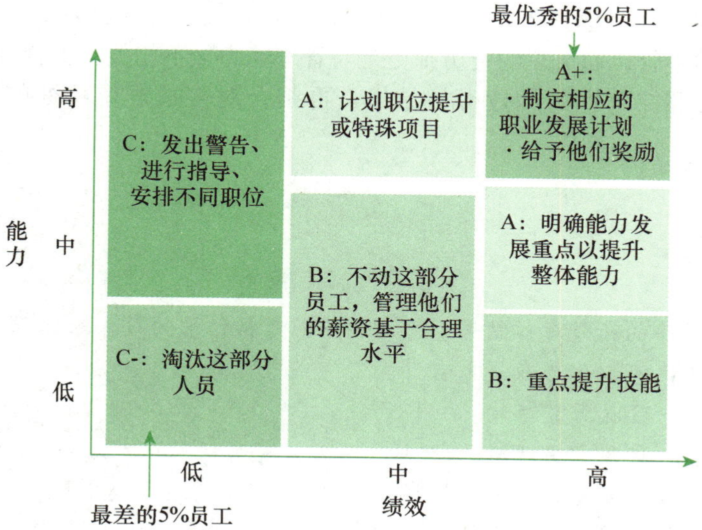

图7-3 基于绩效考核结果的人岗匹配分类

（一）绩效考核结果应用于新员工招聘工作

绩效考核结果是组织作出招募计划的重要依据。在研究招募和甄选的效度时，通常都选用绩效评价结果作为员工实际绩效水平的替代，在人员招募与甄选的过程中发挥重要的效标作用。

绩效评价结果可以检验招聘结果是否符合岗位的要求，可以了解优秀人才特征，为人才选拔提供参考，可以根据企业整体绩效情况影响招聘策略（内部/外部），可以利用绩效考核结果对新员工进行试用期考察，以此决定其去留和薪酬。

新招聘员工的质量评估有利于招聘工作的改进，其中绩效考核成绩 PR 就是重要的参考因素之一。

新招聘员工质量评估：$QH=(PR+HP+HR)/n$。

QH＝被聘用的新员工的质量；

PR＝工作绩效的百分比，如以100为满分，该员工的绩效分值为80，则 PR 为80%；

HP＝新聘员工在一年内晋升的人数占所有当期新员工的人数的比率，如20%；

HR＝一年后还留在企业工作的员工占原招聘的新员工数量的百分比，如80%；

n＝指标的个数。

（二）绩效考核结果应用于人才选拔晋升工作

当企业内部有主管职位出现空缺时，如何从内部升迁，往往令主管们相当头疼。现实中，许多企业提升某人的理由，往往可能是因为他的技术是最纯熟的，或者资历是最老的。而对于该项职位所要求的其他条件，诸如判断力、沟通技巧、决策能力等，一般都不在考察之内。事后人们会发现，技术纯熟的人才虽然的确可以更好地协助主管执行任务，可以作为选择人才的标准之一，但是，仅有纯熟技术的人才却不一定能成为一个称职的主管；而员工的资历则更是与管理能力毫不相关。更合理而科学的人员选拔，应该是参照综合性的绩效考核结果，再结合对空缺职位特征的分析把握而进行的。

实例分享

人事管理制度摘录

依据企业每年的绩效考核结果，可以对不同考核结果的员工采取以下的方式：

A代表优秀，可以优先或提前晋升。

B代表良好，可以正常晋升。

C代表称职，晋升需要延缓一期。

D代表不足，需要重新学习和考察。

E代表不胜任，需要降级或辞退。

通过分析员工的绩效考核结果，人力资源管理人员对企业各个岗位的优秀人才所应该具备的优秀品质与绩效特征会有更深的理解，这将为招聘过程的甄选环节提供十分有益的参考。例如，对企业优秀基层管理人员绩效特征进行分析，如果这些特征主要是“能吃苦”“有一定的管理能力”“有良好的人际能力”等，那么，在以后招聘基层管理人员时，甄选的标准就会进行针对性的调整或改进，以便更好满足企业绩效提升的需要。

实例分享

人岗匹配与绩效

某公司张总经理面对绩效评估结果陷入了沉思：公司技术部经理王炜此次的绩效评估结果只得了2分，张总经理知道王炜是行业内公认的技术专家，有很高的威信，但是王炜似乎不适合做管理工作，他不知道如何调动员工的积极性，也不知道如何调解员工之间的纠纷。技术部经常由于内部沟通不够而发生纠纷，员工之间缺乏协调配合，因此，最近的几次新技术开发都没有成功。

针对这种情况，张总经理和人力资源部经理及其他几位副总经理协商之后，认为王炜不适合做管理工作，他比较擅长的是技术性的工作。因此，决定重新招聘一名技术部经理，同时把王炜调换到他擅长的技术工作上，发挥人才的最大作用。张总经理和王炜进行了面谈，彼此交换了看法，王炜也认为自己不适合做管理工作，他比较喜欢技术性的工作。担任技术部经理耗费了王炜许多时间和精力，他为此也感到很苦恼。根据这种情况，公司任命王炜为总工程师，负责公司的技术开发和研究项目。王炜对新的任命非常满意，干劲十足，很快就带领其他技术人员开发出了一项新的技术。公司招聘的技术部经理也很快地融入了公司氛围，显示出较高的管理水平。

（三）绩效考核结果应用于企业内部周期性岗位竞聘与调整

人员调配不仅包括纵向的升迁或者降职，还包括横向的工作轮换。如果绩效评价的结果说明某些员工无法胜任现有的工作岗位，就需要查明原因并果断进行职位调换。通过绩效评价还可以发现优秀的、有发展潜力的员工。

关键岗位的员工招聘和甄选是企业人力资源管理的重要内容和环节。企业的绩效考核结果可以成为招聘与甄选员工的有效依据。在岗位竞聘过程中，资格审查环节就会筛选掉绩效考核结果偏低的员工，优先考虑绩效表现优秀的员工，在竞聘方案中进行明确的规定，形成长效机制，引导有发展意愿的员工关注个人绩效水平的提升。

实例分享

CN公司干部选拔竞聘方案（摘录）

（二）竞聘实施步骤

第一步　发布竞聘公告

……

第二步　公开自愿报名

（一）报名条件

工作作风端正，组织原则性强，有大局意识和奉献精神；有很强的事业心、责任心和敬业精神，管理意识强，勇于担当，绩效水平高；无不良行为记录；参加竞聘的人员须符合任职岗位回避规定。

1. 现任中层正职（含主持工作的副职），须满足以下条件：

（1）具备监管部门规定的拟竞聘岗位的任职资格条件。

（2）具有大专及以上学历。

（3）男50周岁及以下，女46周岁及以下。

（4）具有……两年及以上工作经历。

（5）胜任本职工作，近三年考核均为“称职”及以上。

（6）满足竞聘岗位任职资格要求。（详见竞聘公告）

……

四、绩效考核结果在员工培训与开发中的应用

人力资源的培训与开发是企业通过培训和开发项目提高员工能力和企业绩效的一种有计划的、连续性的工作。绩效评价的结果可以帮助发现员工培训和开发的需要，即绩效考核为人力资源开发与培训提供依据，绩效评价结果还可以作为培训的效标，也就是用绩效评价结果衡量培训的效度。

培训的目的是提高员工的绩效水平。因此，绩效考核结果是培训的出发点，同时也

是培训效果评估的重要标准。培训需要重点围绕员工绩效考核结果、考核过程中发现的问题确定目标、内容、方法、评估标准等，如图 7－4 所示：

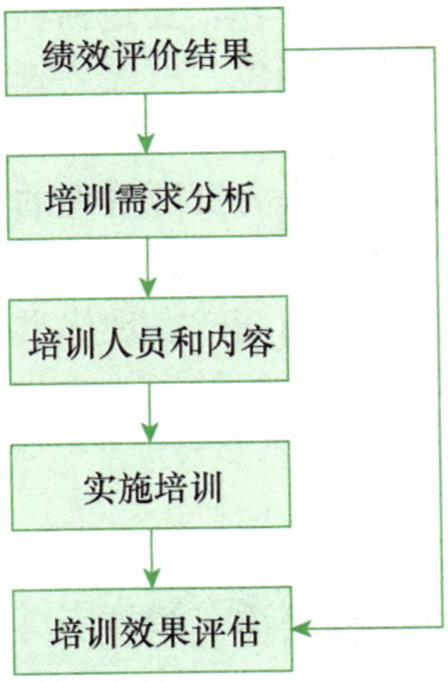

图 7－4　基于绩效评价结果的培训管理框架

绩效考核结果在培训方面的应用主要有短板补差类和发展奖励类。

（一）短板补差类

通过绩效考核结果，管理者能够全面了解员工的不足与薄弱环节，同时经过绩效诊断以及绩效改进计划的制订，管理者可以明确员工在哪些能力或技能方面存在短板，而培训无疑是一种重要且有效的短板补差措施，如图 7－5 所示。

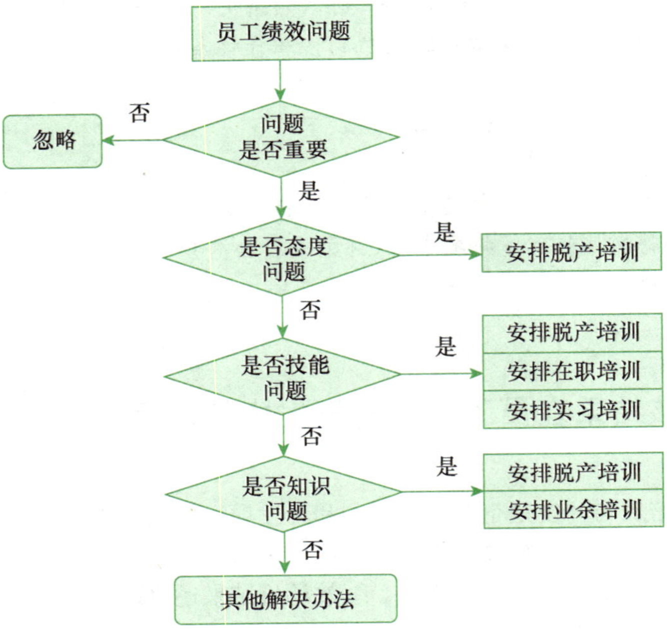

图 7－5　绩效结果应用于培训类型确定流程图

该模型提供了运用绩效考核结果确定培训需求的具体思路与过程。要找出绩效差距的问题与原因，属于知识不足、能力欠缺，还是态度方面需要转变，进而拟定出有针对性的员工培训方案。

（二）发展奖励类

通过短期和长期的绩效考核工作，管理者可以识别出部门内有发展潜力的后备干部。一方面，制定出相关的培训方案（如脱产培训，之后去其他单位进行新技术交流等），作为对员工绩效优异的奖励；另一方面，为后备干部能力的提升设定专项的培训培养计划，如对技术岗位中在沟通管理方面有明显优势的员工适当设定部分管理类的培训，帮助其更快成长，为以后承担更重要的岗位打好基础。

五、绩效考核结果应用在员工职业发展指导

员工职业发展指导重点在于指导员工向哪个方向发展合适，达到哪些标准方能获得相应的发展。通过员工绩效考核，指引员工基于优势选择更适合个人的职业发展路径，指导员工通过自学、参加培训、工作方法改进等多种方式提升自我，为下一步发展奠定基础。同时，还可以通过绩效考核结果预估员工与目标发展职位的匹配潜力，从而确定员工的下一步发展目标，如图 7-6 所示。

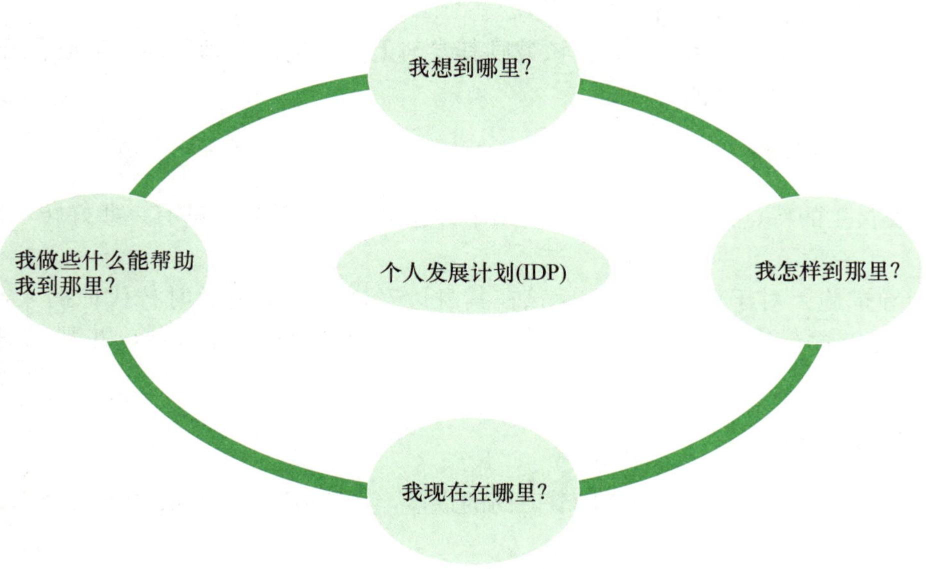

图 7-6　员工个人发展计划逻辑图

绩效考核结果应用于员工潜能评价和职业发展指导中，关键是应对和处理好四类员工的职业发展问题，如图 7-7 所示。

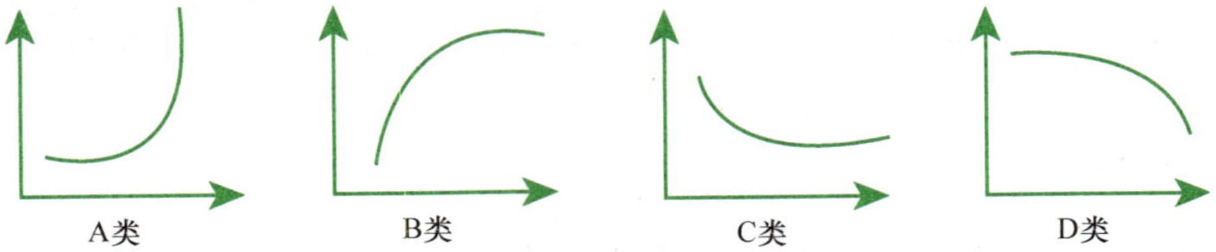

图 7－7　四种职业发展曲线示意图

图 7－7 中横轴代表时间，纵轴代表业绩，中间的曲线是某类员工的业绩状况随时间的变化情况。

（一）A 类员工

A 类员工的特点：该类员工具有良好的发展潜力，业绩随着时间的延长稳步增长，到一定时间之后，会突然大幅上升。

指导措施：对于该类员工，应该考虑第一时间确定其为企业未来培养的对象，即纳入后备人才库，通过这种方式给予认可，引导员工将更高一级的岗位作为发展目标，提高自身要求，为晋升做好准备。

（二）B 类员工

B 类员工的特点：该类员工具有优秀的工作能力和绩效，在刚进入公司很短的时间之内就持续优秀，体现出相当强的能力。

指导措施：对于该类员工，应该鼓励其参与上一级岗位竞聘活动，争取晋升机会，激发其继续拓展个人潜能。

（三）C 类员工

C 类员工的特点：该类员工工作业绩不够稳定，通过辅导能够有一些好转，还会有起伏。

指导措施：对于该类员工，应该在其身边安排一个可以随时替代他的人，促使其向好的方面转化。激发员工活力，引导员工看到自己的问题，并帮助其改进提升。

（四）D 类员工

D 类员工的特点：该类员工随着时间的推移，其包括工作业绩在内的各个方面都在下降。

指导措施：对于该类员工，及早地放弃，以免影响其他员工。

绩效考核结果可以帮助我们对员工分类，并分别采取更有针对性的职业发展指导策略，提升员工职业发展指导的效率和效果。

六、绩效考核结果应用在劳动争议处理

（一）绩效考核结果应用于劳动争议中“不符合录用条件”的举证

《中华人民共和国劳动合同法》第三十九条第（一）款规定，劳动者在试用期间被证明不符合录用条件的，用人单位可以解除劳动合同。证明不符合录用条件，试用期考核是试用期员工管理的核心所在，考核结果是用人单位决定是否以“不符合录用条件”为由而解除合同的证据。用人单位在试用期内解除劳动合同，需要向劳动者说明理由，举证责任在用人单位一方；举证不能，则劳动者可要求仲裁部门撤销用人单位的解除决定或者要求用人单位支付违法解除劳动合同的赔偿金。可见，试用期员工管理除了要设计完善的录用条件外，还要加强试用期考核制度建设，如考核组织的设立，考核程序、内容、方式等，整个考核要围绕录用条件进行。

因此，企业为提高企业人才队伍质量，应在试用期间通过绩效考核跟踪员工的表现情况，及早发现不合适的员工，试用期内根据绩效考核结果及时解除劳动合同，可以降低企业承担的用工成本，一般不涉及经济赔偿金等相关费用。

实例分享

劳动争议案例

案例一：试用期考核要及时

张某强于某年4月1日正式到某技术公司工作，双方没有签订劳动合同，但双方口头约定试用期为3个月，试用期为入职当天4月1日至6月30日。之后该技术公司以张某强在试用期内试用结果为55分，考核意见为停止试用的理由，根据《员工转正考核审批表》规定，认定张某强试用期内的表现为不合格，故于入职当年7月17日终止了与张某强的劳动关系。张某强提起仲裁，仲裁委员会认定该技术公司违法解除了与张某强的劳动关系，技术公司不服裁决，起诉至法院。

法院经审理认为，张某强试用期为4月1日至6月30日，但技术公司却于试用期结束后的7月17日通知张某强终止试用，故技术公司违法解除了与张某强的劳动关系，应向张某强支付违法解除劳动关系赔偿金。

【法官释法】

根据劳动合同法的规定，试用期最长不得超过六个月，仅约定试用期的劳动合同是无效的，用人单位以劳动者在试用期不合格为由解除劳动关系的，应该在试用期内提前通知。试用期届满时，劳动者将自动转正，超过试用期作出的解除劳动合同是违法解除。

案例来源：胡泉劳动法工作室公众号.

案例二：试用期解除，考核依据很重要

蒋某于某年2月11日入职到某水务公司工作，双方签订劳动合同，合同期限为3年，其中试用期3个月，即至入职当年的5月10日结束试用期。后水务公司于入职当年4月28日作出了《试用期综合评价》，与蒋某解除了劳动关系，但某水务公司并未向蒋某正式送达该文件，亦未向蒋某出具其他书面解除通知。在庭审中，蒋某认为相关试用期考核规定没有向其出示，也不认可相关考核规定。

法院经审理认为蒋某与某水务公司的劳动关系持续到入职当年的7月25日，故判令某水务公司支付蒋某4月至7月的工资差额。

【法官释法】

试用期内用人单位是不可以随意解除与劳动者的劳动关系的。根据《劳动合同法》第二十一条的规定，在试用期中，除劳动者有本法第三十九条和第四十条第一项、第二项规定的情形外，用人单位不得解除劳动合同。用人单位在试用期解除劳动合同的，应当向劳动者说明理由。本案中，由于用人单位规章制度及公司治理不完善，在试用期没有对蒋某作出明确的书面解除通知，故解除决定不被支持。

案例来源：胡泉劳动法工作室公众号.

案例三：试用期考核，制度应公示告知

2019年4月，胡女士应聘到一家商贸公司工作，担任检验员。双方签订了三年劳动合同，工资标准为4 500元/月，约定6个月试用期，试用期工资为4 200元/月。2019年9月底，人力资源部告知胡女士其试用期绩效考核不合格，以试用期内被证明不符合录用条件为由，要与其解除劳动合同。胡女士很诧异，自己在应聘该岗位时，从未看到过试用期录用条件；其与商贸公司签订的劳动合同及收到的规章制度资料里，也没有绩效考核的内容；上级领导也没有告知其该岗位的绩效考核规定。胡女士表示：她在商贸公司工作期间，一直遵守上下班考勤规定，没有任何违规行为。现在突然被告知绩效考核不合格，并要解除她，实在没有道理。胡女士向公司提出经济补偿的要求却遭到了公司的拒绝。一气之下，胡女士向劳动争议仲裁委员会提请了仲裁，要求裁定商贸公司违法解除劳动合同，支付其赔偿金。

【仲裁结果】

劳动争议仲裁委在了解情况后，通知了商贸公司前来应诉。商贸公司提供了公司对于各岗位的整套绩效考核规定，资料十分齐全。但却无法出示该绩效考核制度已告知胡女士的证明（发放签收证明或公示证明）。因此，劳动仲裁委最终裁决商贸公司与胡女士解除劳动合同属违法解除，应向胡女士支付一个月工资的赔偿金。

【管理建议】

(1) 应当确保绩效考核管理制度的全面、完备、依法生效，加强对绩效考核指标的量化和工作程序的执行到位。

(2) 应当提高绩效指标及操作流程的可操作性，确保绩效指标制定的合理性和客观性。

（3）加强对绩效考核管理中相关书面材料的制定、往来、签收、备案、保管等工作，以备举证。

案例来源：人力资源研学社公众号. https://mp. weixin. qq. com/s/Scx2KUY0T8NV－JRztk-bYWw.

在实际操作中，我们需要关注以下几个方面：

1. 试用期考核周期的设定

企业对新进员工的试用考核期通常会设定两到三个月，在试用期结束时再通过某种形式的考核确定该员工的去留。在试用期结束前应该明确新员工以下的情况：

第一，工作的一般能力。

第二，拥有的特殊能力。

第三，是否适合在公司工作。

第四，适合承担哪方面的工作。

第五，试用期满后是否转正。

2. 试用期考核的具体方法

在较短的试用期内实施考核，确认的是新员工工作的一般能力，可采用比较另类的考核方式——“拉响假警报”。

所谓“假警报”，是指人力资源管理者在管理下属过程中，通过制造某种假象，考察和评估下属潜质、发现问题的手段。这种手段最大的好处是可以迅速地鉴别下属的能力，需要注意的是不能让考察对象有所察觉。

3. 试用期考核结果的及时告知

试用期间的考核结果应该明确不胜任标准，并在试用期结束前形成明确的考核结果，并告知员工。否则试用期届满时，劳动者将自动转正，超过试用期作出的解除劳动合同是违法解除，企业须承担解除劳动合同需要支付的经济赔偿金。

（二）绩效考核结果应用于劳动争议中“不胜任”的举证

在企业以员工不胜任相关原因解除劳动合同的相关劳动争议中，用人单位具有证明员工不能胜任的举证责任。在劳动争议处理中，不胜任工作认定时，绩效考核结果虽然不是唯一依据，但是反映员工是否胜任该岗位工作的重要依据。在胜任力评价标准、等级及岗位职责明确设置的前提下，绩效考核是认定员工是否不胜任的关键。

知识链接

“不胜任”的相关法律法规

企业在员工关系管理，特别是涉及一些劳动争议处理的过程中，绩效考核标准和结果将是员工是否“胜任”岗位的重要依据，《中华人民共和国劳动合同法》合法解除劳动合同的条件相关内容如下：

第二十一条　在试用期中，除劳动者有本法第三十九条和第四十条第一项、第二项规定的情形外，用人单位不得解除劳动合同。用人单位在试用期解除劳动合同的，应当向劳动者说明理由。

第三十九条　劳动者有下列情形之一的，用人单位可以解除劳动合同：

（一）在试用期间被证明不符合录用条件的；

（二）严重违反用人单位的规章制度的；

（三）严重失职，营私舞弊，给用人单位造成重大损害的；

（四）劳动者同时与其他用人单位建立劳动关系，对完成本单位的工作任务造成严重影响，或者经用人单位提出，拒不改正的；

（五）因本法第二十六条第一款第一项规定的情形致使劳动合同无效的；

（六）被依法追究刑事责任的。

第四十条　有下列情形之一的，用人单位提前三十日以书面形式通知劳动者本人或者额外支付劳动者一个月工资后，可以解除劳动合同：

……

（二）劳动者不能胜任工作，经过培训或者调整工作岗位，仍不能胜任工作的；

……

1994年劳动部办公厅关于印发《关于〈劳动法〉若干条文的说明》（劳办发〔1994〕289号）第26条对此作了原则性的界定，即“不能胜任工作”是指不能按要求完成劳动合同中约定的任务或者同工种、同岗位人员的工作量。用人单位不得故意提高定额标准，使劳动者无法完成。

因此，在应用过程中主要关注以下几个方面：

1. 事先约定

用工单位可以依法制定绩效管理制度，并在制度中明确何种情况属于员工不胜任工作。同时在合同中说明，并在员工入职前的培训中告知并留下知晓签字依据，确保劳动者对不胜任工作的判定标准、考核制度、结果应用等明确知晓。

2. 标准明晰

因劳动者不胜任工作引发的劳动争议，用人单位负有举证责任。因此，用人单位对劳动者不胜任工作的考核，要尽可能细化、量化、外化，考核结论不能全部运用定性化描述，如“工作责任心不强、缺乏团队合作精神”等；不仅要考核劳动者的工作态度，还要具体考核工作的产量、质量、成本消耗、销售回款、销售进度等定量指标。

业绩目标是用人单位衡量员工是否胜任工作的核心内容，因此业绩目标的设置一定要合法且明确。

合法指同类型岗位的大部分员工可以达到的标准。例如，《江苏省工资支付条例》规定，实行计件工资制的，用人单位确定，调整劳动定额或者计件报酬标准应当遵循科学合理的原则，确定、调整的劳动定额应当使本单位同岗位百分之九十以上劳动者在法定工作时间内能够完成。

明确指制定的业绩目标需要符合 SMART 原则，即具体的（Specific）、可衡量的（Measurable）、可达到的（Attainable）、与其他目标具有一定的相关性（Relevant）、有时限的（Time-bound）。假设目标设置过高，大部分员工都无法完成，属于客观因素导致员工无法胜任此部分工作，这个结果就不能归咎于员工，因而无法证明该员工无法胜任。

3. 谁来考核

不同维度的胜任力考核标准，应该由不同的考核主体进行考核评价，例如，涉及量化的业务考核指标的考核，应由业务部门提供数据认定考核结果，人力资源部配合；如果涉及员工个人素质方面的定性考核，可以人力资源部为主体，员工所在的部门负责人、员工等参与评价，其他相关部门配合等。

4. 如何考核

企业性质不同、岗位类型不同，决定了考核不胜任工作的标准和口径会有差异，但是应该至少坚持两项共性原则：一是确保胜任标准的可衡量性。例如，涉及业务的考核应该尽可能地量化。对于一些无法量化的考核维度，则尽可能采取行为化或间接转化为量化的考核标准；定性评价类内容，尽量多方位 360 度评价，转化为量化的维度得分，而非主管一人评价确定。二是及时告知员工，无论是通过培训、职工代表大会，还是签订书面协议的方式，确保员工对于考核标准和方式知晓和认可。

5. 考核结果处理

企业管理制度须明确考核结果的处理方式。例如，根据不胜任工作的考核结果，大致可以分为胜任工作和不胜任工作；对于胜任工作可以分为优秀和基本胜任等若干档次，可对应采取加薪、激励、晋升相应的结果应用和激励措施；对于不胜任的，可以细分为完全不胜任和一般不胜任，可以对应明确作出调岗、降薪、培训直至解除劳动合同的处理措施。

实例分享

劳动争议案例

徐某凤于 2004 年 10 月 13 日入职宝马公司工作，工作岗位先后为高级技术文档专员、高级技术成本分析专员。2011 年 11 月 15 日双方签订无固定期限劳动合同，约定徐某凤的工作岗位为高级材料控制专员。徐某凤在其所从事的岗位说明书予以签字确认。

2014 年、2015 年度公司对徐某凤的绩效考核结果均为“远低于要求”，《绩效反馈表》均经徐某凤本人签字确认。

公司对徐某凤分别制订两轮的《绩效改进计划》，内容包括改进需求、绩效问题描述、目标、步骤、衡量指标、完成时间、培训记录、直线经理评价等。

徐某凤的直接上级与徐某凤往来邮件内容涉及徐某凤工作方法的调整、纠正报告错误、督促工作进度等。

2015年9月17日公司组织材料成本分析系统培训，包括徐某凤在内的多人参加。

2016年3月16日公司向徐某凤发出《劳动合同解除通知》，内容如下：

由于2014年您的年度绩效考核结果显示您的工作表现远低于高级材料控制专员岗位要求，公司与您一起制订了绩效改进计划，其中包括改进目标、改进措施、评估方法及完成时间等，我们还为您安排了相应的工作指导。经过6个月共两个阶段的绩效改进计划，2015年您的年度绩效考核结果仍远低于岗位要求。

我们遗憾地通知您：您的工作表现仍然无法满足高级材料控制专员岗位的相关要求以及绩效改进计划中的改进目标。

我们特此通知您：您与公司于2011年11月15日签署的劳动合同将于2016年3月17日起正式解除（下称“解除日”），您的最后工作日为2016年3月16日。

公司将按照相关法律规定向您一次性支付金额为人民币125 638.46元的经济补偿金和相当于一个月工资的代通知金人民币9 119元，将在解除日当月或下个月的工资发放日发放。

2016年3月末公司向徐某凤实际支付了解除劳动合同经济补偿金125 638.46元、代通知金9 119元。

徐某凤不服公司解雇决定，向劳动人事争议仲裁委员会提出仲裁，要求撤销解除劳动合同通知，恢复劳动关系。2016年6月14日该委作出裁决不予支持。徐某凤不服，诉至该院。

【一审判决】

一审法院认为，依据《中华人民共和国劳动合同法》第四十条第二款规定，劳动者不能胜任工作，经过培训或者调整工作岗位，仍不能胜任工作的，用人单位提前三十日以书面形式通知劳动者本人或者额外支付劳动者一个月工资后，可以解除劳动关系。

本案中，首先，公司提供的《绩效反馈表》证明徐某凤在2014年度、2015年度考核结果均为“远低于要求”，徐某凤本人在反馈表上签字，视为对考核结果是知晓的，虽然庭审中对考核结果不予认可，但未提供证据证明其签字时公司存在欺诈、胁迫等行为，故对于徐某凤不能胜任工作的事实，法院予以认定。

其次，针对徐某凤的考核结果，公司制订了《绩效改进计划》，内容包括改进需求、绩效问题描述、目标、步骤、衡量指标、完成时间、培训记录、直线经理评价等，持续的时间从2014年至2015年，实际属于针对徐某凤的情况制订培训计划，实施培训内容，评估培训效果。另外，徐某凤的直接上级与徐某凤往来邮件内容，对徐某凤工作方法的予以调整、报告错误予以纠正、工作进度予以督促，是通过实践对徐某凤进行指导、培训。2015年9月17日徐某凤参加了公司组织的材料成本分析系统培训。通过公司的以上行为，可以看出，公司已经对徐某凤进行充分的培训。

最后，解除劳动合同后公司依法向徐某凤支付经济补偿金125 638.46元和待通知金9 119元，徐某凤已经实际收到，并未提出异议，视为对劳动关系解除的事实予以认可，现徐某凤要求撤销解除劳动合同通知、恢复劳动关系的诉求，显然有悖诚信原则。

综上，公司解除与徐某凤之间的劳动合同符合法律规定，故徐某凤该主张证据不充分，法院不予支持。

【二审判决】

二审法院经审理认为，依据《中华人民共和国劳动合同法》第四十条第二款规定，劳动者不能胜任工作，经过培训或者调整工作岗位，仍不能胜任工作的，用人单位提前三十日以书面形式通知劳动者本人或者额外支付劳动者一个月工资后，可以解除劳动关系。

本案中，首先，公司提供的《绩效反馈表》证明徐某凤在2014年度、2015年度考核结果均为“远低于要求”，徐某凤本人在2014年度反馈表上签字，可见对考核结果是知晓的，虽然庭审中对考核结果不予认可，但未提供证据证明其签字时公司存在欺诈、胁迫等行为，故可以认定徐某凤不能胜任工作的事实。

其次，公司针对徐某凤的考核结果制订了《绩效改进计划》，内容包括改进需求、绩效问题描述、目标、步骤、衡量指标、完成时间、培训记录、直线经理评价等，持续的时间从2014年至2015年，实际属于针对徐某凤的情况制订培训计划，实施培训内容，评估培训效果。虽然徐某凤不认可《绩效改进计划》，但二审庭审中自认收到了《绩效改进计划》。2015年9月17日徐某凤参加了公司组织的材料成本分析系统培训，虽然徐某凤自述此培训是针对部门全体人员的新项目培训，但从培训内容看，和《绩效改进计划》中“申请并应用TAIS系统”的内容是对应的。另外，徐某凤的直接上级与徐某凤往来邮件内容，对徐某凤工作方法的予以调整、报告错误予以纠正、工作进度予以督促，是通过实践对徐某凤进行指导、培训。可以看出，公司已经对徐某凤进行充分的培训。

综上，公司解除与徐某凤之间的劳动合同符合法律规定，故徐某凤要求撤销解除劳动合同通知、恢复劳动关系的诉求，证据不充分，原审法院不予支持并无不当。二审判决如下：驳回上诉，维持原判。

（说明：原始案例来源于裁判文书网，为便于阅读，对判决书做了精简及编辑整理）

【管理分析】

这个案例，完整地显示了用人单位解雇一个不能胜任工作员工的操作流程。

劳动合同法第四十条规定，有下列情形之一的，用人单位提前三十日以书面形式通知劳动者本人或者额外支付劳动者一个月工资后，可以解除劳动合同：（二）劳动者不能胜任工作，经过培训或者调整工作岗位，仍不能胜任工作的。

基于上述规定，我们可以将解雇一个不能胜任工作员工的常规操作流程拆解如下：

（1）能够证明具体的岗位要求；

（2）有不能胜任工作的证据，一般是考核结果；

（3）履行培训或调岗程序；

(4) 证明经培训或调岗后仍不能胜任工作；

(5) 解除劳动合同；

(6) 支付经济补偿和代通知金（如未提前30日书面通知）。

我们看看宝马公司是如何按照上述流程一步一步做的：

1. 徐某凤在其所从事的岗位说明书予以签字确认。公司这样做的目的是便于今后证明员工是否胜任工作。

2.《绩效反馈表》证明徐某凤考核结果均为“远低于要求”，徐某凤本人在反馈表上签字。证明员工不能胜任工作。

3. 制订了《绩效改进计划》，并安排了相应的指导和培训。证明公司履行了培训的流程。

4. 员工经过6个月共两个阶段的绩效改进计划，2015年的年度绩效考核结果仍远低于岗位要求。证明员工经培训后仍不能胜任工作。

5. 2016年3月末公司向徐某凤支付了解除劳动合同经济补偿金125 638.46元、待通知金9 119元。公司按照法律规定解除劳动合同并支付相应的补偿。

另外，特别提醒大家，公司单方解除劳动合同时还有一个重要步骤需注意：应当事先将理由通知工会。这个案例中未提及公司是否履行过这个程序。

案例来源：劳动法行天下公众号. https://mp.weixin.qq.com/s/oMnYXeXSXF94nEE—_xm50Q.

实操演练

任务要求

结合案例分析，练习将绩效考核结果应用到员工培训开发领域。

绩效考核结果应用到员工培训开发领域

某公司年底考评工作刚刚结束，人力资源部对销售部门员工的绩效差距进行了分析。该部门共有员工25名，其中销售员22名，销售主管3名，其人员使用效果如下图所示，部分员工的工作情况和绩效表现如下表所示。

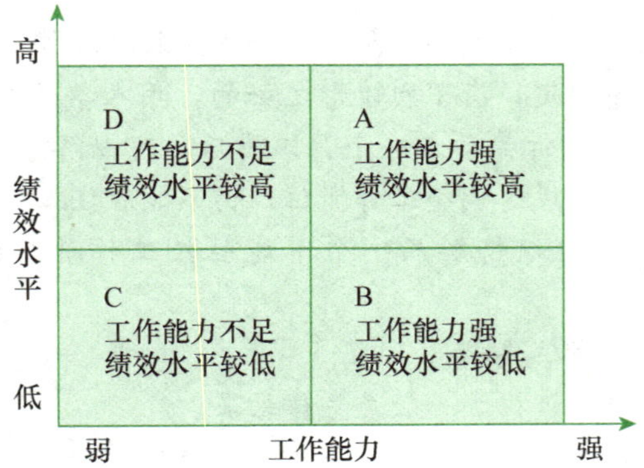

某部门人员使用效果分析

部分员工的工作情况和绩效表现

员工姓名	职位	工作情况	绩效表现
王波	销售员	应届大学毕业生，工作时间不长，对业务较为生疏，在工作中频频出现小失误，但勤奋好学，工作态度积极	刚刚签了一个总价为52万元的销售合同，销售业绩（销售员排名）从第19名跃升为第3名，综合考评结果为良好
张蕊	销售员	公司的老员工，工作表现一直很优秀，有很强的计划能力和执行能力，市场开拓能力很强，愿意将自己的销售技巧与同事分享	销售业绩为该部门销售员的第一名，连续三年的综合考评结果为优秀
李勇	销售主管	猎头公司推荐的资深销售员，在面试过程中获得一致好评，但进入公司十来年，经常迟到早退，有离职倾向，也不愿意和其他同事合作	销售业绩几乎为零，综合考评结果为不合格

请仔细阅读后，回答下列问题：

1. 一般来讲，企业最需要培训的是哪些人员？

2. 表中的三位员工分别属于图中描述的哪类人？在为他们制定培训与使用方案时应分别注意哪些问题？

操作流程

结合任务背景，分析案例中人员的绩效表现和岗位胜任情况。

1. 从员工培训开发的角度，确定企业需要培训的对象范围；

2. 依据培训对象的岗位和绩效情况，制定该类人员培训的目标和内容重点清单；

3. 依据案例中人员的工作情况和绩效情况，从人岗匹配的角度，制定该类人员使用提示清单。

注意事项

1. 案例内容分析清晰到位、确保有理有据；

2. 绩效结果应用方案有理有据，应从企业发展、用人之长、帮助员工发展提升的角度进行方案的设计。

参考文献

［1］吴向京. 成熟组织的绩效变革［M］. 北京：中国人民大学出版社，2011.

［2］［美］彼得·德鲁克. 卓有成效的管理者［M］. 北京：机械工业出版社，2008.

［3］［美］彼得·德鲁克. 管理的实践［M］. 北京：机械工业出版社，2008.

［4］苏伟琳，林新奇. 建设性上级反馈对下属创新绩效的影响机制研究——反馈倾向与反馈寻求行为的作用［J］. 预测，2021，40（2）：25-32.

［5］王灿昊，段宇锋. 主管发展性反馈与员工建言的双向反馈机制研究——工作场所压力的调节作用［J］. 经济与管理研究，2021，42（4）：105-118.

［6］余顺坤，王巧莲. 基于绩效源分析的组织-员工发展匹配度优化集结决策模型研究［J］. 中国管理科学，2014，22（4）：142-148.

［7］余顺坤，王巧莲. 绩效沟通例会［J］. 企业管理，2013（10）：66-68.

［8］张丽华. 前馈式面谈：一种新的人员互动技术［J］. 中国人力资源开发，2010（2）：39-41.

［9］赵路. 掌握绩效面谈的艺术［J］. 中国人才，2010（11）：78-79.

［10］向上，江永众. 通过绩效沟通改善企业劳动关系［J］. 中国劳动，2012（3）：43-44.

［11］林新奇，蒋瑞. 绩效管理［M］. 北京：中国人民大学出版社，2020.

［12］刘凤霞，彭莹莹. 绩效管理——理论、方法与实务［M］. 北京：中国人民大学出版社，2020.

［13］郑芳. 资深 HR 手把手教你做绩效管理［M］. 天津：天津科学技术出版社，2018.

［14］滕晓丽. 量化考核指标现查现用手册［M］. 北京：化学工业出版社，2014.

［15］马同华. 老 HRD 手把手教你做绩效考核（实操版）［M］. 北京：中国法制出版社，2019.